キープへの道

昭和史を拓いたポール・ラッシュ

エリザベス・アン・ヘンフィル　著
松平信久／北條鎮雄　訳

RIKKYO
UNIVERSITY PRESS
立教大学出版会
〈発売　丸善雄松堂〉

Elizabeth Ann Hemphill

The Road to KEEP

THE STORY OF PAUL RUSCH IN JAPAN

FIRST EDITION, 1969 (Japan), 1970 (U.S.)
Published by John Weatherhill, Inc.
of New York and Tokyo

序文

日本とアメリカ合衆国との関係は、世界の長い歴史の中でもユニークなものです。東西の二つの偉大な国家間でこれほど密接で多様性をもち、様々な繋がりをもった例は未だかつてありませんでした。四半世紀前に両国は、東と西に位置する国家間でなされた戦の中でも最も激しい戦争をしました。今や両国は、一つの海によって遠く隔てられた二つの国家間でこれまでになされてきた、どんな交易よりも大きな貿易によって潤っています。国民的なスポーツとして共に野球を楽しんでいます。また両者は、多くの同様な政治的、社会的な考え方を共有しており、それは民主的な政治機構に集約されています。互いに大きな文化的影響を与え合っています。その関係は、全世界の国々が、歴史的背景や文化の相違を乗り越えて、相互の有益な繋がりを築いた時に世界はどうなるかを示す先駆けです。

日米関係は、各種の統計によって精密に示すことができますし、さらに大きな普遍性によっても説明できるでしょう。しかし、そのような関係は基本的には個々人の活動の積み重ねによって築かれるものです。ポール・ラッシュは、四半世紀を超えるこの関係作りの中で大きな役割を果たした顕著な人物です。ケンタッキー出身でホテル従業員であろうとした彼は、宣教師、軍人、農山村地方の開拓者となりました。このすべての役割において、彼は聖公会の教会、日本人、日米の友好関係のために尽してきました。これら三つの分野における日本での活動の多くは、海抜一千メートル以上の山岳地帯にある、山梨県清里の村や「キープ(KEEP)」すなわち—Kiyosato Educational Experiment Project（清里教育実験計画）の周辺での取り組みに集約されました。キープは、高地農業の近代化のモデルとしての役割を助けるために彼がこの地に育ててきたものであり、ここに住む人々の生活の質を高め、キリスト教のメッセージを広めるためのものでした。

私がポール・ラッシュと初めてお会いしたのは、一九二五年に彼が日本に来てから、ほぼ一年後のことでした。ティーンエイジャーで東京の高等学校生であった私は、この親しみやすく気さくな若い宣教師にびっくりするとともに魅せられました。それ以来の繋がりの中で、私は彼の役割の変化と共に、変わることのない人々への暖かい心づかいやキープに対する献身などを見守ってきました。ポールは学者や理論家ではなく行動の人です。彼は人々と共に出発し、実際の行動によって彼らに対して何が出来るかということから歩み始めました。このやり方は、時として彼を迷路や誤解へと誘いこみました。しかしそれは同時に彼の成功の理由でもあったのです。彼は心の思いを率直に話し行動に移しました。そしてそのことは日本国内でと同様に欧米で受け容れられました。また彼が、わずかな切れ切れの日本語しか分からないために、奇妙な事態に陥ったとしても、彼の日本や日本人への愛情を疑う人はなく、それは彼の利点でもありました。

ポールの歩みは顕著なものであり、ミセス・ヘンフィルは、その優れた点を存分に取り上げています。これは彼女が語る魅力的な物語です。彼女はポールの個人的な歩みを、それを取り巻くより広い出来事の中に織り込んでいます。それらは、一九二〇年代の日本における希望に満ちた自由主義の風潮であり、一九三〇年代の軍国主義の暗雲であり、第二次世界大戦、アメリカによる占領、そして最後は日本の戦後の復興などです。彼女が描いているのは急激に変化する日本ですが、しかしポールはその期間を通じて全く変わっていません。若さへの自信、仲間との温かい交わり、高く掲げた目的への信念、日本および日本人への愛などを失うことなく持ち続けています。彼が働いてきた地域の多くの日本人にとって、彼は、ミスター・アメリカです。多くのアメリカ人のために、彼は日本への理解と共感の窓を開いてきたのです。

エドウィン・O・ライシャワー[1]

1　Edwin Oldfather Reischauer（一九一〇～一九九〇年）アメリカ合衆国の東洋史学者。父（アメリカ長老派教会から派遣された宣教師、オーガスト・K・ライシャワー博士）の勤務の関係で、誕生から一六歳まで東京港区白金台の明治学院構内にある宣教師館で育つ。一九二七年、家族とともに帰国。東洋史研究を進め、ハーバード大学教授となる。一九六一年から六六年まで駐日アメリカ大使を務めた。その間、毎年秋の行事の際に清里のキープ協会を訪れた。著書にThe Story of a Nation（Charles E. Turtle Co., Tokyo, 1970）（日本では『ライシャワーの日本史』の書名で翻訳が出された）などがある。

目次

著者覚え書き

まず初めに、私はこの本の準備のために助けて下さった多くの友人に感謝したい。ウィリアム・ウッダード博士（Dr. William Woodard）、小川優氏、ダグラス・オーヴァートン氏（Mr. Douglas Overton）、ミセス・ミリアム・ヒューレット（Mrs. Miriam Hewlett）らには特にお世話になった。キープのスタッフには、事務的なそして実際的な面でかけがえのない支援をしていただいたことに深く感謝している。ジョージ・ワシントン（George Washington）大学の故クリフトン・E・オルムステッド博士（Dr. Clifton E. Olmstead）――彼は彼のキリスト教思想の歴史に関する関心をその学生たちに見事に伝えておられた――には言いようのないほどの「ご恩」を受けたことを心に刻みつけておかなければならない。この本は、ロイス・コブ（Lois Cobb）がたゆまない関心と支援をしてくださったことを覚え彼女に捧げる。

次に、この本の元の資料となった参考文献の取り扱いの方法について説明したい。文中に脚注ばかりが多くならないように、省略した簡単な参照を本文中の〈 〉内に挿入した。用いた資料に関する全容は、参考文献一覧をご覧いただきたい。

最後に、本書における日本人、中国人、韓国人の氏名のことについてひとことお断りしておきたい。日本人の人名は西欧式に、名を先に、姓を後に記した。それは日本人自身が西欧人と同じ表記を好むからである。中国人と韓国人の名前は東洋式に、先に姓、後に名を表記した。この方式は通常、西欧式報道で用いられているからである。

訳者による注記、人名の記述、小見出しの挿入、関連文献について

（1） 本文中の〈 〉内の記述は、前記「著者覚え書き」にあるように、原著者による略注である。

（2） 本文中の（ ）内の記述は、原著の人名や場所名などの原語綴り、および訳者による若干の補注である。

（3） 簡単な訳者注は、該当語句に1、2、3…の番号をつけ、見開き単位で奇数ページ末に脚注として記した。

（4） 更に詳しい訳者による注は、該当語句に（訳者注①②③…）などの番号をつけ、各章の章末に「訳者注」として記した。

（5） 日本人の人名は、前記「著者覚え書き」にかかわらず、姓・名の順で記述した。なお、日本人の人名で漢字が分からない場合には、原著の表記をカタカナにして記述した。また、原則として、人名の敬称は省かせていただいた。

（6） 訳出にあたり、本文中に小見出しを付けた。これは原著にはなく、訳者による挿入である。

（7） 本書の内容と関連する点が多い主な文献は以下のとおりである。本文中の訳者注でもこれらの文献に言及することが多いので、予め文献番号・略称と共に以下に提示しておく。なお、これら文献の書誌と本書との関係は、巻末の「訳者による補説」において詳述する。

文献① 〈EH〉（本書）エリザベス・A・ヘンフィル『キープへの道』

文献② 〈PR〉財団法人キープ協会訳『清里に使《つかい》して ポール・ラッシュが書き遺した「奇跡の軌跡」』

文献③ 〈ア史〉日本聖徒アンデレ同胞会編『日本聖徒アンデレ同胞会史』

文献④ 〈山日〉山梨日日新聞社編『清里の父 ポール・ラッシュ伝』

文献⑤ 〈立百〉海老沢有道編『立教学院百年史』

文献⑥ 〈大史〉立教学院史資料センター編『立教大学の歴史』

文献⑦ 〈遠山〉奈須恵子ほか編『遠山日誌 1940～1943年 戦時下ミッションスクールの肖像』

文献⑧〈縣康〉縣康『神に生き教育に生き』
文献⑨〈ト伝〉野村徳吉『聖路加国際病院創設者ルドルフ・ボリング・トイスラー小伝』
文献⑩〈グ日〉ジョセフ・C・グルー『滞日十年』
文献⑪〈マ大〉ダグラス・マッカーサー『マッカーサー大戦回顧録』
文献⑫〈ウ諜〉チャールズ・ウィロビー『GHQ知られざる諜報戦　ウィロビー回顧録』
文献⑬〈G組〉福島鑄郎編『GHQの組織と人事』
文献⑭〈GH〉竹前栄治著『GHQ』
文献⑮〈聖史〉日本聖公会歴史編纂委員会編　松平惟太郎著『日本聖公会百年史』
文献⑯〈証し〉日本聖公会歴史編纂委員会編『あかしびとたち　日本聖公会人物史』
文献⑰〈浦地〉浦地洪一『日本聖公会宣教150年の軌跡』
文献⑱〈教役〉日本聖公会歴史編纂委員会編『日本聖公会教役者名簿』
文献⑲〈キ人〉『キリスト教人名辞典』
文献⑳〈キ歴〉『日本キリスト教歴史大事典』

第一章

ヨナ以来の出来事 訳者注①

ポール・ラッシュ（前列右から二人目）、高松孝治チャプレン（同三人目）、立教大学の学生たち　1937年

◉若き日のポール・ラッシュ

「神ニアル信仰以外ハスベテ失ワレタ」訳者注②

一九二三年九月に、疲れ汚れた聖公会の主教[2]は、東京と横浜の燻《くすぶ》る瓦礫の中から、彼の母教会に芝居の台詞のような言葉を打電した。その月の最初の日の正午二分前に、大きな地震が史上最大の自然災害を引き起こした。住宅、工場、商店は地震の後に起きた火災で焼失した。数千の日本人の死亡が判明し、数千人以上が行方不明となり、数十万人が負傷した。教会や諸施設は破壊され、その信者や関係者は亡くなりあるいは負傷した。聖公会の聖路加病院は破壊されたが、スタッフは冷静に、そして勇敢に行動し、すべての患者を救出し安全な場所に移した。医師と看護婦は、大悲劇に続くその後数週間にわたって全力を尽くして患者と被災者を世話した。

　この病院の院長であるルドルフ・トイスラー博士（Dr. Rudolf Bolling Teusler）訳者注③ は米国にいたが、知らせが届くや彼が築いてきた医療施設が失われたことを悲嘆した。しかし、苦しみからの救済という彼が携わっている任務に気持ちを切り替えた。大規模な緊急医療援助を提供できる唯一の機関は米国政府であり、トイスラー博士は陸軍省訳者注④に急行した。ここで彼は旧友のジョン・パーシング大将（General John Pershing）訳者注⑤に助けを求めた。彼はかつて東京のアメリカ大使館付武官として働いたことがあり、マニラの陸軍野戦病院をそっくり東京へと移すように命じた。日本の二つの大都市[3]の窮状が知れわたると、他のアメリカ人たちは、日本人の緊急な必要に対して奮って援助に応じた。間もなく食料、薬品、衣料、木材などが送り出された。

　最も差し迫った必要が満たされると、都市の再建が目標となった。しかしこれには数年を必要とした。東京と横浜の損壊した教会やキリスト教施設などは、その復興資材を購入するための資金と人材を日本に送るようにと訴えた。日本で相当な被害を被った団体の一つにＹＭＣＡ（キリスト教青年会）があり、同会は壊滅した建物を再建するための十分な資金を一九二五年までに蓄えていた。そしてたまたまその再建のための仕事を助けてくれるようにと若きポール・ラッシュに依頼することになったのである。

ポールはその時に二八歳で、ニューヨークに住んでいた。彼はボウマン・ビルモア（Bowman-Biltmore）ホテルチェーンのホテルマネージャーとしての訓練に参加しようとしていた。彼は第一次世界大戦のおりには軍人として働き、二一歳の誕生日はフランスで過ごした。その後しばらくの間カレッジに通ったが、同世代の人と同じように腹が据わらず、勉学よりも、彼のホームタウンであるケンタッキー（Kentucky）州ルイヴィル（Louisville）[4]のボヘミヤ芸術村（Bohemian art colony）に関心を抱いた。彼のアヴァン・ギャルド（前衛）的興味が、明らかに相応しくないロマンティックな心酔に広がった際に、家族は彼にルイヴィルを離れることを勧めた。彼はホテルやクラブで働いていたが、ある日、一人のニューヨークの友人が国際YMCAのスタッフに連絡を取り、同会が先進的な取り組みを始めようとしているエルサレム（Jerusalem）での仕事――それは国際学生ホステルの開設だが――を志願するようにと彼に奨めた。それは落ち着きのないホテルマン志望者の興味を惹き、楽しそうにも思えた。そこで彼はこの仕事に応募して即座に採用され、中東に向かう船便を予約した。それからある日、ハーレムの幻影が彼の頭を駆け巡った。それは彼にとっては重大な決定を行った。委員会は彼に直ちに日本に行き、YMCAが東京に再建する本部の建築を助けてくれないかと尋ねた。ポールはこの赴任に不安はあったが、日本に行くかエルサレムに行くかはあまり頓着せずすぐに受諾し、日本を目指して西に向かうプレジデント・グラント（President Grant）号に気楽に乗り込んだ。

日本の四月は良い季節である。月初めには淡いピンクの桜の花が国中を彩り、天候は季節外れのように暖かくなり、日本人は自然への思いにひたり、その思いは、はめを外したドンチャン騒ぎにもなる。ポールが日本に着いたのはその四月であり、歳をとった日本人の職人仲間たちと共にプレジデント・グラントから下

2　後出のマキム主教である。
3　東京と横浜。
4　ルイヴィル　ポールが幼少期以来過ごしたテキサス州北部の町。この地方では最も古くから開拓された町であるが、当時は人口数千人の小さな町であった。

船した。彼らは横浜のナイトスポットに彼を案内した。YMCAのリーダーたちはそのことを不快に感じ、この新来の人物を快くは思わなかった。

生真面目なYMCAのメンバーは、煙草を吸い、バーボンの国ケンタッキー出身のこのエピスコパリアン（聖公会信徒）に一年間忍耐した。ポールは、彼の来日した目的に十分値する仕事に熱心に励んだ。しかしそれはたやすい両立ではなく、両者が年度の終わりが来るのを心待ちにし、快く別れることを期待していた。ケンタッキー生まれの若い男が歩もうとする進路にとって、日本は途中の寄り道にしか思えなかった。彼は世話好きで、陽気で、思いやりがあり、ホテルマンとしての成功は間違いないように思えた。

◉宣教師への誘い

しかしポールはクリスチャンであり、日本滞在中、アメリカ聖公会の聖三一教会の礼拝に出席して、そこの牧師であるノーマン・ビンステッド（Norman Binsted）司祭[訳者注⑥]を知り敬意を抱くようになった。ミセス・ビンステッドはケンタッキー出身であり、ポールはいつも同夫妻の家で歓待を受けていた。彼はまたジョン・マキム（John MaKim）主教[訳者注⑦]や、チャールズ・S・ライフスナイダー（Charles S.Reifsnider）主教[訳者注⑧]とも会ったが、二人の主教は、大きな関心をもってこの若い人物に着目し始めていた。ビンステッド師は、しばしば彼に日本での宣教の課題について話した。聖公会は優れた大学である立教大学つまりセント・ポールズ・ユニヴァーシティー（St. Paul's University））を設立していた。しかし、有能な教師たちがいなければ大学といえるだろうか。そしてその時に、アメリカ聖公会ミッション（宣教師団）には、財務管理などに携わる管理運営者のポストがあった。そのポストは、既に少なくとも一つのフルタイムの仕事をもつ人物が担っていたが、彼は管理的な役割にはあまり相応しくなかった。

「考えて見れば、教会の聖務を司るために按手された主教が財務管理のようなことを行うのは明らかに不適切です。そうでしょう。ましてや、その業務の経験があり、この任務を効果的に果たす立派な若い人がいるというのに」とビンステッド司祭は言った。「そうですね、それはひど過ぎます」とポールはうなずいた。

しかし、自分は立教で教えるような人間ではないし、ミッションのために働くのに適してもいない。

ビンステッド司祭は春の間ずっと、彼の話にポールがノーと言うのを聞いていた。そしてその後、彼をマキム主教の家に呼んだ。ポールは広くて古い日本家屋に入り書斎に向かった。そこにはマキム、ライフスナイダー両主教とビンステッド師が待っていた。彼は最初から多勢に無勢であることを感じたが、しばらくの間は自説を貫き、母国に帰ることに決めたことを譲らず、自分が宣教師には向かないという確信を繰り返した。

その時、聖人のようなマキム主教が口を開いた。ジョン・マキム師は四十五年間日本に滞在し、宣教師のパイオニアとして、それが石もて打たれ、中傷され、批判される標的であることを熟知していた。あるとき伝道旅行中に、一人の商人が主教に理解できないことを話しかけた。それに対して士族の意地を持つ通訳は怒りで蒼白になった。主教がわけを尋ねると、通訳は首を振り、「もし刀を差しているときだったら、たたき切ってやったところです」とだけ答えた。しかし犠牲者もなく主教への無用な損傷もなくて済み、マキム師は職務を続け日本聖公会の教会を見守ってきた。彼が話し出すと生意気な若きレイマン（非聖職信徒）も耳を傾けないわけにはいかなかった。

「ポール」と主教が呼びかけた。「君は若いし、もちろん若者には夢がある。私は、君が帰国してホテルの仕事を始めたいと望んでいることを知っています。この進路は君にとても適しているし、君がその世界で成功することを疑いません。しかし私たちにはいま君の助けが是非必要なのです。本当に手助けが要るのです。若い人が欲しいのですが、そんな人は日本に来そうもありません。一年働いてくだされば、それは君が考えるよりもずっと有難いのです。君の年齢にとって一年間だけであればどれほどのことでしょう。長くはありません。そこで、こんなふうにしてみましょう。君は一年間だけ私たちを試し、私たちは君を試します。一年の終わりにうまくいっていなければ、どうぞ帰国してください。」

宣教の現場に加わることを求められたポールの驚きは心底からのもので、それには適していないという逡巡は率直なものだった。はるか昔にヨナという名の男が異邦の地に住む人々を悔い改めさせよという神からの命令の声に逆らった。ヨナはその人々を好まずその悔い改めの有無に拘らず彼らを少しも顧みなかった。しかしポールは日本人に好意を抱き、日本人と気心が通じていた。そして日本人もまた彼が好きだった。その彼が最終的にノーと言えただろうか。ホテル業界は一人の支配人を失い、アメリカ聖公会は気の進まない宣教師を一人得ることになった。そしてポールが譲歩し「もう一年」留まることを受け入れたときに、日本の農山村は偉大なチャンピオンを手中に収めた。

◉キープ（ＫＥＥＰ）の構想

二〇年後に東京は再び惨禍に見舞われたが、今度は人間がもたらした大惨事であった。一九四五年の日本人庶民の呆然とした思いを誰かが電報で発信したとすれば「信仰モロトモスベテノモノガ失ワレタ」となるだろう。背が高くきびきびして、きっちりとしたカーキ色の軍服と金章のついたキャップを着用したアメリカ人元帥がアメリカ大使公邸に着任し、第一生命館に占領軍総司令部を置き、そこから日本の統治を行った。

そのスタッフの一員として、G-2（参謀第二部）の、民間諜報局[訳者注⑨]にポール・ラッシュ中佐がいた。降伏文書のインクが乾く間もなく、ポールは東京に再来し、民間諜報局（ＣＩＳ）[訳者注⑩]の仕事に取り掛かった。彼は戦前の生活のあれこれを思い出しかつての友人を探した。学生、教授、ビジネスマンたちが彼を訪ねてきて戦時中の経験を語り、日本に帰還することのなかった人々を悲しみのうちに回想した。もちろん彼らは占領と進駐軍兵士のとまどった様子についても話をした。さらに彼らは、これからの日本とその課題について繰り返して話し合った。経済的な復興はすべての人の喫緊の関心であったが、精神面での麻痺状態も同じように国民を捉えている問題であった。

ある晩ポールが、旧友とともにコーヒーを飲みＰＸ（Post Exchange ＝アメリカ軍施設の売店）で買ったクラッカーやビスケットを食べながら話し込んでいたときに、彼は再挑戦されているのを感じた。彼らは民主主義について語ったが、それは誰もが好意をもつものの、誰にもよくは分からなかった。経済について話したが、これだけは誰もがよく理解していた。同時に彼らは理想主義を語り、日本の社会で彼らが感じている宗教的空白を論じた。皆が沈黙に陥ったときに、痩せてつぎのあたった軍服を着た一人の若者がポールに向かって尋ねた。「あなたはこの事態に対して何をなさろうとしているのですか。」

グループは解散し、何人かは使い古された都電や混み合った電車に運良く乗り込んだ。他の者は擦り切れたコートの襟を立てて耳を覆い、手はポケットに深く突っ込んだまま暗く人通りの絶えた道を歩いて遠い家路をたどり始めた。ポールは少年の店員がコーヒーカップやクッキーの空箱を片付けるのを見つめていた。少年の襟の高い上着は、やせた彼の首には大きすぎた。ポールは煙草に火をつけ、冷えた残りのコーヒーをすすった。彼は緑色の軍服の上着のボタンを外し、自室に戻った。

その夜の東京は晴れ渡っており、満月が人気のない道路や、都心の破壊を免れた建物や、そのまわりの見渡す限りの焼け野原を照らしていた。工場の煙によるスモッグがないことは、いまの東京の状況を物語っていた。ポールは窓の外を見た。皇居の堀に映る冷たい月の光が彼を照り返した。彼は上着を脱ぎ、ネクタイと階級章を外して洋服棚の上にきちんと並べた。禿げた頭をなで、明日の仕事について考えようとした。しかしそれは無駄だった。若者の「あなたはこの事態に対して何をなさろうとしているのですか」というあの厳しい声が耳に響いた。

彼は、日本が必要としているものを標語で言い表すことから答えを見つけ始めた。それは、「食糧、健康、信仰、若者にとっての希望」であった。それから彼は、GHQ（占領軍総司令部）のデスクから日本アルプスの山岳地帯の村に出かけた。ここに彼は「キープ（KEEP）すなわち Kiyosato Educational Experiment Project を創設したのである。清里の村は、デンバー（Denver）[5]のように標高一五〇〇～一六〇〇メートルの地域である。雄大な景色、ぴんと張った空気、山つつじ、そしてたくましい農民が、キープ発足前のこの地の資源であった。しかし、景色と新鮮な空気だけで

5　米国コロラド州の州都。

は何も収益をあげなかった。つつじは酸性の土壌に花開き、農民は古くからの農作業に縛られていた。険しい山肌を登った絵のように美しい棚田で若干の米が栽培されていた。しかし農民は、木炭や「下駄」と呼ばれる木製の履物を作って収入を補わなければならなかった。

信仰？　この地域にクリスチャンはいなかった。しかしキープは、二人の日本人聖職者[6]がこの地の三〇の村々と三万九千人の住民を包含するパリッシュ（教会区）に赴任すると、素朴で粗末な建物を建て、略式オールター（祭壇）をしつらえた。

食糧？　キープの土地のすぐ下が、日本の稲作地の最高地点であり、稲作地より高い所は、牧畜用の飼料作物用に整地し利用しうる手付かずの広大な土地であった。

健康？　診療所や病院がなく、村民は重い病気や事故で亡くなっていた。しかも軽い病気の訴えが粗雑に扱われることから不必要に苦しめられていた。

若者のための希望？　若者は非常に多くのことを必要としている。ある者には実技的な教育、他の者には図書館、幼い子どもたちには養育ケアとミルクが。彼らは誰も希望を必要としている。出口があり、明日は今日よりも良くなると信じられることが必要だ。ある者はそれをキープでの研究集会（カンファレンス）やトレーニングコースでみつけ、ある者はパリッシュの図書館で、また幾人かの人々は、他者への奉仕という考え方の中にそれを見出していた。

「あなたはこの事態に対して何をなさろうとしているのですか？」

●ポールおじさん

二四年経ったあとも、ポール・ラッシュはこの問いに答え続けている。彼は毎年の半分を、愛する山やキープのスタッフに囲まれて仕事と計画を分かち合い、ポケットにキープのマークをつけたブルーのブレザーを着て清里で過ごす。

背が低くがっしりした体格のポールは、第一次世界大戦時代のヘルメットを被っていたが、やがて髪がなくなり、年をとってからは風変わりな帽子を愛用していた。彼は、グレンガリー帽を一年間使い、またはタモシャンターを被り、[訳者注⑪]六〇歳の誕生日にはえび茶のベレーと、それにマッチしたヴェストを着こなした。第二次大戦の間、ミネソタではグリーンの上着とピンクの靴下に加えて、規定にない白い毛皮の帽子を身に着けた。それは頭を暖かくするのに必要だと申し入れたものだった。彼の青い目はジョークを言うときにキラキラし、悪気のない噂話に活き活きとした。そして人生の悲しみや惨めさにふれるとすぐに涙ぐんだ。彼の英語には、村の役所の頑固な融通のなさに腹を立てるときの、便利で実用的な日本語がわずかに入り込んでいた。彼の友人たちが好む名言によれば、「ポールは日本語を五つだけ話す、その内の三つは『ヨォー』である」。彼のことについて何かを説明しようとしたある人にとって、彼は「二〇世紀のパック（Puck）[訳者注⑫]、または「まさにディケンズ（Dickens）[訳者注⑬]の作品に描かれたような人物」である。また彼は、海外にいる妙なアメリカ人のイメージに関する例として引き合いに出される。彼に当てはまらないことが一つだけある。それは、彼が「先生」と呼ばれることは滅多にないことである。この日本語は主人（マスター）とか教師を指している。その代わりに彼は、友人には「ポールさん」であり、子どもたちには「ポールおじさん」だった。

ポールは毎年、一年の内の何か月間をアメリカで、教会、友人、支援者と過ごしたが、この人たちはウエイター、農民、看護婦などであり、彼らはジャージー種の牛と並んで、キープの仲間であった。母国ではキープ・アメリカ後援会のメンバーと会い、教会、学校、奉仕団体、各家庭、ホテルなど、どこでも人を集められるところで日本の農村の話をした。州という州で、町から町で、彼は「着物を着た民主主義」に関する信条を話し、彼が四〇年以上にわたって尽くしてきた国が、より良くなる素晴らしい可能性をもっているが、しかしそれは民主主義が日本の土壌に根付いた場合にのみ花開くことができると聴衆に説いた。彼のメッセージにより多くの意味が込められていた。つまりそれは、「上着なしのくつろいだ姿のキリスト教」と呼んでもよいものであった。ポールにとって真のイエスは、「人の空腹を満たし、人を癒し、人を愛し」て人

6　宿谷栄司祭、植松従爾司祭。

に仕える存在である。
第二次世界大戦後間もなく、あるアメリカ人二世がポールの話を聞くために不承不承に出かけた。というのは彼の友人たちがポールについて話すことを信じなかったからである。彼は確信を持って帰って来た。「この人物は山よりも大きな心を持っている。彼が日本人を援けようとしていることを、僕は本当に信じられる。彼はただ日本人が好きなのだ。」

［訳者注］
① ヨナは旧約聖書に出てくる人物。旧約聖書「ヨナ書」によれば、ヨナはニネベに住む人々に対する神の処遇に異を唱えた。また、神から託された使命に逆らったために、巨大な魚に飲み込まれるなどの経験をする。その後、神の愛について理解を深めそれに基づいて貴重な働きをした。
② 関東大震災に関する緊急連絡“All gone but faith in God”（九月六日に打たれた電報）、“Everything is lost but faith in God”（九月三日に書かれた手紙）。これらはいずれも、マキム主教からアメリカ聖公会本部に宛てられた。〔文献⑥〈大史〉八九頁〕
③ トイスラー　一八七六年生まれ。アメリカ聖公会派遣の医療宣教師。ヴァージニア州リッチモンドの州立医科カレッジを卒業後、同校の助教授となり、また開業医として診療にあたった。その間、所属する教会でBSA会員としても活躍した。一九〇〇（明治三三）年、意を決して来日。その後、本文にあるような目覚ましい活動を展開した。一九三四年、聖路加国際病院で逝去（五七歳）。文献⑨〈ト伝〉のほか、Robbins, Howard C. による“*Dr. Rudolph Bolling Teusler, An Adventure in Christianity*”（New York : C. Scriener's & Sons, 1942）の伝記がある。
④ 陸軍省　一七八九年から一九四七年九月まで、アメリカ合衆国の陸軍（後に空軍も含む）の作戦と管理を担った。陸軍省は、一九四九年八月一〇日に国防省となった。
⑤ パーシング　米西戦争、米比戦争、第一次世界大戦のヨーロッパ戦線などで大きな戦果を収め、合衆国総軍元帥、陸軍参謀総長となった。指揮官としての厳しさから「ブラック・ジャック」（法執行官が携帯する革製小型警棒のことでもある）

と呼ばれた。一九〇九年から一二年まで再度フィリピンで勤務した。

⑥　ビンステッド　アメリカ聖公会派遣の宣教師。在日期間一九一五～四〇年。一九二八（昭和三）年に東北地方部（後の東北教区）の初代主教に就任し、一二年間その責を果たした。その間、トイスラー博士の後を受けて聖路加病院の第二代院長となり、現在にも残る同病院のチャペルを建設した。太平洋戦争開戦を間近にして離日を余儀なくされ、その後、フィリピンの伝道主教を一五年間務めた。戦争直後、アメリカ聖公会総裁主教・タッカー主教の要請により来日し、日本の教会の状況を調べる役割も果たした。

⑦　マキム　一八五二年、マサチューセッツ州ピッツフィールド生まれ。一八八〇（明治一三）年にアメリカ聖公会の宣教師として来日。ウィリアムズ主教の「江戸監督」の辞任に伴い、一八九三年にその後継主教に選任された。その後、一九三五（昭和一〇）年に高齢のために辞任・帰国するまで四二年間その任にあり、総会議長として日本聖公会のために尽力した。その間、約四〇年間、立教学院理事長も務めた。一九三六年、ホノルルで逝去。

⑧　ライフスナイダー　アメリカ聖公会派遣の宣教師。在日期間一九〇一～四一年。ケニヨン大学、ベックスレー神学校を卒業。翌年来日し、奈良、福井の教会で司牧。一九一二年、先任のタッカー氏の後を受けて、立教学院総理、続いて立教大学総長を務めた。併せて北東京地方部（教区）の補佐主教、主教の任も果たした。開戦を間近に控え、止む無く帰国したが、戦後間もなく、日本の状況調査と激励のために米国聖公会の代表として来日した。

⑨　G-2　連合国軍総司令部（ＧＨＱ／ＳＣＡＰ）の中で、参謀部（General Staff Section）と幕僚部（Special Staff Section）は、占領政策遂行を担う主要な組織であった。参謀部は、参謀第一部（G-1　人事担当）、参謀第二部（G-2　情報担当）、参謀第三部（G-3　作戦担当）、参謀第四部（G-4　後方担当）の四部構成であった。なお、ＧＨＱの本部は、接収した東京日比谷の第一生命館に置かれていた。（参考文献⑭〈ＧＨ〉）

⑩　ＣＩＳ　（Civil Intelligence Section ＝民間諜報局）は、⑨で述べた組織上は幕僚部に属している。ポールはこの部局内の「特別活動室」（Special Activities House）に配属されたが、後に組織替えにより、同室は上記G-2に属する「編集分室」（Compilations Branch）となり、彼はそこの責任者となった。（文献②〈ＰＲ〉などによる）

⑪　グレンガリー帽は、スコットランド高地人が用いる独特の縁なし帽。帽子の後部や横にリボンや羽を飾ることが多い。タモシャンターは、スコットランドで使われる黒い頭巾形の帽子。

⑫ パック（Puck） いたずら好きな小妖精。シェークスピアの「真夏の夜の夢」にも登場し、人間関係の様々な問題解決の手助けをする。

⑬ イギリスの作家、チャールズ・ディケンズ。登場人物の多様な設定に特色があり、特に型破りで生命力に溢れた人間像の創出に優れていると言われる。自身の経験から、労働者階級への同情に富むとも評されている。

第二章　神とのために　Pro Deo et Patria

校宅五号館で学生たちと談笑するポール・ラッシュ（前列右から二人目）とカール・ブランスタッド（同三人目）

◉型破りな教授

日本の首都で異文化の日々を送った陽気で若い新聞記者やビジネスマンの思い出によれば、戦前の東京は独身男性の天国だった。ささやかとはいえアメリカ人の俸給は、多くの浪費と贅沢へと広がる予想外の価値を発揮した。母国では禁酒令が効力を維持していたかもしれないが、日本では国産ビールと日本酒が輸入酒との間で消費量を競っていた。夕食後の時間は自由に過ごせた。女性の知り合いとの談笑は気軽にできて高い出費はなかった。使用人は時として予定どおりには雇えなかったが、たやすく見つけることができ、しかもアメリカでメイドやハウスボーイを雇うよりも安い出費で済ますことができた。東京での一年目には、ポールの俸給は十分だった。いつも懐に余裕があり、いろいろな支払いやタクシーの料金を払うのにポケットに手を突っ込みさえすればよかった。しかし、ミッションで働くようになってからは、月に七五ドルの俸給で生活することになり、彼の気ままな習慣は、欲望ではなく必要によって改められた。徒歩で用事を済ませ、列車に乗ることを覚え、タクシーを使う前にはためらうようになった。立教大学には宣教師のための住宅があり、彼はその五号館[訳者注①]にカール・E・ブランスタッド（Karl E. Branstad）[訳者注②]と共に住んだ。カールはネブラスカ（Nebraska）[7]州出身の教会音楽家であった。ポールは貧しい宣教師を一年間試すことに満足していた。しかし彼は、最初の講義の一つに「如何に金を稼ぐか」というタイトルをつけた。

経済学を教える責任は、意気揚々とした二九歳の当人の肩に担われていた。というのも彼には、自分以上にこの科目について知っている者はいないように思われたからである。信託会社が日本にできたのは一九二〇年代で、彼はその発展についてクラスで議論した。ホイブナー（Huebner）[訳者注③]はペンシルバニア大学の保険学の教授で、ポールと一週間を共に過ごし、自分の専門についてその薀蓄を披瀝してくれた。ポールは経済を扱った日本語の出版物を漁り、学生に見せるための資料を集めた。彼が最も有益なものとして見つけ出したものは、「東洋経済」の英語版で、日本の経済界に巣立とうとしている最上級生の必読資料とした。コースは「商業概論」と名づけられ、未経験の若い教師によるものであったにも拘らず充実していた。ポールのクラスに参加した学生は、やがて日本の産業界で指導者の中に名を連ねるようになった。

　しかし、世界中でまたとない志をもってしても、東京周辺での成り行き任せ的な男が、一晩で、落ち着いて敬虔なミッションスクールの教師へと変貌することはできなかった。六月のある日のこと、その日は暑く蒸し蒸しとしていた。ポールは上着とネクタイをきちんと身につけてキャンパスを通った。教室に着くまでにカラーは型が崩れ、シャツと上着は汗でびっしょりになった。教室に入ると学生たちも同じように汗をかき、げっそりしていたので、彼は、この暑さでは上着は不向きだと学生に告げた。彼らは喜んでシャツの袖をまくった。ポールはシャツでも暑いと考え、ネクタイを外してシャツを脱ぐと、学生たちは大喜びで上着を脱いだ。彼はさらに踏み込んで皆に下着のシャツも脱ぐように奨めた。上半身裸になった学生の笑いで溢れたクラスを見渡しながら、彼は真面目くさって、暑くてこれ以上授業をするのは無理だと告げ、クラスを解散して非公式な休講にした。

　「アマチュア飲酒会」のことでは、主教と若いポールとの関係の進展を滞らせた次のようなエピソードがある。ポールがあるクラスで試験を実施している時に、一人の見知らぬ人物がやって来て、その試験を受けさせて欲しいと求めた。ポールは彼と面識がなかったので、当然のこととして、当人が誰で、何故試験を受けさせて欲しいのかを尋ねた。その学生は、自分は履修登録をした学生だが、父親が亡くなったために働かなければならず、授業に出ることができなかったと説明した。その学生は、自分は小さな居酒屋を経営していると言った。ポールは関心をそそられ、居酒屋を営むその学生と友人になった。そしてお目付け役として、同僚であるカール・ブランスタッド、ジョージ・マーシャル（George Marshall）[訳者注④]、アール・フォウラー（Earl Fowler）[訳者注⑤]を伴ってそこを訪ねた。小さな酒場をみつけ、彼らは暗黙のうちに「アマチュア飲酒会」ＡＤＳ（Amateur Drinking Society）を結成し、その店の常

7　アメリカ中部の州。州都はリンカーン（Lincoln）。

連となった。彼らは互いに自分たちの動機は純粋であり、援助を必要としている学生を支えることだけを望んでいるのだと信じていた。

五号館の隣にライフスナイダー主教の秘書が住んでいた。彼女の寝室の窓は五号館の居間に面しており、隣の家の騒音がすべて聞こえたので、彼女はいく晩も眠れない夜を過ごした。ポールの親しい友人が一ケースのビールを彼に送ってきたときに、空になったビンがいかに早く裏口に現れるかが、いやおうなしに彼女の目にとまった。主教は度々ポールを呼んで話し合い指導した。しかし五号館に住む若者の楽しみをあまり厳しく制限することは主教には困難であった。

若者たちはいつも五号館を自分たちのたまり場にしていた。彼らは興味のある学科目について語りあった。何故ならばここ数年の間に少しずつ政府の干渉が学生に及ぶようになっていたからである。カール・マルクス（Karl Marx）[訳者注⑥]、ロシア革命、国際連盟、民主主義そしてジョン・デューイ（John Dewey）[訳者注⑦]がニュースになった。ポールは学生たちよりわずかばかり年長であったが、決して偉ぶらなかった。ポールもカール・ブランスタッドも独身であったので学生と過ごすための時間に余裕があった。そこで五号館は毎晩何かが行われる学生センターになった。集会、ディスカッショングループ、聖歌隊の練習などである。

立教は国際的な学校であり、タイ、台湾・朝鮮〈当時は日本帝国の一部であった〉、中国本土、合衆国などからの留学生がいた。アメリカ人学生は日本人の両親を持つアメリカ生まれ、つまり第二世代を意味する「ニセイ」（二世）である。一〇人から一二人ほどの二世の学生がホームシックに罹ったときに、彼らは五号館にやってきて故国の食べ物、特にサンドイッチに飢えていると訴えた。彼らがやって来ても、時として、一つ二つのサンドイッチをつくるだけのパンしかないことがあった。ポールはハムとピーナツバターのサンドイッチを三切れか六切れに分けて、ホームシックの学生たちに行き渡らせた。

ロニー・チェン（Ronnie Chen＝陳兆民《チェンジャオミン》（?-））は台湾出身で、小学五年生のときに来日し、一九三一年に立教に入学した。最初は至極順調であったが間もなく父親が亡くなって、彼の兄が家族の中心となり、ロニーにこれ以上援助する責任があるとは思っていないと知らせてきた。彼は立教で四年間過ごしてきており、残りの二年間もここに留まり卒業したいと希望していた。彼はＢＳＡ（Brotherhood of Saint Andrew＝聖徒アンデレ同胞会）[8]のメンバーであり、フットボールチームのキャプテンでレフトウィングであった。ポールとカール・ブランスタッドはハウスボーイを探していた。そこでロニーはその仕事に就き学校に留まった。彼は中華料理が得意になった。台湾から来ていた彼や他の学生は中華料理に飢えていたので、彼は休みの時に母親について廻って料理を習い、彼女のすることをすべてノートに書きとめて仲間に食べさせたからである。ポールは彼に、肉をオーブンで焼き、サラダを作り、料理ブックを使う方法を教えた。

ポールとカール・ブランスタッドはメイドさんをずっと雇ってきたが、彼女たちのほとんどは西洋式の家事とアメリカ式の料理法を学ぶために働いている、地方出身の逞しい人たちだった。最初のメイドさんはふくよかな若い女性で、ポールはベッドメイキング、テーブルの用意、朝食用のベーコンと卵を料理しそれを熱いうちに出すことを教えた。ある日彼女は、靴下を繕い鼻歌を歌いながら居間に座っていた。すると誰かが「ミス・ピジョン（鳩）が歌っている」と言った。まさにそのとおりで、それ以来彼女は「ミス・ピジョン」として知られるようになった。彼女の後任の人たちはそれほど体に恵まれてはいなかったが、必然的に「ミス・ピジョン二号」「三号」になった。彼女らはあまり長くは勤めていなかった。というのもこの人たちは家事や料理法を身につけたので引く手あまただったからである。そのような女性に憧れていた農家の息子たちは、彼女たちを花嫁にと強く望んだ。そして姑までが彼女たちの家事に太鼓判を押した。それぞれが結婚のために五号館を去るときに、ポールは彼女たちがその新家庭に持参するためのタオル、亜麻布（リネン）、衣装箱などの花嫁用品を用意した。

◉立教大学の歩み

立教大学の学生数はおおよそ二五〇人で、一般に広

8　第三章三六頁以降参照

まっている方式に従って六つのクラスに分けられていた。三年間の予科、三年間の学部があり、各クラスには三〇ないし四〇人の学生がいた。中国語と日本文学を除いて、すべての教科書とほとんどの講義は英語であった。一九二〇年ころから、日本語の教科書が外国語のものに代わり始めたが、経済学、論理学、倫理学のテキストは日本語のものがほとんどなかった。立教では英語に堪能であることは教育の目的の一つであるばかりでなく、全学生にとって必須のことであった。

立教の創立者であるチャニング・ムア・ウィリアムズ主教（Bishop Channing Moor Williams）[訳者注⑧]は、キリスト教禁令の高札が撤去されて間もなくの一八七三年に東京に着いた。[訳者注⑨]それに続く数年の間に、キリスト教は広く一般に受け入れられるようになった。そして現在のキリスト教会の基礎が築かれた。ウィリアムズ主教は日本の西の地方[9]で過ごす間に日本語を習得し、彼が設立しようと望んでいる教会に必要な特性についてしっかりとした考えを固め、それから東京にやってきた。彼は、将来の聖職者は可能な限り優れた教育を受ける必要があるとの信念をもっていた。そしてその時には外国人居留地であった築地の自宅の一室を礼拝堂にし、もう一つを学校にした。五人の生徒が、三人の宣教師のもとで学ぶために集まり、これがやがて立教大学になる立教学校の始まりであった。それから急に入学志望者が一〇人、そしてそれ以上になり、一年以内に五五人に増え、四六人もの多数の学生が、学校が借りた寄宿舎に住んだ。未来は約束されたかのように見えたが、そうたやすくはことは運ばなかった。一八七六年には火災で建物が焼失し、一八七七年に九州で西郷隆盛の反乱[10]が起き、学生の大部分は四散した。

立教は二年間閉鎖されたが、家屋を借りて再起し、学生たちの何人かが戻ってきた。入学者は減ってきていたが、より広い世界への鍵である西洋の学問を手に入れたいという若者は何人かいた。ウィリアムズ主教や他の宣教師たちは、本格的な学校を創るべき時が来たことをはっきりと認識した。基金はアメリカ聖公会内外宣教協会（the Domestic and Foreign Missionary Society of the Protestant Episcopal Church in the United States of America）から送られた。ジェームズ・マクドナルド・ガーディナー（James McDonald

Gardiner）[訳者注⑩]が来日して校長となり、建物の工事を監督した。間もなく、教師でありかつ建築家でもある同氏は、築地の湿地帯にそびえる三階建てのレンガの建物を誇らかに眺めた。建物の上部には六〇フィート（約一八メートル）の尖塔と金の十字架が据えられ、それは紛れもないアメリカンゴシックで、一九世紀の数多くのアメリカのカレッジ建築の東洋での出現であった。日本建築とは全く異なっているこの建物に東京の人々は目を惹かれ、確かにこれは、素晴らしい海外の世界について学ぶ場だと感じた。入学者は飛躍的に増え、カリキュラムは広がり、アメリカのカレッジで普通に教えられている学科も含まれた。この時代はキリスト教の最盛期であった。教会は信者で満ち、学生たちはミッションスクールに集まり、ある宣教師は、世紀が変わるころには日本はキリスト教国になると自信たっぷりに予想した。

　しかし政治的な潮流はまた変化して反動が起こり、外国人は治外法権の特典に対する日本人の強固な反対に直面した。そして日本軍が日清戦争で勝利すると、日本人の自尊心が頭をもたげた。築地におけるキリスト教教育の困難に加えて一八九四年に地震が東京を襲い、美しい三階建の建物は崩れ、一人の日本人教師が亡くなり他の人も重症を負った。

　再度立教の短い歴史は閉じられるかに見えた。しかし再建のための資金の要請が母教会になされ、学生たちは聖三一教会の会館内の臨時の狭い教室で額を寄せ合った。その後数年間、立教は一時期には高等（中）学校であり一時期は（尋常）中学校であった。[訳者注⑪]それは、文部省の政策の変更に応じようとしたためであり、また政府の圧力あるいは世間の宗教に対する風向きによって入学者が変動したためである。しかし今や立教は、その存在の目的を、聖職者養成とするか、学校教育そのものに重きを置くかを明白にしようとしていた。一九〇九年までが、立教が帝国大学に匹敵する教育水準をもった真の大学として変身する決断をする期限であった。その時期に、立教は東京池袋に二三エーカーの土地を購入し、大学は一九一九年に新しい立派

9　ウィリアムズ主教は、禁教下の長崎で一〇年間を過ごし、その間に日本語を修得した。

10　西南戦争（西南の役）。

な建物に移転した。[11][訳者注⑫]

一九一九年五月三一日に落成式が行われた。早朝からキャンパスにはカメラマンや記者が詰めかけ、一〇時には全国から千二百人が新しいキャンパスに集まり、六棟の新しく完成したチューダー式の建物に感嘆した。そこには教室棟である「モリス館（Morris Educational Hall）」が建っていた。この名称はフィラデルフィアの慈善家の名にちなんでいる。[訳者注⑬]アーケードを通じてこの建物の右側に諸聖徒礼拝堂が接続し、左側には「メーザー図書館」があり、これはオハイオ州クリーヴランドのサミュエル・マザー（Samuel Mather）[訳者注⑭]にちなんでいる。これらのU字型の建物群の後ろには学生寮があって、そのドアの前には何本かの小さな藤の若芽が伸びていた。中学校の建物と教職員の宿舎は三エーカーの運動場のそばに建っていた。ジョン・マキム東京教区主教兼立教学院理事長が、文部大臣、外務大臣、内務大臣、東京市長、アーサー・モリス（Arthur Morris）駐日アメリカ大使[訳者注⑮]を、晴れやかに新しいキャンパスへと案内した。大学の慶事を祝福する来賓のスピーチが次々と続き、最後にマキム主教の閉会の挨拶となった。彼は、「大学の使命は、身体、精神、霊性という人間の三つの本性を育てることである。身体に関して、立教はよく練られた体育のプログラムをもち、最も高いレベルの精神的訓練を行うカリキュラムが用意され、深い霊性を耕し育てるチャペルとチャプレンの活動がある」と述べた。挨拶を終えるにあたり、彼は「大学は二五〇名の収容を考えてきたが、現在は三二五名が在籍し、更にウエイティングリストのファイルが登録事務室にある」と自信に満ちて話した。

立教は「成人」となった。三年後には国立大学と同じ位置づけの大学として認可を受け[訳者注⑯]、六大学、つまり東京における六つの大きな大学の一つとなった。紫地に白い十字の校旗は気高さと清廉を示す色である。そして校章には、開かれた書物が描かれ、「Pro Deo et Patria ＝神と国とのために」という大学のモットーが金色で刻まれていた。一九二〇年代にはまだ、神が最優先されていた。

◉アメリカンフットボール

　野球は日本人が愛好するスポーツである。サッカーやラグビーも人気があったが、ポールと他のアメリカ人はフットボールがないことを残念に思っていた。一九三四年のある晩、フットボール愛好者のグループが、日本の大学にフットボールを導入する可能性について相談するために校宅五号館に集まった。その日は一〇月二八日で、その晩は清々しく涼しい申し分のないフットボール向きの気候であり、一同の意見はまとまった。ポールは、大学フットボールリーグの会長に選ばれた。その時のメンバーは、母国への郷愁を感じている一握りのアメリカ人だった。彼らは、早稲田、慶応、立教を代表しており、この三校がリーグ[訳者注⑰]の構成メンバーとなった。中核となったのは日本で学んでいた数名の二世の学生で、彼らはフットボールのやり方に長じていた。また、以前の大学でスタープレイヤーだった何人かは、日本の学生をコーチすることを承諾した。立教大学体育主事のジョージ・マーシャル、一九一九年米軍チームの主将であったアレキサンダー・ジョージ（Alexander George）大尉、同じく米国陸軍士官学校出身者であるメリット・ブース（Merritt Booth）中尉、そしてスプリングフィールド（Springfield）カレッジの選手であったアール・フォウラーらが、この競技の基本を教え、整ったチームを作るための集中的なプログラムに着手した。間もなく、ぼろぼろになったジャージや、すりむいた膝や肘がフットボール選手であることの身分証明となった。

　ポールは横浜アスレチックカントリークラブ（YACC）のフットボウラーと提携してフットボールの試合を行った。このクラブは英国のラグビーとアメリカンフットボールの経験者たちの混成チームであった。試合につきもののアトラクションもすべて行うことが決められたので、彼はゲームの初めとハーフタイムに演奏するバンドを探し始めた。しかしブラスバンドを見つけることは容易ではなかった。ところで、立教の学生の一人である金子忠雄は幾分プレイボーイで、東京界隈に彼独自の伝《つて》を持っていた。そこで、ポールは

11　移転は一九一八年九月であった。

彼にブラスバンドを探すことを託した。日本にはブラスバンドがあったが、それはいずれも軍か警察のバンドであった。そして金子忠雄は、そこに交渉するには時間がかかりすぎて間に合わないことに気づいた。一方、彼と他の数人の学生は、チャック・カマヤツ[訳者注⑱]のジャズバンドを聞くために赤坂にあるフロリダクラブにしばしば通っていた。フットボールの試合での演奏をこのバンドに頼まない手はないだろう。彼はフロリダクラブに出向き、バンドリーダーに彼のアイデアを切り出したところ、そのリーダーは演奏を引き受けた。試合が始まる前に、バンドは参加チームの国歌を演奏しなければならなかった。アメリカチームには「星がちりばめられた旗（星条旗）」（The Star-Spangled Banner）、イギリスチームには「神よ、国王を守りたまえ（国王陛下万歳）」（God Save the King）、日本のチームには「君が代」を。しかしそのバンドには国歌の楽譜がなかった。そこで金子忠雄は楽譜を見つけ、練習の様子を見る必要があった。栄えある当日、スポーツを支援する皇族として秩父宮殿下が主賓として招かれ、J・C・グルー（Joseph C. Grew）[訳者注⑲]アメリカ大使と共に着席した。試合前のセレモニーは順調に進んだが、三つの国歌の演奏は予めレコーディングしたジャズヴァージョンだった。

　こうして最初のアメリカンフットボールの試合は、一九三四年一一月二九日に明治神宮スタジアムで行われた。日本チームは明治、早稲田、立教の最も期待できるプレイヤーで構成され、ＹＡＣＣの外国人チームと対戦した。試合は全国ラジオ放送網であるＮＨＫで中継され、これは日本での初めてのフットボールゲームであったので二か国語で放送された。後の内閣官房副長官であるフランク松本瀧蔵[訳者注⑳]が英語で試合を伝え、刻々変化するゲームの様子を追った彼の放送を金子忠雄が通訳した。彼はこれまでに試合を見たことがなかったので、通訳は甚だ負担が大きかった。スポンサーたちはかれこれ五千人の客が集まればと希望したが、実際には一万五千人の好奇心に満ちた熱心な観客がスタンドを埋めた。たとえ、ゲームの複雑なルールが分からなくとも、観客たちはバンドとチアリーダーをことのほか楽しんだ。そのバンドとチアリーダーたちは、急いで翻訳した応援歌とエールで、両方のチームのサポーターをリードしたのだった。ある日本人記者――彼の熱心さはその英語力を凌いでいたが――はこのことを、「試合は開始直後から彼らを捉えた」と書いた。試合終了のホイッスルがなった時に、大学オールスターズは三七対七でYACCチームに勝ち、日本の大学フットボールリーグは幸先のよいスタートを切った。しかし日本語のルールブックはまだなかったし、フットボール用の用具類もそろっていなかった。

ポールは再度金子忠雄に手助けを依頼し、金子はアメリカのルールブックを日本語に翻訳する委員会を立ち上げた。その作業には八ヶ月を要した。多くの必要な用語は簡単には訳せなかった。そこで金子は、それらに日本語の五十音を当て嵌めて日本語の用語とした。こうしてアメリカンフットボール（American football）は「アメリカのフートボール（Amerika no futoboru）」に、タッチダウン（touchdown）は「タチダウン（tachidaun）」に、トライフォアポイント（try for point）は「トライフオウアポイント（torai fuoa pointo）」になった。「ホルデイング（horudeingu）」、サイドラインコチング（saidorain kochingu）、ベイテイグザボル（beiteingu za boru）などにはペナルティーが課せられる。これらは、ホールディング（holding）、サイドラインコーチング（sideline coaching）、ビーティングザボール（オフサイド）（beating the ball〔offside〕）に対する日本語訳である。[訳者注㉑] 野球はこのような方法の良き先例である。ストライクやアウトは既に日常の日本語の一部になっている。ついにこの作業は完了し、一九三六年にオレンジ色の小冊子、『東京大学フットボールリーグ公式ルール集』が刊行された。

もう一つの問題はフットボール用の用具だった。アメリカ人用のユニフォームは細身の日本人学生には大きくて重すぎた。しかし玉澤スポーツ用品社[12]はユニフォームとボールの製作に取り組み、間もなく「アメリカン大学モデル」ユニフォームと、玉澤公式「日米フトボール（Nichibei futoboru）」つまり日米フットボールを提供するようになった。

一九三五年の春に、前のサザンカリフォルニアオールスター（Southern California All-Star）であるアル・

12　現在の社名は、「(株) スポーツ玉澤」である。

マロニー（Al Maloney）が、太平洋沿岸の二つのオールスターチームを日本に連れてきて公開試合を行った。新聞はこのことを大きく取り上げ、ルールを印刷し、日本のスポーツファンのために試合の見所を説明した。一年後の一九三六年に、草創期の日本リーグはカリフォルニアに選抜チームを送り、一九三七年一月三日に南カリフォルニアオールスターと戦った。日本チームは六対一九で敗れたが、アメリカチームと初めてプレイするチャンスを与えられ、プロのチームを観察する機会を得、ローズボールの試合を見るという収穫があった。帰路、このチームはホノルルでハワイでの最強チームであるルーズベルト・ハイスクール（Roosevelt High School）と対戦し、双方得点なしの引き分けとなった。アル・マロニーはユナイテッド・プレスのある記事で、「日本チームは、やがてはこのスポーツのベストチームをも驚かす」かもしれないと自慢げに書いた。他の大学もリーグに参加し、関東以西の地方の学校もこのスポーツに取り組んだ。

◉ポールの活動と交友

商業概論のコースも、スポーツ活動も、ポールの全精力を奪い取ることはなかった。H・ヴェア・レッドマン（H. Vere Redman）[訳者注㉒]〈後のヴェア・レッドマン卿、英国大使館情報参事官〉、ジョン・アリソン（John M. Alison）[訳者注㉓]〈後に駐日米国大使として着任〉らと共に、大学対抗英語劇コンテストおよびディベイト大会を支援した。ある晩、多くの外国人教師がブリッジをしに五号館に集まった時に、勤務校が異なる人たちが、知識や計画を共有できるような組織を作るべきだという声があがった。それを受けて即刻その場で、外国人教師連盟（the Foreign Teachers' Association in Japan）が生まれ、ポール、レッドマン、アリソンらが創立委員となった。東京在住のアメリカ人の中には、多数の第一次世界大戦の退役軍人がおり、彼らはアメリカ人軍人会（American Legion Post）を設立するために結集していた。彼らは集まる場所を求めており、下町の、あるビルのワンフロアを借りた。このクラブは後に東京アメリカンクラブになった。

ポールは友だち——さまざまな友人——を作るのが早かった。早稲田大学総長の田中穂積博士[訳者注㉔]は、来日初年目のポールを、夏に、家族と共に過ごす軽井沢の別荘に招いた。当地は避暑地として外国人にも日本人にも好まれている高原の町である。ここでポールは藤原義江に会った。同氏は優れた歌手でヨーロッパでの数年の研鑽を終えて帰国したところであった。ポールは藤原の日本でのデヴューを企画・運営し、軽井沢ホテルで開かれたコンサートには、避暑中の外交的、社会的リーダーたちが出席した。これは多分、藤原歌劇団の始まりであり、この歌劇団は数年のうちに日本で最も質の高い公演をするようになった。

彼はまた若きハリー（Harry）牛山清人に会った。同氏は映画会社で働いていたが、美容の文化に興味をもっている若い女性と結婚した。ミセス牛山は目立たない場所に小さな店を開いていたが、社会的に地位のある女性をどうすれば自分の店に惹き寄せられるか思い巡らせていた。ポールは軽井沢の避暑客のために店を開くことを提案した。彼女はこの助言を受け、テニスコートの向かい側に美容院を開いた。確かに、避暑客たちはこのような便利な場所に美容院があることを喜んだ。そして秋に東京に帰ってからも、牛山夫妻が銀座に開いた新しい美容院に通い続けた。ハリウッド美容院は日本で最初の西欧式美容院であった。

ポールはパンパシフィック協会（Pan-Pacific Institution）——定期的に集まって英語を話し、アメリカのことについて話し合う二世のためのクラブ——の活動に積極的であり、ここで澤田美喜[訳者注㉕]に初めて会った。ミセス澤田は岩崎男爵の息女で、志が高く旺盛な精神力の持ち主であった。彼女は生え抜きの外交官・澤田簾三と結婚し、合衆国から帰国したところで、パンパシフィック協会の会合に出席して英語の力を維持しようとしていた。彼女はそこで、「部屋中を休む間なく動き回っている、背が低く小柄で賑やかな男性」に会った。ポールは彼女が聖公会の信徒かどうかを知りたがったが、そのとき彼女はまだメソジスト派の教会に属していた。後に、彼女とその家族は東京の新居に移ったが、そこは乃木坂の聖路加病院が所有している建物の近くであった。彼女らはポールと会う機会が多くなった。これが波乱に満ちてはいるが親しい付き合いのきっかけとなった。

◉日本聖公会

エピスコパルチャーチは、日本では「日本聖公会」〈聖公会＝聖なる普遍的教会〉と呼ばれている。この教会は、イギリス、アメリカ、カナダの宣教協会の代表者によって別々に導入された。そのために、支配的な影響が英国人か北米人のどちらによって及ぼされたかによって、それぞれの教会の特徴は左右されていた。しかし徐々に日本聖公会の独自性も芽生えてきた。同一の日本語祈祷書が使われ、主教の内の三人は日本人であった。[訳者注26] 聖公会は信仰の真髄を共有し、一九二〇年代の日本の諸教派の中で典型的な教派としての特質をもっていた。この時代の他の多くの日本の教派は、祈ることには意を用いたが、礼拝の進め方には関心が薄かった。彼らは形式、応答、聖歌に不慣れであった。立教のキャンパスにある諸聖徒礼拝堂は、教会生活のための格好の訓練の場であった。ポールはアコライト[13]の隊長であり、聖壇（オールター）で礼拝のための侍従役がきちんとできるようにアコライトメンバーを募り訓練した。カール・ブランスタッドは聖歌隊長で、彼は大学の聖歌隊を訓錬し練習を繰り返した。五号館の日曜日の朝は忙しかった。ポールは早朝に起き出し、寮を回って学生を起こしてチャペルに行かせたが、彼の精力的な説得に抵抗できる者はほとんどいなかった。チャペルでは、彼は学生たちを席に案内し、祈祷書の使い方を教え、礼拝を理解できるように援けた。ポールの宣教師としての一年間の試みは、その先の任期を無期限に延ばす気持ちにさせていた。彼はもはやホテル業のことや帰国のことを考えることを止めていた。ケンタッキーでの生活は遠のいたように見え、日本での生活が自分に合っているように思えた。

◉聖路加病院とトイスラー博士

日本聖公会には、立教大学が発展してきた間に進展を遂げてきたもう一つの施設があった。それは聖路加病院である。この病院の発展はほとんど一人の人物――ルドルフ・ボウリング・トイスラー博士[14]によっていた。東京の聖公会の人間は誰でも、ジョージア生まれの精力的なトイスラーとすぐに知り合った。ポールも例外ではなかった。二人は長い間の互いの友情を築いたが、多分若いポールの方が初期の在日時代に最も強い影響を相手から受けた。

トイスラー博士の日本への関心は、ヴァージニア州の歴史的に重要なヘンライコ（Henrico）教会区のモニュメンタルチャーチ（Monumental Church）の日曜学校に出席したときに引き起こされた。この同じ教会区の日曜学校は、日本での最初の伝道主教である若きチャニング・ムア・ウィリアムズを送り出していた。トイスラーは成人し医師の学位を取得すると、日本に行くことを選んだ。小さなあまり振るわない聖路加病院を指導するためである。この若い医師が東京で見た汚れた小さな建物は、彼がこれまでに見た絶望的でみすぼらしいどんな施設よりも惨めであった。トイスラー博士はアメリカから援助を受けることはほとんど期待できなかった。何故ならば、アメリカ人は日本の医学の専門水準を高く評価し、医療支援の必要はないと考えていたからである。[訳者注㉗] それにも拘らずトイスラーは、有能な彼には相応しくない小さな建物を整備し、荒木いよ[訳者注㉘]を看護婦として訓練し、一九〇二年までに二つの病棟と五つの病室をもつ聖路加病院の開院ができるまでにこぎつけるとともに、外国人のためにも小規模ながら施療ができる条件を整えた。彼は日本の医者や外国人の医師たちと親しくなり、日本の医療事情の実際を学んだ。

アメリカの世論が日本の医療水準の高さを認識していたことはまさに正しかったが、ある顕著な欠陥を見過ごすという誤りも犯していた。その一つは小児の健康管理と衛生に関する知識不足、二つめは看護の基準がなく、看護訓練について無知であること、三つめに貧しい人たちへの医療が乏しいかまたは皆無であることであった。一九〇九年の東京の人口は二百万人、同じ年の慈善目的のベッド数は二百床以下であった。

エネルギッシュなトイスラー博士は、これらの問題に正面から応えるために彼の病院を運営した。最初に小児のための特別病棟を建てた。また諸学校で衛生教育のためのプログラムを作成し、地方自治体の役所と

13　礼拝の時に祭壇で司式者の手助けをする人。祭壇奉仕者。
14　第一章の訳者注③（10頁）も参照。

協力して、三〇か所の無料ミルクステーションを展開した。後にロックフェラー財団の援助を受け、公衆保健施設を設立し、青少年保健連盟や社会福祉部局を支援した。看護に関しては、最初に実地の訓練学校を作り、次に正規の訓練コースを開設し、そこでは入学資格を高等女学校卒業として、三年間の高度な学問的、実践的教育を行った。一九二八年には、ついに聖路加看護学校が日本で最初の看護カレッジとしてスタートした。そして貧しい人たちのためには定期的な診療時間を設定し、一定数の病床を確保し、病院の公衆保健活動を近隣に広げていった。

　トイスラー博士の公衆保健の分野の働きは日本に限られなかった。一九一八年に彼は米国赤十字社のシベリア救援使節[訳者注㉙]を先導したが、この活動は、アジアのキリスト教系病院からの千人のボランティアによって編成された。シラミ駆除用の列車を用いて、使節団は中央アジアで猛威を振るったチフスの流行を阻止した。一九二二年と一九二三年に彼は南満州の保健状態の調査を指揮した。

　聖路加病院も例にもれず地震や火事の被害を受けた。トイスラー博士は聖路加病院の再建、再再建のための寄付集めに何回となく故国に帰った。一九二八年に、聖路加病院を聖路加国際メディカルセンターに衣替えするために必要な二五〇万ドル[訳者注㉚]の募金を計画したときに、博士は苦笑しながら「日本のミッションのスリの首領」だと自称した。彼は、病院が必要としている金額は、教会が募金できる額を超えていると判断した。そこで博士は病院の発展計画を支援するための一般信徒による委員会を組織した。この委員会は彼の資金調達旅行の手助けをし、裕福で有力な人たち――この人たちは教会の義務的な募金活動に常に協力的だとは限らない――に、彼の計画を説明する機会を用意した。

　キャンペーンは一九二八年から一九三一年まで続けられた。そしてトイスラー博士は自分の補佐役としてポール・ラッシュを立教から派遣してもらった。これはポールにとってかけがえのない貴重な経験となった。ポールは聖路加への支援者に会い、トイスラー博士が、そのヴィジョンを支援するための財力を持っている個人や財団に訴えるのを目の当たりにした。ポールは働き、観察し、経験を積み、後年彼にとって重要になる友情を築いた。

すべての学びの中で最も重要なものはトイスラー博士自身からのものだった。トイスラー博士は日本人を援けるという考えをもって日本にきた。しかし日本人を知るにつけ、自分が日本人に好意をもっていること、何よりも彼らを信頼していることに気づいたのであった。彼は再三にわたって強調した。「日本で何かをしようとするならば、それは第一級なものにせよ」。[訳者注㉛] これはポールが決して忘れない教訓であった。

［訳者注］

① 立教学院の構内に建てられた外国人用住宅。一号館から一一号館（うち八号館はない）の一〇館が、現在の大学構内の西側に配置されていた。このうち一号館は、「ライフスナイダー館」として現存している。一号館～六号館は同じ並びで、五号館は現在のウィリアムズ・ホールと道を挟んで対面する西側にあった。これらの校宅は、BSAやクワイヤーなどチャペル関係団体の集会や練習にも盛んに使われた。当時の敷地平面図を見ると、これらの建物は「＊号館」と名付けられているが、実際は「＊番館」と呼ばれていたようで、巻末の関連資料①でも、「五番館」とある。

② ブランスタッド　アメリカ聖公会派遣の信徒宣教師。一九二四年来日。戦時中の一時帰国を挟んで、一九六七年まで立教大学で英文学を教えるとともに教会音楽の指導にあたった。ポールの最も親しい同僚の一人であった。一九七一年、清里で亡くなった。

③ ホイブナー　Solomon S. Huebner（一八八二～一九六四年）　ペンシルバニア大学ワートンスクール名誉教授。「保険学教育の父」として知られる。

④ マーシャル　アメリカ聖公会派遣の信徒宣教師。日本滞在期間は一九三〇～三五年。立教大学で体育の教師を務め、BSAの指導にもあたった。アメリカンフットボールの日本への導入にあたってポールに協力した。また、一九三一年に東京六大学野球で立教が優勝した際のアメリカ遠征（三二年春）にあたって、その臨時監督を務めた。

⑤ フォウラー　アメリカ聖公会派遣の信徒宣教師。立教大学の体育教師。日本滞在一九二七～二九年、三三～四〇年およ

び一九五三～五七年。アメリカンフットボールの日本への導入にあたってボールに協力した。

⑥ マルクス　プロイセン王国（現ドイツ）出身の哲学者、経済学者、革命家。彼の思想はマルクス主義（科学的社会主義）と呼ばれ、二〇世紀以降の国際政治や思想に大きな影響を与えた。主著は『資本論』。

⑦ デューイ　アメリカの哲学者、教育学者。『学校と社会』、『民主主義と教育』などを著し、民主主義的教育の思想的、実践的主導者となった。

⑧ ウィリアムズ　一八二九年、ヴァージニア州リッチモンドに生まれる。ヴァージニア神学校を卒業後、学友ジョン・リギンズ（John Liggins）と共に宣教師として中国に派遣された。一八五九年にまだ禁教下にあった日本に渡り、長崎で一八六九年まで伝道の素地づくりにあたった。その後大阪での五年間を経て、キリスト教禁止令が解かれた翌年の一八七四（明治七）年に東京に移った。その後、日本専任主教となり、日本聖公会の基礎作りに心血を注いだ。一八七四年に立教学校を設立。一九一九年、故郷リッチモンドで逝去。

⑨ 一八七四年二月三日にこの学校が発足した際の場所は、築地にあった詩人ヘンリー・ワーズワース・ロングフェローの子息用の住宅であった。この住宅の所在地が外国人居留地内か内外人雑居地に位置していたかは不明である。同校は七四年の一二月に、内外人雑居地内の築地入船町に移転している。

⑩ ガーディナー（一八五七～一九二五年）　米国聖公会派遣の信徒宣教師。ハーバード大学で建築学を学ぶ。英文学にも通じ、立教で英文学史などを講じた。立教の校舎をはじめ、日本各地の礼拝堂、学校の建設にあたった。妻となったピットマン（Florence Rhides Pitman）は、立教女学校の第二代目校長を務めた。

⑪ 「高等中学校」は、一八八六（明治一九）年制定の中学校令によって設置された官立の学校であり（したがって立教はこれには該当しない）、一八九四年制定の高等学校令によって「高等学校」と改称された。「尋常中学校」は、上記一八八六年の中学校令によって設置された、小学校卒業男子を対象とする五年制の学校である。一八九九年に「中学校」と改称された。戦前の立教中学は、上記の「尋常中学校」ないしは「中学校」である。

⑫ 一エーカーは約四〇アール、約千二百坪である。『立教大学の歴史』によれば、一九〇九年に時の立教学院総理タッカー師が新キャンパス用地として購入した土地は一万七千坪であり、換算すれば約一四エーカーとなる。

⑬ モリス館に関するこの部分の記述は不正確である。立教大学発行の諸資料によれば、モリス館の由来となったモリス氏

は、アメリカ聖公会宣教師アーサー・ラザフォード・モリス（Arthur Rutherford Morris 生年不詳～一九一二年）である。モリス師は一八七一（明治四）年五月に大阪に着任。同年にテモテ教会を開く。七二年にはウィリアムズ主教の意向を受けて大阪英和学舎（テモテ学校）の前身となる男子校を開設。大阪英和学舎は一八八七（明治二〇）年に立教に併合されたから、見方によっては、同校を立教の源流とすることも可能であろう。とすれば、現存している立教大学の本館にモリス館の名が冠せられていることは真に相応しいことと言えよう。モリス師は、一八八五（明治一八）年には東京に招かれて東京三一神学校の教授となった。

⑭　マザー（Mather）　鉄鉱業を中心にした企業活動で大きな財をつくり、それをもとに医療や教育機関を支援した。アメリカ国内では、ウエスタンリザーブ大学、ケニヨン大学への財政的貢献で知られる。「Mather」の現地での発音は「マザー」であるが、立教大学の図書館は「メーザー」を用いている。

⑮　一九一九年当時の駐日アメリカ大使は、ローランド・S・モリス（Roland Sletor Morris）氏（大使在任一九一七～二〇年）で、この記述は正確ではない。

⑯　立教大学は、一九二二年に「大学令」に基づく大学として認可された。

⑰　正式名は「東京米式蹴球競技聯盟」で、一九三四年に設立された。発足時の加盟校は立教大、明治大、早稲田大の三大学であった。翌一九三五年に慶応義塾大、法政大が加わった。

⑱　日本におけるジャズの草分けであるティーブ（Tib）・釜范（本名釜范正）のことと思われる。彼はアメリカ国籍の日系二世であった。カマヤツ・ヒロシは子息である。

⑲　ジョセフ・クラーク・グルー（Joseph Clark Grew）（一八八〇～一九六五年）　デンマーク公使、スイス公使、トルコ大使などを経て、一九三二～一九四一年の間、駐日米国大使を務めた。日米開戦の回避を図った知日派として知られる。一九四四年、国務省極東局長を経て国務次官となる。ポールとの関係も深く、アメリカンフットボール導入の際の協力、アメリカへの募金活動の際の協力など、公私にわたって支援をしている。米国聖公会の信徒でライフスナイダー主教との親交も深く、大使在任中、一時、立教学院の顧問でもあった。

⑳　松本瀧蔵　政治家、教育家。明治大学の教授から、戦後、政界に転じ、外務政務次官、内閣官房副長官などを務めた（原著では内閣官房長官となっているが、誤り）。幼児期から青年期までをアメリカで過ごしたことから英語に堪能で、日本

政府とＧＨＱ間の折衝にも大きな役割を果たした。野球、アメリカンフットボール、水泳をはじめ、スポーツ全般の振興に力を尽くした。キープの働きにも協力し、清里の同協会にある松本ユースキャンプ場は同氏にちなんで名づけられている。

㉑ タッチダウン⇩ボールを持ったプレイヤーが敵陣最奥に突入することによって得点する（6点）。トライフォーポイント⇩タッチダウンの後に行う攻撃側のキック。相手ゴールポールの間にボールを蹴り込めば1点が与えられる。ホールディング⇩攻撃側のプレイヤーが相手プレイヤーのユニフォームなどをつかむと反則となる。オフサイド⇩攻守双方が向かい合ってプレイを開始しようとする際に、プレイヤーが中立地帯に侵入すると反則となる。

㉒ レッドマン　オーラル・イングリッシュの普及に尽力した。大正・昭和前期の日本の英語教育改革に大きな影響を与えた応用言語学者ハロルド・Ｅ・パーマーと協働し、彼との共著による。"*This Language-Learning Business*（『この言語学習事務』）". London. Harrap (1932) & New York, World Book Co. (1932) を刊行している。

㉓ アリソン　一九二七年に来日。二年間、旧制小田原中学校や厚木中学校で教え、のち舞鶴の海軍機関学校で英語教師を務めた。一九三〇年に国務省に入省し、日本・中国の各地に勤務。太平洋戦争の開戦を迎え、一九四二年帰国する。戦後は、サンフランシスコ講和条約の草案作成に関与。一九五三年四月八日、駐日大使に指名された。

㉔ 田中穂積　長野県出身の財政学者、法学博士、早稲田大学第四代総長（一九三一〜四四年）。ポールは、日本に来て間もなく彼と知り合いとなり、その後両者は肝胆相照らす親交を保った。

㉕ 澤田美喜　戦後、占領軍兵士と日本人女性の間に生まれ、遺棄される場合も多かったいわゆる「混血児」（国際児）のための養育施設であるエリザベス・サンダーズホーム、およびステパノ学園を設立、運営した。また、夫廉三とともにキープ協会を支え、ポールもまた澤田の働きを援けた。

㉖ 日本人主教は一九二〇年代は三人、三〇年代に四人となり、四〇年代になって、当時の全九教区の主教が日本人となった。

㉗ 文献⑨〈ト伝〉によれば、トイスラー博士は精力的にアメリカ国内を回り、多くの経済的支援を受けている。その支援がなければ、聖路加病院は発展はおろか通常の運営も覚束なかったと思われる。

㉘ 荒木いよ（一八七七〜一九六九年）立教女学院を卒業後、神戸のカナダミッションが経営する看護学校で学ぶなど、

臨床看護の研鑽をかさねた。東京に戻った後、トイスラーのもとで働くようになり、彼の指示により一九〇〇〜〇二年までアメリカに留学。帰国して創業期の聖路加病院をトイスラーと二人で支えた。一九三四年に第二代院長・久保徳太郎氏と結婚するまで総婦長を務めた。なお、文献⑨〈ト伝〉に荒木氏に関する記述がある。

㉙　第一次世界大戦末期の戦況とロシア革命の余波で、ロシア、特にシベリアは混乱を極めた。ロシア国内で戦闘に加わりその後難民化した一〇万人ともいわれたチェコ兵がこの地に集結し、また旧帝政派と革命派のボリシェヴィキの衝突による負傷者などが避難してきたからである。その結果、食糧、衣料品、医薬品、医療施設などが極端に窮乏した。アメリカ赤十字はその救済にあたったが、その一環として、トイスラーをリーダーとする「米国赤十字社シベリア救護班」が聖路加病院のスタッフによって組織され、ウラジオストックを中心としたシベリアに派遣された。トイスラーはこの救援事業全体の総指揮者の役割を担い、一年半にわたって当地で活躍した。その詳細は文献⑨〈ト伝〉で紹介されている。

㉚　文献④〈山日〉によれば、この金額は一九三〇年代当時の邦貨約四八〇万円に相当し、現在の百数十億円にあたる。

㉛　ラッシュの自筆手記（文献②〈ＰＲ〉）によれば、この言葉は以下のとおりである。「ラッシュ、日本で、キリストの御名によって何かを築くときは一流のものを築け。それを人々に示すことが我々の最高の伝統だ。二流では絶対にだめだ。」"Rusch, if you build anything in Japan in the name of Christ, make it first class. It's our highest tradition to show these people. Nothing second class will do."

第三章 頼るべきもの

清泉寮キャンプ場野外礼拝所での聖餐式

◉聖徒アンデレ同胞会（ＢＳＡ）との出会い

ポールが立教でまだ駆け出しの宣教師であったときのことであった。わずかな俸給に慣れ、彼より敬虔な同僚たち――彼らはポールに対して著しく忍耐強かったが――と親しくなってはきていたが、彼は依然として、宣教の仕事には強引に引き込まれたのであり、福音の宣教は自分の使命にはなりにくいと感じていた。しかし上級の学生の何人かは明らかに、商業概論コースでの「いかに利潤を得るか」という以上のものを学んでいた。そして彼らは、一九二七年の春に洗礼を受けることを表明した。彼らはその通りに立教の諸聖徒礼拝堂で洗礼を受け、ポールは式に参列した。その後で彼は青年たちを祝福した。そして礼拝堂の外で学生たちと談笑していると、大学総長であるチャールズ・S・ライフスナイダー主教が仲間に加わった。主教は新しく受洗した学生たちに笑いかけ、それからポールの方を向いた。

「この人たちは君の学生です。君はこの人たちを堅信にまで導かなければなりません。学生たちが信徒として歩む道を見出したときに頼るべきものを、何か提供する必要がありますね。」

主教は、初めてはっきりと教会人として自覚しようとしている弱い葦をポールに託したのだった。霊的な責任を負わされたことは、ポールの目から鱗を落とした。彼は自分自身を「並のアメリカ人で、ただ生まれつきのクリスチャン（ボーン・クリスチャン）で、何故ということをきちんとは知らない人間」と思い込んでいた。彼はルイヴィルのクライストチャーチ大聖堂で育ち、そこではピクニックやボート漕ぎやボーイスカウトの活動を楽しんだ。声変りがするまで聖歌隊で歌った。しかしながらハイスクールや大学では教会から離れて「浮き草のエピスコパリアン」となり、信仰生活を敬遠した。

ポールが学生たちを見ると、彼らの目は教会で誓ったばかりの献身の思いに輝いていた。そして彼は、一人の教会人を宣教師に変えるのは、神の愛と人の愛が奇しくも重なり合ったものであることを知ったのだった。もはや気後れすることもなく、彼は主教の促しを受け入れ、それに適う道を探ろうと立ち上がった。課題に取り組む使徒聖パウロのように、彼は自分自身と学生に役立つ可能な限りの手立てを求めて調査を行った。教会年鑑（リビング・チャーチ・アニュアル＝Living Church Annual）に載っている聖公会のすべての団体や組織のリストに基づき、情報や手がかりを求めてそこに手紙を書いた。ポールは、ＧＦＳ（Girls' Friendly Society）[訳者注①]にさえも手紙を書いたことをずっと力説していたが、このことは彼の努力を理解する人の共感を誘った。手紙への返事として沢山の資料が入っていた。そして聖徒アンデレ同胞会（The Brotherhood of St. Andrew（以下ＢＳＡと記す））のハンドブックに巡り合ったときに、彼は自分が求めていたものはこれだと直感した。

　彼は次の文章からアンデレについて感銘を受けた。

> この人物、聖徒アンデレは、直ちにキリストに従ったのです。彼はキリストの弟子となるとすぐに他の誰かを誘いました。訓練を受け経験を積むことも待たず、自分がキリストの弟子として成果をあげることも待ちませんでした。アンデレは議論をせず、演説や論争をする代りに、キリストの教えが真実であることを証明するために、ただ自分が経験した事実をじっと見続けたのです。「私たちは見たのだ」と………。彼は弟のシモン・ペテロをイエスのもとに連れてきました。アンデレはペテロを楽しませ、興味を持たせ、感動させ、悪い習慣を止めるように促すことにも満足しませんでした。キリストの様子をただ伝えることだけを求めたのでもありません。アンデレは、ペテロをキリストとの直の繋がりに導いたのです。そしてそれは要するに私たちの努めの目標にほかなりません。それがその他一切のものに至るからです。「これを聞く者も言うがよい、『来てください』と。[訳者注②]」（「日本はポール・ラッシュを歓迎する」『St.Andrew's Cross』六一巻三号、一九四七年三・四月号）[訳者注③]

ポールはハンドブックを読み、同胞会が一八八三年に創設されたこと、そのときに一二人の若く熱心な信徒がシカゴで会い、自分たちの教会に奉仕するためのしっかりとまとまった組織を作ろうとしたことを知った。銀行員ジェームズ・L・ホウテリング（James L. Houghteling）がリーダーであり、彼はキリスト教を本当に強くするのは一般信徒によっていると確信していた。祈祷と奉仕という二つのシンプルなルールが人々を結びつけた。同胞会はいつでも、会自体の礼拝式文やプログラムを作ることはしなかった。各支部はそれぞれの教会の牧師の承認だけで結成された。そして各支部は、支部長、副支部長、会計という三人の役員だけを置く簡単な組織で事足りた。

　チャールズ・H・エヴァンス博士（Dr. Charles H. Evans）[訳者注④]が代表として派遣された一八九四年当時、日本では同胞会はまだ歴史が浅かった。彼とその後継者であるフランク・A・ウッド氏（Mr. Frank A. Wood）[訳者注⑤]が約三〇の支部を結成したが、ウッド氏が日本を離れるとそれらは消滅した。しかしながら、その短い歴史の中で、それはある貢献をした。というのは、この運動のメンバーのほぼ全員が神学校に進み、やがて聖職者になったからである。分かりやすさと受け容れやすさが日本の聖徒アンデレ同胞会の利点となった。しかし同会の最も価値ある貢献は、一般信徒の責任を強調した点である。日本人が常に教会の儀式を重んじ、主教――そのほとんどは外国人であったが――を敬ってきたのに、教会人としての信徒の在り方は成長しなかった。初期の頃の教会の会議で、エピスコパルチャーチに相応しい日本語の名称について議論した際に出された一つの案は「監督たちの教会」であった。

　ポールは求めていたものを見出した。そして一九二七年に、米国の聖徒アンデレ同胞会の一支部として、一二人からなる一つの支部が立教に設立された。彼は聖路加病院の資金集めのためにアメリカにいる間に同国の同胞会に関わり、サウス大学のセワニー（Sewanee）で行われた夏季キャンプに参加した。彼はここで全国委員長のコートニー・バーバー氏（Mr. Courtenay Barber）[15]やアーウィン・C・ジョンソン博士（Dr. Irwin C. Jonson）に会った。ジョンソン博士は若者に関心を向け、教会の独りよがりに心を痛めていた。同博士は一九三〇年に書いている。

　組織化された宗教団体は今日、大体において、年配者の信徒が掌握しコントロールしている。キリストに従う冒険的要素は、公的なクリスチャンライフとほとんど無関係なところで認可されてきた。教会と繋がることは余りに保守的で陳腐なことであり、余りに時流に沿っているので、若者たちは「教会には何の楽しみも、わくわくするようなこともない」と考えている。ああ、私たちが使徒時代や十字軍や清教徒たちや、さらには前世紀の熱烈な信徒たち——彼らにとってクリスチャンであることとは、単なる感情的、情緒的な経験ではなく、犠牲や無私無欲や自己規制を意味するものだったが——の道徳的な挑戦を見つけられればよいのだが……。（ジョンソン「若者と教会」『St. Andrew's Cross』四五巻三号、一九三〇年一二月）

ポールは一九三一年に帰国するときに、アメリカの組織からは独立した聖徒アンデレ同胞会を日本に作ろうという計画を持っていた。運動は立教のキャンパスを越えて広がっており、他の学校にも支部が生まれていた。同胞会の代表は根岸由太郎博士[訳者注⑥]であり、彼はこの会の過去の歩みとの繋がりを持っていた。当人は三七年前にエヴァンス博士の通訳をしていたのである。一九三一年一一月三〇日の聖アンデレ記念日に、ポールは誇らしげにアメリカに電報を打った。

申シ分ナク感銘深イ聖アンデレ週間デス。翻訳サレタ「信仰ト青年ノ為ノプログラム」ヲ使用シテイマス。数百人ガ相イ集イ、土曜日ニハ二〇名ノ者ガ洗礼ヲ受ケル予定デス。厳粛ナル再宣誓式ハ月曜日。六ツノ支部、二ツノ教区ニヨリ全国組織ガ設立サレ、一〇支部ガ設立準備中デス。〈『St. Andrew's Cross』四五巻十四号、一九三一年十二月〉

●BSAのメンバーたち

支部の最初の幹事はアンデレ小川徳治だった。彼の父は土木技師であった。小川が最初にキリスト教に関心を抱いたのは、サッカーチームでプレーをしていたときだった。毎試合で普通行われる激励のための話し

15　本書一〇章に詳しい経歴が紹介されている。（一九四頁）

合いの代わりに五分か十分の静粛な時を持つようにとコーチが命じた。そのコーチはそのときに祈りをしたが、それはチームが勝つことではなく、プレイに最善を尽くすようにと祈るものだった。一九二九年に立教を卒業した彼は、アメリカの聖徒アンデレ同胞会からの奨学金を受けて、ペンシルバニア大学のワートン商学部（Warton School of Accounts and Finance）に留学した。

日本の同胞会の、最初の常勤の書記はマタイ宅間聖智であった。彼は立教に入学する前からすでに信徒である数少ない学生の一人であった。彼の父は青森の教会の牧師であり、彼は文学部の学生で最初の支部のメンバーであった。

二人目の書記はノーマン金子忠雄であった。彼は大学入学当時クリスチャンではなく、卒業するまで洗礼を受けなかった。彼は京都の生まれで、父は旧士族であり実業家になるために大変努力した人であった。その父は、永平寺の影響下にある福井県で育ったので、息子も同じように厳しく育てた。金子忠雄が八歳の時に、他の子どもと喧嘩をして負けそうになった。そこで相手に石を投げ怪我をさせたが、家に帰っても家族に何も言わなかった。そのために、彼は家の者は誰も喧嘩のことを知らないと思っていた。しかし相手の母親がすでに家を訪ね、彼の両親に喧嘩のことを告げ、自分の息子が石で怪我を負わされたことを話していた。忠雄は床に就き間もなく眠った。しかし午前四時に父親が彼を起こし、寺に連れて行った。冬の季節で少年は寒さに震えた。寺に着くと親子は服を脱ぎ、氷のような水で水垢離をした。それから父は息子を寺の須弥壇の前に連れ行き、朝まで坐して黙想をした。父は叱ることなくその事件に触れることも絶えてなかった。忠雄はそれ以来そのようなトラブルを起こすことは無かった。少なくとも冬には………。

彼の父は、武士道精神〈侍の道〉と近代資本主義の価値観を宥和させようとはしなかった。その結果、いつも金繰りは苦しかった。一九三〇年代の不況の間に彼の会社は倒産したが、彼は負債を弁済する責任を感じていた。彼は息子への学費の送金ができなかった。そのために金子は試験を受けることができなかった。彼は一人の教授に会い、この規則は非キリスト教的だと抗議した。この教授は温情を示し、試験を受けられるようになった。しかし一科目でも失敗すれば全科目が失格となるのであった。彼は全科目に合格したが、まだ学費は払えず、卒業の時期が来ても卒業証書がもらえなかった。彼の英語の力は抜群であったので映画会社への就職は容易であったが、洗礼を受けた後、この就職を放棄しＢＳＡの常勤の書記となった。

◉学生キリスト教運動

日本の学生との関係の持ち方は難しかった。そして学生キリスト教運動（Student Christian Movement＝ＳＣＭ[訳者注⑦]）の創始者たちの経験は、学生組織について、ある苦い教訓を残している。一九二〇年代の終わりに、数人のＹＭＣＡ会員と若い大学教授がキリスト教を知的に守ることができるようにとマルキシズムの学習を始めた。この人たちはＹＭＣＡ幹事の筧光顕、中原賢次、立教大学教授の菅円吉[訳者注⑧]、早稲田大学教授の杉山謙治、東京帝国大学青年同盟（the Tokyo Imperial University Youth Association Movement）幹事のニワノボルたちであった。彼らはインテリや学生たちによる批判に曝されている日本の社会的状況を鋭敏に察知していた。この学習グループから他の同じようなグループが派生し、そしてやがて「学生キリスト教運動」が生まれた。この動きは一九三一年の御殿場ＹＭＣＡキャンプ場での夏季学校の際にピークを迎えた。このときの主導権は、設立者の手から極左メンバーによって構成されている中央執行委員会の手に渡っていた。翌年、ひどい混乱を避けるために夏季学校はＹＭＣＡによって閉じられなければならなかった。ディレクターである阿部義宗博士[訳者注⑨]はキャンプ場に行き、キッチンに施錠し、学生を退去させるか空腹状態にさせておいた。リーダーたちは退任し、これが将来性のある学生キリスト教運動の終焉となった。

何が悪かったのか。これに答えるためには、運動それ自体と教会の双方が等しく責めを負わなければならない。社会的福音主義[訳者注⑩]の影響を受けて、リーダーたちは内在的な神を「生活の力」とみなし、教会を犠牲にして神の王国の到来を強調した。彼らは罪とは利己心であるとみなし、階級闘争と社会正義を物知り顔で説いた。当時の教会側は敬虔な祈りと穏やかな信仰生活を重んじる静寂主義（quietism）に傾斜し、全能の神による個人的救いのほかには目を向けなかった。そして社会的福音主義という主張のほとんどは忌むべきものであると考えていた。チャールズ・ジャーマニー博士（Dr. Charles Germany）[訳者注⑪]は、社会的福音主義一般の神学と、特に学生キリスト教運動を研究する中で、「SCMと社会的キリスト教主義のリーダーたちは、教会の神学の視点を欠いた王国の神学への方向へと完全に移行した」と述べた。さらに彼は「教派に属する教会からは、SCMに発せられる多くの批判があったが具体的な指導はなかった」と付け加えた。〈ジャーマニー『近代日本のプロテスタント神学』七五頁〉

学生キリスト教運動は左派が主導権を握るようになったが、日本聖公会全国青年連盟[訳者注⑫]は国家主義の色彩が濃かった。BSAは聖アンデレ日に感謝献金を集め、捧げられた献金を年ごとに異なった教区に贈った。それが東京教区に捧げられたとき、それは青年連盟のキャンプを行うために用いられた。ポールと一〇人のBSAのメンバー、数人の聖職、京都のS・H・ニコルス（S. H. Nichols）[訳者注⑬]主教らが参加した。青年たちは、費用がBSAによって賄われていることを知らなかった。そして彼らはBSAのメンバーに向かって、BSAがアメリカ人のメンバーと結びつき、外国の援助を受けていることを攻め立てた。ポールは彼らが言っていることが分からなかったものの、憎悪の感情を持つことはなかった。金子忠雄は発言に抗議するために立ち上がったが、討論の場の議長は発言させなかった。松下正壽[訳者注⑭]はそのとき青年連盟の会長であったが、金子が答えることや、もし必要ならば一時間でも二時間でも話すことを許すべきだと主張した。そこで金子は話を始め、次のように述べた。「兄弟愛によって与えられたものである限りそれを受け入れることには何の問題もない。それは神のご計画である。もし君たちが兄弟愛を破りたいならそうしたまえ」。そしてポールを急き立てて「ここを出ましょう」と言い席を立った。しかし北川台輔司祭[16]と他の二人の若い聖職が留まるようと頼み、そこで彼らは終了まで残った。その夜遅く、一人の男が彼らの泊まっている宿舎に謝罪にやってきたが、BSAのメンバーはまだ怒っていたので、喧嘩が始まらないようにロニー・チェンを抑える必要があった。[17]

ＢＳＡが他のキャンパスに拡がり、若者たちがその影響を受けるようになるに際し、まず重視されたのは信徒教育であった。慶応、早稲田、明治大学で結成された支部ではキリスト教の社会的、倫理的側面よりも、霊的、神学的側面が選ばれ議論された。その後の九年間に、会は一五万部の学習講座、定期刊行物、手引きなどを刊行し、国内に配布した。やがて日本語教材は、北アメリカ、ブラジル、英国、朝鮮、満州、中国のセンターに送られた。中国のクリスチャンは、日本人の隣人に手渡すために会の案内文を書いた。

◉清里にキャンプ場を

一九三三年からの毎年の夏に、通常は御殿場のＹＭＣＡキャンプ場でＢＳＡの夏季合宿集会が開かれた。[訳者注⑮]この合宿では、早朝聖餐式、学習、瞑想、スポーツなどが行われたが、これはＢＳＡの活動の中核行事であり、ポールはＢＳＡ専用のキャンプ場を持ちたいと考え始めた。それには資金が必要であり場所も不可欠であったが、いずれも手に入れることは容易ではなかった。この時期にはアメリカで募金をすることは不都合であった。というのは、同国は不況の余波が残っており、教会の人々は日本の中国への侵攻を徐々に警戒し始めたからである。狭苦しい日本で場所を見つけることも簡単なことではなかった。特に外国人が警察から厳重に監視され、排他主義が勢力を増す中では殊のほか困難であった。

時の立教大学総長木村重治博士[訳者注⑯]、南東京地方部（教区）のサミュエル・ヘーズレット（Samuel Heaslett）主教[訳者注⑰]、金子忠雄、関口正吾、宅間聖智らが、ポールのキャンプ場探しに加わった。彼らは伊豆半島、富士五湖などを見て回り、最後に本栖湖湖畔をキャンプ場にすることに決めた。そこは理想的に思えた。山梨県の県庁所在地の甲府で彼らは知事[18]と交渉した。しかしその地を確保するのは不可能らしいことが分かった。

彼らは落胆して県庁を後にし、その夜は談露館に宿

16　第七章に北川氏の経歴などの詳しい紹介がある。（一二九頁）

17　このエピソードについては、本書巻末の「関連資料②」を参照。

18　当時の山梨県知事は、藤原孝夫氏であった。

をとった。この宿は立教の学生の父親[19]が経営者で、一同と親しい間柄であったが、主人の中沢氏の歓迎も食事前の温かい風呂も、失望したＢＳＡの一行を元気づけることはできなかった。メイドさんが食事を運んできて、一同は炬燵の周りに座り、陥った袋小路を直視

1936年山中湖にて　ポール・ラッシュ（左端）、聖公会神学院校長 落合吉之助博士（左から二人目）、日米協会役員 タケダ・エンジ、BSA副会長 松浦積《つもる》、立教大学総長 遠山郁三博士（右端）

しようと試みた。間もなく中沢氏が座に加わり、お茶やビールが運ばれた。そしてキャンプ地探しの落胆に話が戻った。中沢氏は、彼らが成果のなかったことを繰り返すのを気の毒そうに聞いていた。

やがて彼が話した。「ここからそれほど遠くないところに良さそうな場所がありますよ。時々私は八ヶ岳という山の近くに狩りに行くんです。きれいな所ですよ。今は新しい鉄道も通って、ここから一時間半しかかかりません。もしよろしければご案内します」。

もちろん皆は行くことを希望した。朝が来るのを待ち切れなかった一同は、早起きして早朝の列車に乗り、どちらを向いても数フィートしか見えない霧の中を進んだ。列車は「清里」と駅名が書かれた小さな木造の駅に停車した。彼らは飛び降り、小さな村を通り抜け、山の姿はまだ見えなかったが傾斜地を登り始めた。突然、霧を通して日の光が射し、一行の目の前に八ヶ岳の八つのぎざぎざの峰が現れた。彼らは山の傾斜地に立ち、広い草原を越えて別の方向を眺めると、太陽が朝の霧を払い、はるか遠くに光る富士の姿がはっきりと見えた。ポールは再び傾斜地を見上げ、申し分のな

第八回リーダーズ・トレーニングキャンプの参加者
1939年6月15日〜22日

いこの場所に作るキャンプ場の建築のデッサンを思い描いた。ポーチ（張り出し屋根の架かったベランダ）に囲まれたロッジ、その両端の立派な石の煙突、聖アンデレの十字架[20]をあしらった屋根の上の塔や風見鶏、これらがしばらくの間目に浮かんだ。木々の間のあちこちに一〇棟のキャビンがあり、それは日本の各教区の名にちなむものである。青年たちはロッジのポーチに腰かけ、整備されたフィールドで野球をし、森を散策する。思い描いた構想はやがて建築計画表に戻り、青年たちは画面から消えた。しかし山と地面は確かにそこにあった。七人は歩いて村に戻り、列車で甲府に戻った。再び山梨県知事に会ったが、今度の回答は前回と違っていた。彼らは三〇〇〇坪、つまり約二・五エーカーをキャンプ場のために借りることができたのである。喜び勇んで一行は東京に帰った。

　彼らはこの地の使用権を獲得し、いくつかの伝説を知った。一つの伝説は八ヶ岳——八つの峰を持つ山——の由来を伝えていた。[訳者注⑱]大昔のこと、「ヤツ岳」は国中でどうやら一番高かった。その山の峰は一つだけであったが、それは富士山を凌いでいた。ある日、成り上がり者の富士の女神が、自分が日本で一番高い山だと言い出した。そこで二つの山は争った。とうとう最後に、二人は仲裁を阿弥陀如来にお願いすることになった。如来様はしばらく思案し、実際に調べてみることにし、話をされた。「これはなかなかの難題じゃ

19　立教大学学生・中沢富次郎、その父・中沢三鶴平《みづへい》氏。
20　使徒アンデレが磔にされたと言われているXの形をした十字架。

のう。水は正直ゆえ、どちらが高いかは水に決めてもらおう。お前たちの一方の山の頂から他方の山の頂に管を伸ばそう。そして私が管に水を注ぐ。水は低い方の頂きに流れるじゃろう。そうすればどちらが高いか低いかは自ずと分かるはずじゃ。」仏様は管を掛けるのに苦労したが、とうとうヤツ岳の頂上から富士山の頂上に首尾よく管を掛けた。そして管に水を注ぐと、水は低い方の富士山の頂上から溢れ出て、麓に流れ落ち五つの湖ができた。阿弥陀如来はその結果を見極め、富士山の女神に伝えた。「もう争いは止めることじゃ。富士の女神よ、お前はヤツ岳よりも低いのじゃ。」しかし富士山の女神は腹を立て、怒りにまかせて乱暴し、太い棍棒でヤツ岳を打った。ヤツ岳の頂上は八つに割れ、それが八つの峰になり、それ以来、富士山の方が高くなり、今に至っている。

◉アメリカへの募金旅行

東京に戻ったポールは、アメリカへの募金集めの旅の準備を整えた。彼は手紙を書き、謄写印刷の小冊子を同封して投函した。その冊子には日本における大学生の重要性とこの国での彼らの将来が説かれ、BSAの計画が説明されていた。必要な施設の詳細が書かれ、費目ごとの経費が計上されていた。彼は、「MEN」と簡潔に題された二千部のパンフレットを持参した。その冊子は綺麗に絵の描かれた和紙で装丁されていたが、最後のページは寄付の申込書で、その下には、魔術の言葉が書かれていた。「寄付は州と連邦の税金から控除されます。」アメリカのポールの友人や支援者は、「日本アンデレ同胞会アメリカ後援会」の設置という責務を果たした。このことによってこのグループはアメリカ国税庁の規則の適用を受けることが可能となった。この中には後援会長のJ・L・ホウテリング、財務担当のC・バーバーがおり、他の委員はニューヨーク市のソーン（Mr. Samuel Thorne）、ミシガン州ハイランドパーク（Highland Park）のザブリスキー（Mr. Charles C. Zabriskie）、ケンタッキー州ルイヴィルのアルムステッド（Mr. William C. Almstedt）、テネシー州ナッシュヴィル（Nashville）のハウエル（Mr. Joseph T. Howell）で、彼らはすべて教会の指導的メンバーで実業家であった。

しかしキャンプは聖公会と在日アメリカ人の事業でもあった。ポールは日本聖公会の総会議長でもある北東京地方部（教区）主教[21]からの手紙と、駐日米国大使グルー閣下（the Honorable Joseph Clark Grew）からの書簡を持参していた。グルー大使はその手紙を次のような言葉で締めくくっていた。

「私は、あなたが価値ある事業を進めて来られたことを承知しており、また新たな運動を起こし、その組織を作ろうとなさっていることを存じております。そして変わらぬご成功とますますの成果を心から願っています。あなたが、母国の教会員の、実行を伴った関心を呼び起こすことができることを信じてやみません。」

ポールはいつも、余計なことは省いて大切なことだけに目を向けるが、ＢＳＡが全国クラブハウスと学生センターを清里キャンプ場に建てることの必要性を列挙し、二つの施設のための募金への協力を訴えた。総額は約八万ドルであった。しかし彼には、会議場をスタートさせるための二万ドルがまず緊急に必要だとの気持ちがあった。そして最初の二万ドルが集まったときに、彼は喜びの電報を東京の仲間に送り、キャンプの建物の契約を結ぶように、ただ簡単に「前進セヨ」と伝えた。

◉「清泉寮」の命名と竣工

キャンプにつけられた「清泉寮」という名は、「清らかな泉の宿舎」という意味である。ここには、乾燥期にも山間から澄んだ幾筋かの小川が流れ下った。しかし雨季には大きなスポンジになった。水たまりがこれほどぬかるんで深くなるとは思えなかった。小径や道路は造成する端から呑み込まれ、それを修繕しようとする作業隊の長靴に吸いついた。日中戦争による軍事的な必要からガソリンは一般の市場からなくなり、牛車が運搬手段として使われた。二頭の牡牛はぬかるみの中で頑張ったが、ついに引き具をつけたまま斃れてしまった。

キャンプ場を建てた年は記録的に雨が多かった。

21　ライフスナイダー主教。ただし、同師は総会議長ではなかった。

ポールは「場」を盛り上げる才に長けており、一九三八年七月二四日に予定された落成式に、アメリカ、カナダ、インド、オーストラリアなど世界中の聖職者や主教を招待した。しかし春の間中、作業は遅れ雨が降ってはまた降った。道路は完全に流され、つるつるした溶岩層だけが残った。ポールとBSAメンバーは小さな宿に閉じ込められ、ポールはいらいらした。彼が大工に働くように促すと、彼らはキャンプ場で作業を続けるための材木がないと言い張った。彼が請負人に材木を現場に運ぶように頼むと「それはできないよ」という答えだった。ポールの怒りは春の初めに沸騰点に達した。彼は腹を立て、それが納まらなかった。彼は何足もの長靴を引っ張り出し、「長靴をはいた猫」[訳者注⑲]のようにそれを見つめた。ポールは、屋根の梁を一本抱え、足を踏み鳴らして宿を出た。最も体の大きな青年たちが他の梁を取り上げ追いかけた。

彼は落成式を一週間延期した。その日が来るとキャンプ場は映画のセットに似て、正面からだけは見栄えがした。ロッジの建物に屋根と壁はあったが、足場の材料や残骸で一杯であった。総裁主教であるヘーズ

1938年7月に聖別された清泉寮

レット主教が使ったキャビンは、窓、暖炉、風呂がなかった。ポールはフード付きのスウェットシャツを着た小鬼のような恰好で、新しく着いた人に仕事を指示し、暗くなる前に食堂の足場は片づけられた。次の日の昼までには床の掃除を済ませ、午後には木造りの壁板などを拭いてきれいにした。四時には家具が運び込まれ、書記の一人は受付の場所を用意した。その夜は全員がメインルームの床で寝て、次の日曜の朝には早々と四時の合図で起きた。天気は好転していて、職人たちは建物を完成させるために戻ってきた。

　落成聖別式の日は早朝から明るく晴天であった。しかし暑く、雨続きのあとで湿度が高かった。ポールと澤田美喜は、甲府盆地を隔てて富士山を見渡せるロッジのポーチに立ち、礼拝のプロセッションが着くのを待った。間もなくプロセッションが見え、清々しい山の空気を伝わって響く「見よや十字の旗高し」の聖歌[訳者注⑳]が聞こえてきた。澤田美喜が「来ましたよ」と声をあげたが、何も返事はなかった。ポールは聖歌の歌詞の最初を聞いたときから意識が薄れていた。薄情な介助者が水の入った手桶を持ってきた。そして三杯の水をかけるとポールは正気を取り戻した。彼は起き上がってどなった。「僕に何かを注ぎかけるなら、なんでウィスキーじゃないんだ！」

　その日の午後、日本聖公会の総会議長であるヘーズレット主教は、樺の林に面した白い十字架の前に立った。「兄弟よ、私たちはこのキャンプ場を神の栄光と教会の働きに捧げるためにここに集まりました。私は、このキャンプ場をお与えになった方々の誠意、同胞会役員の自己犠牲的な奉仕、そしてこのキャンプ場を作るためにさまざまな形で支援された方々を覚えて、皆さまが神を賛美して結び合うことを願います。またここが、み旨に適った聖なる目的のためだけに使われること、そして各年代の人々の霊的な憩いと励ましのために使われることを神に祈りましょう。」

　ヘーズレット主教はここで言葉を切り、同胞会のチャプレンである司祭・山縣博士[訳者注㉑]がこれを通訳した。そして「栄光の主なる王、み光を衣とし……」の聖歌[訳者注㉒]の言葉が式場の内外に澄んで響いた。そして主教は詩編の一一九編九節から一六節を読んだ。

若い人の歩む道を清く保つものは何か
　それは神のみ言葉
神よ、あなたの勧めからそれないように
　心を尽くしてあなたを求める
罪を犯すことのないように
　わたしは仰せを心に抱く
主よ、あなたはほむべき方
　わたしにおきてを示してください
あなたの示すすべての審きを
　わたしは宣べ伝える
あなたの諭しの道を
　宝のように喜び受ける
あなたの定めを思い巡らし
　あなたの道に目を注ぐ
あなたのおきてを喜びとし
　あなたのみ言葉を忘れない

それから主教は、聖別の言葉を述べた。「主イエスキリストの導きに従って、このキャンプ場を父と子と聖霊のみ名により神の栄光のために捧げます。」こうして清泉寮は発足した。

　印象深い落成式のあとの、最初の夏のプログラムが始まった。キャンプ[22]に既に来ていた百人の大学生と若い社会人がいち早く活動に取り組んだ。毎朝六時半に起床ラッパが鳴る。七時半聖餐式、続いて朝食、聖歌の練習、「キリスト教徒の生活の原理」と題する勉強会があり、討論や黙想の時間、キャンプ場整備のために設定された時間もあった。夕食前の入浴、晩祷は五時四五分、早い夕食の後にはキャンプファイアーがあり、その終わりにチャプレンによる黙想があった。青年が自分たちでキャンプ場の整理整頓を行い、大きな風呂に水を汲み沸かした。彼らは毎日一時間、キャンプ場整備プロジェクトのために働き、草刈り、キャビンへの道づくり、ぬかるみの補修、キャビン前の石の歩道作りなどを行った。急いで整備して一部が平らになったダイヤモンドで野球をやり、ロッジのポーチで防具をつけて剣道の稽古をし、夜には素人の賑やかな寸劇に興じた。

　毎日午前九時半には、痩せぎすの菅円吉がメインホールの暖炉の前の粗削りなテーブルにノートを広げた。彼はハーバード大学の卒業生で立教の教授であり、ホールに集まってくる人たちと向かい合った。菅博士は、後に日本を代表する神学者になったが、初日の講話の題を「生と死と宗教の問題」とした。ニューハンプシャー(New Hampshire)のジョン・T・ダラス(John T. Dallas)主教が、しっかりした内容のそのレクチャーに参加し強い印象を受け、次のように書いた。「世界を改造するための未成熟な試みは見られない。神の意義づけの上に自己自身を率直に考える大変な努力がみられる。」菅教授の最大の報いはしかし、青年たちが講義に没頭して集中したことであった。

清泉寮は最初から、立教の教会音楽学校および音楽の教授であるカール・ブランスタッドと強い協力関係をもっていた。その結果、キャンプ全体のために、礼拝音楽用のよく練られたプログラムがあり、決まった練習時間があった。青年たちは皆、交互唱、詩編、聖歌を歌うことを教えられた。キャンプでの使用のために簡単な全音階の聖歌が選ばれ男声用に編曲された。しかし全部が礼拝用の曲ではなかった。食事の時間にはダグラス・オーヴァートン(Douglas Overton)[訳者注㉓]が担当し、キャンプソングを歌ったが、その大半は英語の愛唱歌で、人気のあるフォスター(Stephen Foster)の曲もあった。しかし最もリクエストが多かったのは「いとしい人と呼ばせて君を」(Let Me Call You Sweetheart)であり、二番目に「ただ君の瞳で乾杯を」(Drink to Me Only with Thine Eyes)が伯仲していた。この上なく上達したのは、「フレール・ジャック(Frere Jacques)」[訳者注㉔]の各節を、フランス語、日本語、英語の三か国語で歌い分けたことであった。

リーダーシップ会議のメンバーがそのキャンプを終了し、径をしっかり踏み下りて清里の小さな木造の駅に戻ったあとに、中学校生徒のための二つの合宿が続いた。立教の最上級生たちは夏の終わりにグループでやってきて、一週間、労働して過ごした。その年の後半には小さなグループのホームパーティーがあった。シーズンが終了するときに、ポールは、最初の夏に清泉寮に一〇〇〇人以上が来たことを知り成功を確信した。

22　訳者注⑮で注記した訓練キャンプ。

［訳者注］

①　ＧＦＳ　イギリス聖公会の女性メンバーにより一八七五年に結成された社会奉仕活動グループ。日本では一九一六年、米国聖公会宣教師ミス・マギル（Mary P. McGill ＝後、シスター・エリザベスとなりナザレ修女会のメンバーとなる）によって、平安女学院において「愛友会」の名で活動が始められた。一九六二〜一九六五年五月の間は、辻恵美子氏が世界会長を務め、一九六五年四月〜五月に日本（清里・清泉寮）で開催された第六回世界大会を主導した。

②　新約聖書「ヨハネによる黙示録」二二章一七節の言葉。この言葉の後に、「渇いている者は来るがよい。命の水が欲しい者は、価なしに飲むがよい」という言葉が続いている。

③　『St. Andrew's Cross』は、アメリカBSAの機関誌。日本BSAの当初の機関誌は、『日本聖アンデレクロス』（一九三二年二月創刊）であった。戦後再発足し現在に続いている機関誌は『VISION』で、一九四八年三月に創刊された。この誌名は、「幻がなければ民は堕落する」（旧約聖書「箴言」二九章一八節）によっている。

④　エヴァンス　マキム主教からの米国BSAに対する「学校の教師を送って欲しい」との要請により、同会の書記であったエヴァンス氏が一八九四年に派遣された。同氏の最初の赴任地は奈良で、奈良基督教会付属の奈良英和学校において教師を務めながら、次のような同胞会活動を行った。＊日本人による同胞会の組織化、＊東京築地などでの外国人BSAの援助、＊信徒奉事者の養成、＊経済困窮者への教育活動、＊『聖アンデレ同胞会ハンドブック』の発行など。同氏は後に日本聖公会の司祭となり、北東京地方部（のち北関東教区）で司牧にあたったほか、聖公会出版社の管理者、立教学院理事も務めた。四〇年以上の日本滞在の後、一九四〇年に帰国した。

⑤　ウッド　エヴァンス氏が聖職になるために退任した後を受けて、一八九九年に奈良英和学校に赴任した。彼は同胞会の日本人組織を作るために、奈良、東京、東北、静岡、名古屋などの諸教会を訪れ「祈祷と奉仕」を主眼とした信徒の宣教活動の重要性を説いた。一九〇一年に勤務校が廃校となったことから、同胞会活動に専念することとなり、京都に事務所を開いて活動を展開した。そのような活動が実って一九〇二（明治三五）年四月に「日本聖安得烈同胞会」が設立された。前年の支部数は二五、会員数約三百名である。ウッド氏はその代表者の役割を担いさらに組織の拡充を図ったが、一九〇四年、代表を元田作之進氏に委ね帰国した。ウッド氏の帰国後、日露戦争への出征による会員の減少、戦後の国粋的価値観の台頭、実質的指導者の不在などから、会は急速に衰退し事実上消滅した。〈文献③〈ア史〉による〉

⑥　根岸由太郎（一八七三・明治六～一九六〇・昭和三五年）　一八八五（明治一八）年から五年間、立教大学校普通科英文学科で学ぶ。ロイド、ガーディナー各氏らのもとで英文学を研究。続いて慶應義塾大学を卒業。東京三一神学校にてフランシス、ウッドマン、デービス各氏のもとで英文学を研究。一八九四年、英文雑誌『ファーイースト』記者。一八九九年以来、立教中学校、立教大学で約六〇年間、英語教師・教授を務める。実用英語を尊重し、会話、スピーチ、翻訳などに優れていた。信徒としても活躍。Doctor of Letters の学位をテネシー州南部大学から授与された。

⑦　学生キリスト教運動　この名で呼ばれる運動には、①社会的キリスト教の実践を目指す大学内外への運動（Social Movement）、②教会的伝道を学内に浸透させる運動（Campus Crusade）が含まれるが、SCMの略称で知られるのは①の運動である。労働問題、人権、貧困などの原因究明とその解決を目指す社会的福音の立場に立つ学生の運動は一九世紀末から世界的潮流となったが、日本でも一九三〇年前後にピークを迎えた。本文にある、中原、杉山らによる研究会は「日本SCM研究会」と名付けられ一九三一年に発足している。

⑧　菅円吉（かん えんきち）　神学者（カール・バルト研究者）、日本聖公会司祭。京都帝国大学卒。一九二三年、立教大学教授。一九四六年文学部長となりキリスト教学科を創設。昭和初年には、社会的キリスト教の運動に参加し学生キリスト教運動を指導した。その分野では、『基督教社会化の理論』基督者学生運動出版部（一九三二年）の著書がある。

⑨　阿部義宗　第六代青山学院院長、日本メソジスト教会監督。また一九四〇年に開かれた皇紀二千六百年奉祝全国基督教信徒大会の委員長を務めた。

⑩　The Social Gospel は、一九世紀後半から二〇世紀初頭に、アメリカやカナダで有力であったプロテスタント系のキリスト教的社会改革運動。バプテスト派牧師ラウシェンブッシュ（W. Rauschenbush）が一八九二年に組織した「神の国兄弟団（Brotherhood of the Kingdom）が運動のさきがけであったが、その運動には、聖公会も含む超教派の教会が加わった。キリスト教的倫理の関心を社会問題、特に経済的不公平、貧困、アルコール依存症、犯罪、人種問題、スラム、環境、児童労働、戦争の危険などの解決に向けることを強調した。主の祈り（マタイによる福音書六章一二節）にある「御国を来たらしめたまえ。御心を天におけるごとく地にも行わしめ給え」を神学的な指針とした。

⑪　ジャーマニー　アメリカの宣教師。一九四七年来日。徳島で牧会活動に携わった後、日本基督教団総務局渉外担当幹事を務めた。その後、世界教会協議会（WCC）スタッフに転じ、さらにアメリカ合同メソディスト教会世界宣教局幹事と

して活躍した。引用された著書のほかに、"From the Rising of the Sun. Christians and Society in Contemporary Japan"(1981)がある。

⑫ 日本聖公会全国青年会連盟 「日本聖公会全国青年信徒の公会奉仕のための連絡機関たること」を目的として、一九三二(昭和七)年五月二日、東京聖三一教会で開かれていた、第二回「聖公会全国青年大会」で結成された。以来、京都、福岡、神戸、東京で全国大会が開かれ、十数年にわたって活動を続けた。なお、松下正壽は、一九三一年に創立された東京教区青年会連盟の幹事長および全国組織の長を務めた。

⑬ ニコルス ハーバード大学、ゼネラル神学校を卒業。一九一一年来日し、最初の四年間は立教大学で教えた。その後、青森、弘前の教会で司祭として働き、一九二五年、タッカー主教の後任として京都地方部主教に就任し、一九四〇年まで在任した。

⑭ 松下正壽 国際政治学者、政治家、弁護士。立教大学を卒業後、コロンビア大学などに留学。帰国後二八歳で立教大学教授に就任。戦後の極東軍事裁判では日本側の弁護士を務めた。一九五五年、立教大学総長(~六七年)に就任し、法学部の設置など大学の拡充に尽力した。五七年には岸首相の特使として、イギリスの核実験に遺憾の意を表する書簡をマクミラン英国首相に届けた。六七年、七五年に東京都知事選に出馬したが、いずれも落選した。

⑮ この集会の名称は「指導者訓練協議会キャンプ」である。文献③〈ア史〉によれば、第一、二回(一九三三年、三四年)は御殿場のYMCA東山荘、第三、四回(三五、三六年)は山中湖畔の日本青年団の清渓寮で行われ、第五回は一九三八年に開設間もない清泉寮で行われた。続く六、七回(三九年、四〇年)も清泉寮で開催されたが、四一年に予定されていた第八回は、学校教育における報国体制強化の訓令、学生のグループ旅行禁止の通達など文部省の指令で中止された。

⑯ 木村重治 立教学校を卒業後、アメリカに留学。ハーバード大学大学院などで学ぶ。帰国後、数校を経て立教大学に着任し、一九三二年に学長に就任した。木村の学長時代は政治的・社会的に国家主義体制が強化されその影響が大学に強まった時期であったが、そのような状況下で「チャペル事件」が起きた。これは、三六年四月に行われた天長節(天皇誕生日)祝賀式の際に、木村学長がチャペルの聖壇の下で教育勅語を奉読したことは不敬であるとして学生などから非難され、新聞でも報道され大きな事件となったものである。木村はこの責任をとって同年七月に学長を辞任した。

⑰ ヘーズレット 一八七五年、英国北アイルランドに生まれた。学業を終えた後、CMS(The Church Missionary

Society ＝英国聖公会宣教協会）所属の宣教師として、一九〇〇（明治三三）年に来日した。徳島県、千葉県での宣教活動や聖公会神学院での教壇活動の後、一九二二（大正一一）年に南東京地方部（後の南東京教区を経て、現在の横浜教区）主教に就任し、四〇年までその任にあった。その間、一九三三年から三八年まで、日本聖公会を代表する立場である日本聖公会総会議長や主教会議長（現在の首座主教にあたる）も務めている。一九四一年開戦の日にスパイ容疑で逮捕拘禁され、四カ月間獄中生活を送った。一九四二年の四月に釈放され、その年の七月に交換船で帰国した。終戦後、一九四六年に日本の教会の復興状況の視察と激励のために、イギリス聖公会派遣特使として再来日。一九四七年、故国のシェフィールドで亡くなった。

⑱　八ヶ岳という名前の由来は、それが八つの峰からできているため、あるいは数多くの高い峰が連なる山という意味であるとも言われている。一般に、赤岳、天狗岳、横岳、硫黄岳、阿弥陀岳、編笠山、権現岳、西山の八つを指すという。古くから八ヶ岳の自然の恩恵を受けてきた諏訪盆地などでは、八ヶ岳にまつわる民話が今でも語り継がれ、本文中の挿話もその一つである。

⑲　ヨーロッパに伝わる民話をシャルル・ペローが彼の童話集に採録した。長靴をはいた猫が、その飼い主のために活躍し、主人を幸せにする。

⑳　この聖歌は、日本聖公会古今聖歌集では三〇〇番に収められていた。現行の日本聖公会聖歌集には含まれていない。

㉑　山縣雄杜三《おとぞう》　立教学校、東京三一神学校、米国ゼネラル神学校で学ぶ。その後長く、東京三一神学校教授、聖公会神学院教授として主に教会史を担当。併せて、聖公会の機関誌である『基督教週報』の主筆、聖公会の中央機関である日本聖公会教務院の院長を務めた。時局の厳しくなる中、教務院長として事にあたったが、一九四一年六月に逝去した。

㉒　現行の日本聖公会聖歌集では三四八番に収められている。この聖歌の原題は“O Worship the King”である。

㉓　オーヴァートン　アメリカ聖公会派遣の信徒宣教師。滞日期間一九三六～四一年。その間、立教大学で英文学などを教えたほか図書館長を務め、またアメリカ研究所の創設に尽力した。戦争中は米国国務省に勤務し、戦後間もなく外交官として再来日し横浜領事館副領事を務めた。一九四六年のクリスマスイヴに行われた礼拝では、聖歌隊の指揮をした（第九章々扉の写真参照）。一九七七年、キープ協会理事長に就任したが、翌七八年に逝去した。

㉔　フレール・ジャックはフランスの民謡。「鐘の音　鐘の音　ひびく　ひびく〳〵町から村へ　村から町へ〳〵キンコンカン

キンコンカン」などの日本語の訳詞がある。

第四章　殺傷しない刃

南満州鉄道特急列車あじあ号

●日中戦争とBSA

「新しい年、一九三八年は、平和が遠のき、軍事的勝利によって活気づけられた民族主義の台頭、そして同時に中国人の根強い抵抗によって始まった。………日本軍に抵抗することは、単に愚かなことというだけではなかった。特にアジアの国々においては、それは罪悪とみなされた。かくて、「日本軍は、殺傷をしない『聖なる刃』の象徴である」という言い分は、現地人の宣伝機関員によって大変熱心に主張された。」〈ストッリー（Storry）〉『二重の愛国者』二二八頁〉[23]

新年が明ける直前の一九三七年一二月一八日に、中国軍は撤退しながら山東（Shantung）省を攻撃し、青島（Tsingtao＝チンタオ）にある日本の木綿工場を焼いて、日本海軍を締め出すために青島港中の軍艦を沈めた。青島工場には五二万個のスピンドル(紡錘)と八千八百台の織機があった。と同時に二万四千人の現地の中国人を雇用し、山東省の農家から綿を買っていた。

一九三八年五月に『ライフ誌』は、匿名の宣教師が撮った残虐な一〇枚の写真を掲載した。写真は南京（Nanking＝ナンキン）を攻略する日本による犠牲者を写していた。しばしば「南京虐殺」と呼ばれているものである。一週間後に中国軍は、台児荘（Taierhchwang＝タイジソウ）[訳者注①]で勝利したが、これは中国北部で彼らが勝った唯一の大きな戦闘であった。一〇月に日本軍は、要衝の都市・漢口（（Hangkow＝ハンコウ）を占領するために揚子江を遡上し、中国国民党政府は重慶（Chungking＝ジュウケイ）に退いた。日本軍は南京での失敗を繰り返さなかった。漢口での軍の行動は規律が守られ、それは模範的な占領であった。

第一九日本聖公会総会は、一九三八年四月に召集され、向う三年間の宣教予算を六千円（約三千ドル）に増額した。それは、一〇の教区と二つの宣教地区への割り当てによって賄われるはずであった。一九三七年の統計によれば、一〇人の新たに聖別された聖職の誕生、三つの新しい教会と一三の伝道所が生まれ、一八二二人が洗礼を受けた。一人当たりの献金は八七銭

（およそ四四セント）増えた。

東京のＢＳＡのメンバーは、一九三八年一一月三〇日に、毎年度恒例の再宣誓式の礼拝を神学院の聖アンデレ礼拝堂で行った。立教大学のチャプレンである司祭・高松孝治博士[24]が司式をし、大学の聖歌隊が奉唱した。礼拝は毎年通りのように見えたが、同じではなかった。ポールはここ三週間の間に彼が教父になっている一〇〇人を送り出した。学生が黒い大学の制服からカーキ色の軍服へと着替えたので、ＢＳＡのメンバーは減少し続けた。礼拝の中で、陸海軍に入隊しているメンバーの名前が読み上げられた。ポールはその人数が一〇〇人に達していることを知りショックを受けた。

ポール小泉誠太郎少尉の追悼の場面ではしばらくの黙祷があった。彼は九月七日に中国で戦死していた。小泉は誰からも慕われ、ＢＳＡで活躍し、アコライト・ギルド[25]を創設し、使徒聖アンデレのように多くの学生を洗礼に導いた。教父であるワタナベ・イサムは陸軍士官だったが、彼の戦死を知って次のように書いた。

「私は彼がどのように死んだかを非常に案じている。この手紙を書いていると、戦場での若き士官であった生前の彼の姿が彷彿とする。彼は誠実でいつも最も勇敢だった。悲しみに耐えない。」ワタナベ少尉は前線に向かっていたが、言葉を続けた。「『汝の信仰が汝を救った。安んじて行け』[訳者注②]そして『我をいつものごとく安らかになさしめたまえ。』お前に感謝している。私は戦場に向かうときでも祈ることができて、この上なく幸いだ。どこにいても神は私に伴い、愛なる神によって私は平安の内にいる。[訳者注③]」

出征中のすべての人への祈りが捧げられ礼拝が終わると、ポールは継続中の仕事に戻った。財政の諸問題を筆頭にいろいろな課題があった。

ＢＳＡは成功した。しかしポールは財政のことで大きな困難に直面していた。キャンプ場の負債があり、何としても返済しなければならなかったし、二人の書記に俸給を支払わなければならなかった。宅間聖智と

23　ストッリー（Richard Storry）　この書誌に関しては、巻末のBIBLIOGRAPHYを参照。
24　高松孝治師については、第五章の「訳者注」⑭を参照。
25　礼拝の際に、その進行に合わせて司式者を補佐する侍従役（アコライト）の組織。

金子忠雄は結婚し家庭を持っていた。ロニー・チェンはポールの悩みを知っていた。何故なら、清泉寮でキャンプの調理人として働くときに、彼の部屋は屋根裏でポールの隣であった。ときどき夜目覚めると、ポールがひざまずいて神に援けを乞い、安らぎを聖書に求め、人前では決して見せたことのない絶望に屈して、夜半まで涙を流すのを見たからである。そのことは澤田美喜も知っていた。三棟のキャビンの支払いをするための資金がないというポールからの困惑した手紙を受け取っていたからである。もし支払いができなければ、八ヶ岳の山頂の一番高い木で首をくくらなければならないと書いてあった。彼女は三人の裕福な人に支援を頼み込んだ。父と二人の友人だった。ポールは、在留外国人に、読み終わった本の提供を依頼し、それを学生に売る書籍販売を企画した。また英語会衆の教会の聖アンデレ・ギルドに呼びかけ、ある婦人から他のキャビンの支払いをするのに十分な約束を受けることができた。イギリス大使の妻であるミセス・クレイギー[訳者注④]は、清泉寮建設基金のために、東京アマチュア演劇クラブの慈善公演を企画した。

ポールはクリスマスの時期までに元気になり、友人を招いてホームパーティーを開いた。澤田美喜とアメリカ人の友人、マーベル・ルース・シェーファー(Marbel Ruth Schaeffer)[訳者注⑤]が小型のバスに乗ってキャンプに着き、一つのキャビンにおさまった。部屋にはストーブが一つあったがひどい寒さだった。そこで美喜は小さな木の風呂に入浴するのが待ち遠しかった。やっと風呂場に入ると浴槽には毛が一杯だった。よく見ると溺れたねずみが数匹見つかった。ネズミは冬を過ごすのに暖かい場所を見つけたのだ。でも、そこに水が満たされ下から火が焚かれることには考えが及ばなかった。

● ポールの東アジア歴訪

ポールは次の夏のキャンプシーズンの前に、アメリカでの基金集めの旅をする必要があると考えていた。そこで三月に航行する予定の龍田丸への乗船を予約した。一九三九年のキャンプに間に合うように六月一五日までには帰る計画であった。この時期に、澤田廉三[訳者注⑥]は外務次官であったが、彼はアメリカで日本への批判が強まっているのをよく知っていた。彼は、ポールに満州と中国北部を訪ね、在留日本人の見解を聞き、そこで発展している日本の工業の様子を視察することを勧めた。ポールは大陸にいる、自分が教父になっている人や卒業生に会いたくてこの機会に飛びついた。

日本とアメリカの関係は、一九三八年一二月一五日に一気に悪化した。それはアメリカ輸出入銀行が、中国国民党のリーダーである蒋介石総統に二五〇〇万ドルの信用保証を認めたからである。日本人はその事態を、アメリカが一方的に中国側に立ったことを意味すると解釈した。ポールが一九三九年の一月に中国に向かったとき、日本でもアメリカでも、そして彼が間もなく知ったことだが中国でも、世論は感情的になり抑制が効かなかった。上海に着いた彼はキャセイホテルにチェックインし、ジェスフィールド街（Jessfield Road）にある立教と姉妹校であるセント・ジョンズ大学（St. John's University）[訳者注⑦]を訪ねた。彼は、同僚である上海宣教師団が中国への共感を抱いていることを知っていたが、自分を日本側のスパイだと見なしていることが分かり困惑した。

彼は南京、北部の青島、天津（Tiensin）、北京、満州の長春（Changchun）、奉天（Mukden）を訪ねた。宣教師たちが敵対的である所では日本人が親切であった。彼らは中国北部の占領に際して、日本軍が残虐行為と越権行為を行ったことを率直に認めた。しかし一方で、日本製品のボイコット、日本人殺害、工場の破壊などの、日本軍を野蛮行動に走らせた敵対的な挑発を引き合いに出した。ポールは青島で、中国人によるダイナマイト攻撃で破壊された綿糸工場や、大破された日本人従業員住居、中国人暴徒によって焼き払われた約四四〇戸の日本人居留者の住宅などを見た。関東軍参謀長・磯貝廉介中将、駐満州国日本大使館参事官・加藤外松氏[訳者注⑧]――日本の傀儡国家である満州は満州国と呼ばれた――は特にポールに親切であった。

◉満州国と南満州鉄道

日本の占領地域は、経済的な発展の面では誰にでも強い印象を残した。それは特に満州において顕著で、中国本土に強い経済基盤を作ろうとする日本の意向が色濃く反映されていた。

第一に、鉄道があった。日本の資本で建設した南満州鉄道（満鉄）は日本の誇りであり、その流線形で優秀な列車である「あじあ号」は世界で覇を競っていた。一時、中国国民党の政治顧問であったオーウェン・ラティモア（Owen Lattimore）[訳者注⑨]は、中国の鉄道に関するすべての疑問は、以下の決定的な対立点に絞られると書いた。「中国の鉄道を、西欧人がこうあるべしと考えるものにするのか、あるいは中国人が鉄道として認めるもので十分とするのか？」〈ラティモア、『満州：葛藤の発祥地』九二頁〉

南満州鉄道は西欧の鉄道と肩を並べるに留まらず、それらのほとんどのものよりも優っていた。しかもそれは輸送手段に限られるものではなく、満州全土の鉱業、農・工業発展のための親会社でもあった。その中には、他の確立された事業とならんで、ホテルチェーンがあった。ヤマトホテルは主要都市の駅の近くにあって、清潔で居心地のよい宿を旅行者に提供した。内装は、日本人が真の西欧スタイルと考える流行の典型であった。長春[26]のヤマトホテルには赤いビロードで布張りをした堂々とした家具が置かれ、床には緑のカーペットが敷かれていた。長春は新しい国の首都であった。タトゥングサークル（The Tatung Circle）、つまり大同広場[訳者注⑩]には、主だった政治、経済、商業の建物があり、町の主要道路は、このサークル状の街路から放射状に伸びていた。その道路は整備された広い道で自動車用のセンターレーンがあり、その外側に自転車と馬車用レーンがあった。最も印象的なことは中国に拡がっている混乱と無秩序に比べて、平穏で秩序維持の感覚があることであった。

日本人は、満州と中国北部に進出する完全な権利を持っていると信じていた。一八九五年の中国に対する日本の勝利によって、遼東半島の日本の領有権の付与、西欧列強が持っていた治外法権的特典の承認、条約による開港場での工業生産の継続が最初の調停によって認められた。しかし、ロシア、ドイツ、フランスは遼東半島の放棄を日本に強要した。そして一九〇〇年の義和団事件[訳者注⑪]の後、ロシア人が満州を占領し、軍隊を徐々に撤退させるからと弁解して他国がそのことに抗議するまで、そこに留まる準備をした。日露戦争が一九〇五年のポーツマス条約で終結すると、日本は再び遼東半島と、加えてロシアが敷設した長春までの北に伸びる鉄道を獲得した。その結果世界の大半は、満州の北部をロシアに、南部を日本に分割する措置を事実上承認した。第一次世界大戦の間、日本はドイツに宣戦を布告し、青島と遼東半島に関するドイツの譲歩を引き出した。そして一九一五年に、二一項目の要求を中国につきつけた。その全部は通らなかったが、日本は、遼東半島、南満州、内モンゴルの東部の支配的立場を確約した協定を結び覚書を交わした。そして中国中央部の漢冶萍（はんやへい＝Hanyehp'ing＝ハンユエピン）工業地帯[訳者注⑫]に対する特別な利権を承認させた。

満州は満州族王朝、すなわち清王朝の祖国であり、この王朝は一六四四年から一九一一年まで中国全土を支配した。そして長年にわたり、中国人がこの地域に住むことを全力で阻止した。満州における皇帝の家臣、つまり土地の所有者は広大な私有地を管理した。満州の皇帝たちは、ロシアのシベリア進出に恐れを抱いたときだけは、家臣たちにその領地を耕作することを奨励した。しかし家臣たちはほとんど農業を重視しなかった。そこでその耕作は近くの地域から不法に移住してきた中国人の農民によって行われた。他の中国人は、離れた場所で育つ野生の朝鮮人参を採るために入り込んだ。根菜である朝鮮人参は男性の活力剤、回復剤としての効用が広く認められ、満州の独占的特産品であった。この国は人口がまばらで、ロシアや日本が貪欲な目を向け始めたときには未だ発展していなかった。既に耕されていたのは、耕作に適した土地のたった五分の一だけであった。満州は中国の一部では全くないというのが日本の主張であった。

日本人には本国で不足しているすべてのものを満州で見出せるように思えた。西方はるか先まで三〇万平方マイル[27]の肥沃な土地があり、大豆、サトウキビ、大麦、玉蜀黍、綿、米、小麦が育つだろう。実地踏査によって、天然資源の埋蔵がどの程度明らかになるのか誰も知らなかったが、世界最大の石炭層の一つが奉天の近くの撫順（ぶじゅん＝Fushun）にあり、鉄鉱石

26　満州国時代には「新京」と命名された。

27　一平方マイルは約二・五平方キロメートルである。満州の面積は日本の約三倍にあたる。

も豊富であることは誰もが知っていた。

しかし満州は、日本にとって原資源供給地以上の意味をもっていた。すなわち、移住地であり、あるいはロシアに対抗する防護壁以上ですらあった。満州は二つの戦争の戦果であった。旅順港の二〇三高地では一万四千人の兵が百日間戦い、日本の司令官である乃木大将はそこを「爾霊山」（にれいさん）[訳者注⑬]と名づけた。南満州鉄道総裁の松岡洋右[訳者注⑭]が説明したように、「それは単に一片の領土というものではなく、日本人の心の中で犠牲になった大義であった。」〈『南満州案内』三〇頁、松岡『満州建設』八頁〉。英国のジャーナリストで高齢の中国通であったH・G・W・ウッドヘッド（H. W. Woodhead）[訳者注⑮]は一九三二年に、「日本に庇護された独立国としての満州の発展は、日本人の事実上の信仰の的となった。彼らは、自分たちの旧体制に対する憎悪と、新体制に関する楽観主義を公言することにおいてまるで狂信的である」と述べた。〈ウッドヘッド『満州国訪問』九二頁〉

● 満州国の統治

満州の統治者は張作霖（Chang Tso-lin＝チョウ・サクリン）で、彼は日和見主義的な馬賊だったが、同時に中国北部のほとんどを支配し主に北京で過ごした。日本は彼が蒋介石の率いる中国国民党に近づくまで彼を支援したが、一九二八年に彼の乗った列車が爆破された。彼の息子の張学銘（Chang Hseuh-liang＝チョウ・ガクメイ）[訳者注⑯]が後を継いだが、彼も中国統一の主張に魅せられ、日本人による舞台から離れた。そこで日本は現地人による統治をあきらめ、満州を掌握し独立国をつくった。

ヘンリー・プイ（Henry Pu-yi＝溥儀＝フギ）は清の最後の皇帝で、日本人は彼を次善の選択肢として満州の長に選んだ。この細身で病弱な若者は一九〇六年の生まれで、一九〇九年に三歳で中国の皇帝になった。そして三年後の第一次革命[訳者注⑰]のときに退位した。溥儀は退位のときに鷹揚であった。宮廷内の家中の者一同への援助を約束し、王室の墓地を利用できる特典を与えた。しかし一九二五年、馮玉祥（Feng Yu-Hsiang＝

フウ・ギョクショウ）将軍は、彼を北京から追放しその歳費を減らした。彼は、北京の日本公使館での保護を求め、一九二五年から三〇年まで天津のヤマトホテルで過ごした。日本が満州国建設を決めたときに、溥儀は皇帝の役割を果たすことを承諾し、一九三四年三月に即位した。日本人顧問に囲まれた彼の政権は、日本軍によって維持された。そしてこの国の経済は日本人実業家によって握られ、彼は満州という短命国家のために、その正当性を匂わせることに手を貸すという役割を演じきった。

満州国政府には日本人が介入した。すべての中国人官僚のために一人の顧問が君臨した。土肥原《どいはら》賢二[訳者注⑱]大佐は果てなき欲望をもち、策略を弄し、その上無節操な冒険家で、政治的権力を揮ったのである。中国服をまとい、中華料理の食通として、土肥原は満州国政府とその無力な国王を動かす策を練った。

経済的な力は南満州鉄道が握ったが、これは東インド会社あるいはヨーロッパの帝国主義を牽引した他の大きな商社のような組織である。満鉄は日露戦争後の交渉の妥結によって日本が得た特権を利用するために一九〇七年に設立された。ここには二億円つまり約一億ドルが投資された。このうち一億円は帝国政府が負担し、残りの一億円は日本と中國の国民が分担して出資し、一五年間にわたり毎年六％の割合で利益が分配されるという保証がつけられた。この分担には募集枠を超える応募があった。一九〇六年一一月二六日に東京のＹＭＣＡの講堂で開かれた設立総会で、初代総裁の後藤伯爵[訳者注⑲]は「鉄道の敷設は七〇〇マイル（約一一六〇キロ）に過ぎないが、世界の経済活動において価値ある幹線路である。極東ばかりでなく全世界への価値ある貢献を果たすことが可能である」と宣言した。〈松岡『満州建設』九三～九四頁〉

三〇年後に資本金は八億円（四億ドル）となり、当初の路線は九六〇〇キロメートルに伸び、二〇万以上の人が南満州鉄道に雇われた。石炭鉱業は鉄道に次ぐ第二の価値があった。液体燃料生産や、大豆のような農産物の加工は発展を遂げた。鉄道はまた「アクセサリーライン、文化事業」と松岡洋右が名づけたようなことに携わった。それには土地や建物の管理や貸借、公衆衛生活動、学校や公共図書館での教育、社会福祉

満州の本渓（Penhishu ＝ベンシー）湖石炭製鉄会社[28]

活動、防犯、農業の進展、工業支援などが含まれていた。これらを並べたうえで松岡は所信を述べた。

「このようにして鉄道沿線の全域において和平が維持され、料金の安い施設が提供され、文化的環境や教育や公衆保健が十分に整えられてきた。日本人だけでなく、中国人や他国の人も、ここを国中で最適の選択地として集まるのは当然だと言える。ここの恩恵を共有するために、誰にでも公平な機会が提供され、ここの様々な資源を利用できるように扉が開かれている。一方、当地に来るすべての人にとってここが健康の場となるように、また平穏のうちに各自がその使命を遂行し、それらのことに価値があると思う人々に、楽しみや居心地のよさを提供するために、誰も労を惜しまなかった。………一つの国内で何故そうしばしば反目が生ずるのかと尋ねる人がいるかもしれない。答えは簡単だ。南満州鉄道のポリシーと日本軍の存在によるのだ。」〈松岡『満州建設』一一八頁〉

◉関東軍

松岡がここで言う「日本軍の存在」とは、関東軍のことを指している。その名は関東租借領に由来するもので、南満州鉄道と共に満州開発の信託を受けていた。陸軍全体の中でこの軍は、東京の軍司令部としばしば対立し、外務省とも時により対立した。一九三〇年代の日本陸軍のある分子と国家主義的秘密結社は、彼ら自身を、運命によって選ばれた者であるとみなした。その任務は日本を改革し、議会制民主主義、資本主義による搾取、マルクス主義などの悪弊から皇国を救うことであった。彼らは一連の政治的暗殺や暴力的な騒乱を引き起こした。その結果、満州の関東軍の行動は、軍事的な煽動家に対する一定の有効な安全弁であるように見えた。満州では関東軍を先頭に立たせることは多分たやすく、国民の関心を国内の改革よりも帝国の建設に向ける方が容易であった。そこで関東軍は、土肥原大佐のような政治顧問や南満州鉄道とともに、満州国という国家の発展に取り組んだ。

「憲法と市民権承認法」が、新しい満州国の基本法として採択された。これらの法律は、関東軍指導者の政治的思考を反映し、日本で遂行されるべき社会改革の理想の青写真を描いていた。

「関東軍は満州の人々の窮乏を目の当たりにした。彼らは、『満州の人々は内戦や軍事的指導者および役人の悪政に苦しんでいるが、それは政党政府や資本主義のもとで苦しむ日本人の惨状と同列である』と認識したのである。さらに、隣接しているソビエト連邦からの共産主義の圧迫は、国家社会主義者からの圧力として、関東軍指導者の心に不気味に映った。彼らは資本家の横暴から満州を守ることを重ねて心に決めた。そこで関東軍は、現地の人々の福祉を満州植民のテーマとして繰り返し重視した。このことは「楽園」の実現という謳い文句で表現されたが、それによれば、人々は重税や官僚の腐敗、資本主義の不公正という旧来型の虐待から守られるべき

28　中国遼寧省撫順の南50～60キロメートルほどの地点にある。現在は、本渓市となっている。

である。満州国の市民権保護法第Ⅱ条で、満州国民は高利で法外な利息やその他の不当な経済的圧力から守られると約束していることに、関東軍の反資本主義の立場が表明されている。〈Ogata, *Defiance in Manchuria*, pp.183～4（日本語版 緒方貞子[訳者注⑳]『満州事変と政策の形成過程』）〉

興味深いことだが、関東軍指導者はその当初の構想において、政治的権威の源として「国民の意志」を掲げていた。これは具体的には地方の権力保有者の意志を指したものではあるが、本国の政治的思考とは明確な対比をなしていた。本国においては、帝国の統治は国民の意志とは全く隔絶した、神聖なる統治者によるとされていた。関東軍指導者における理念の転換によって正統派的信念が復活し、「皇道」が政治的原理を表す旗印として使われた。荒木貞夫大将[訳者注㉑]の次の言葉は、関東軍の矛盾した側面を要約している。

荒木大将は言う。「満州国は、皇道の指針のもとにある一例を世界に示すであろう。この例は、欧米のみならず日本に、偉大なる国家が純粋な社会的経済的公正さという基盤のもとに運営され得ることを示すことになろう」〈Vaughn, *Covering the Far East*, p.369（ヴォウフン『極東問題』）〉

● 満州におけるＢＳＡの活動

満州、中国北部には、ロシア、日本、中国の色々な教派のキリスト教会が散在していた。一九〇七年に開設された大連（Dairen）日本人教会は、日本政府と三井からの理解ある支援によって建てられ、南満州鉄道は長春日本人教会の建立支援のために資金を寄付した。しかし、他の人々は各々の教会を建てた。安東（Antung）と奉天をつなぐ鉄道の新しい軍隊駐屯地を開くために派遣された一人の陸軍士官は、最初に建てた建物をこざっぱりした小さな教会とした。そして彼とその妻と数人の日本人クリスチャンはその費用を負担した。

満州と中国北部の聖公会の信徒は、中国北部の主教の承認のもとに、東京の松井主教が掌握していた[訳者注㉒]。ポールは、中国での日中両国の教会人の活動に双方間の信頼があることを見てとった。北京にいる日本のＢＳＡ

の二人のメンバーは、宣教活動の準備のために中国語を学んでいた。そして中国の教会は、北京主教座聖堂構内の家屋に彼らの部屋を提供していた。社会人である何人かの若い信徒が加わってBSA支部を作り、他の日本人や中国人のクリスチャンを集めて共に聖餐式に出席し始めた。日本人前進運動と前進運動・中国教会出版との間には緊密な連絡があった。その結果、中国語と日本語でブックレットが出版された。中国聖公会の聖職は、近くにいる日本人が使うための日本語の祈祷書やブックレットの提供を依頼した。その結果、一〇万部の「前進」——それは日本語では『「日々の歩み』と題するブックレットだが——が海外の日本人のためにBSAから送られた。ほかにも友情と仲間意識に関わる、手探りの取り組みについての表明があった。第一九聖公会総会は、日本人主教が中国に行き、総会での中国の人々への共感、特に災難に出会った人への主にある思いを相応しい方法で表明するという決議を満場一致で採択した。一九三八年九月にその主教が北京を訪ね、中国の総裁主教に共感のしるしとして一〇〇円〈五〇ドル〉を手渡した。主教は同時に、互いのコンタクトをより頻繁にする必要性と、双方の教会が相手方の必要を知り、決められた回数でそのことを踏まえて互いのために祈ることを訴えた。日本では婦人補助会が、北京の貧しい中国人のために日本人の女性医師を派遣するにあたっての支援に毎年五〇〇円（二五〇ドル）を捧げることを決めた。東京の日曜学校の子どもたちは中国の日曜学校の子どもたちに手紙を添えておもちゃの小包を送り、お礼の手紙を受け取った。ある日本人兵士が北部中国の教会に行き、「私はクリスチャンです。礼拝をご一緒に捧げるために来ました」と言った。礼拝の後、彼は牧師に、日本から持ってきた自分の聖書にサインをして欲しいと頼んだ。中国人の牧師は書いた。「キリストにあっては、ユダヤ人もギリシャ人もありません。」

ポールは北部中国と満州のクリスチャンや、彼が見た日本の開発プロジェクトについての報告を携えて日本に戻った。彼は一九三九年三月八日に、『ジャパン・タイムズ・アンド・メイル』[訳者注㉓]のインタヴューを受けた。その見出しは「帰国した教授が讃える大陸の再建」であった。彼はインタヴューで次のように記者に語った。

「日本人は自分の国のことを話すのに大人し過ぎる。自信と率直さをもって、自分たちの新しいアジアの建設について世界に訴えるべきだ。自らが正当だと考えることの実現のために進むべきだ。」しかし同時に、彼が見た、ある日本人たちの行為は認められないと強く訴え、望ましくない一団は本国に留めおくべきだと指摘している。最後に彼は、日本人は「中国人との対応に際して不合理な優越感」を捨てるべきだと主張した。記事には、彼がアメリカの新聞に記事を書く予定であること、また間もなく講演旅行に出かけようとしているとも書かれていた。

数日後にライフスナイダー主教はポールに手紙を送り、アメリカ聖公会宣教局は、彼が日本を離れることを許可しないので米国旅行を断念するようにと伝えた。ポールは怒った。彼は、これを自分に強要する権利がどこにあるのかを知りたいと要求した。資金が是非とも必要なこと、それを夏のキャンプシーズンに間に合わせたいことを主教に分かってもらおうとした。彼は、日本についての最も厳しい批判がすべて正しいとしても、それがクリスチャンの働きを止めさせる理由となるだろうか、それは人の努力を強める理由にほかならないと主張した。主教は激情的な若い宣教師を懸命に鎮めた。そしてついにポールも、これ以上は自分にも主教にもなす術がないことを悟った。彼は日本に留まらざるをえなかった。

◉中国ミッションの宣教師たち

一九三九年のポールの募金旅行が実現しなかったのは、文書によるキャンペーンでのせめぎ合いによるものであったが、後年、政府の記録と個人の回想録が学者たちに公開されてその全容が明らかになった。アメリカの世論に及ぼした中国の宣教師たちの影響の真相は、正確には判断しかねるが、教会に通う人々に中国を支持し日本に反対することを説得するうえで、彼らが重要な役割を果たしたことは疑いない。

詮ずるところ教会は、財政、人事の両面での実に膨大な投資を中国で行ったのである。一九世紀の中国のミッションは相当な反対と迫害に遭遇した。一〇〇人以上の宣教師と多数の中国人改宗者はこの時期に命を落とし、そして一九〇〇年の義和団の乱は明らかにキリスト教に反対するものであった。この戦争以降、状況は好転し、外国の影響に対する中国人の抵抗感は消えていくように思われた。中国はアメリカの教会が描く構想を受け止めた。そしてアメリカの教会は、率先して資金や人を中国の舞台に送った。一九二五年までに、少なくとも五千人以上の宣教師が中国におり、アメリカ宣教諸協会の年間の支出は約一千万ドルで、ミッションの財産はおおよそ四千三百万ドルであった。二七のキリスト教カレッジや大学があり、三千七百人の学生が在籍し、ほぼ五千人の卒業生を誇っていた。プロテスタント信徒は約七〇万人、カトリックはその二倍と言われていた。クリスチャンスクールとその卒業生の信仰は、特にプロテスタントのアメリカ人在留者において強く、宣教師たちは、この若い人たちが中国社会を変革すると確信していた。

　しかしその内に、宣教師たちの中国と中国人への不可解な接近は、特定の中国政党とそのリーダーに向けられるようになった。それは中国国民党であった。国民党のリーダーである蒋介石は宋美齢（Soong Mei-ling＝スーン・メイリン＝そうびれい）と結婚した。彼女は有力なメソジスト信徒の娘で、アメリカで教育を受け、クリスチャンになった。すると宣教師たちには、中国を約束された地へと指導するのは明らかに蒋介石に違いないと思われた。宣教師たちはこの将軍を、中国のコンスタンティヌス大帝[29]だと報じるようになった。燕京（えんきょう＝Yenching）大学の学長であり、第二次世界大戦後の中国大使であったジョン・レイトン・スチュアート（John Leighton Stuart）[訳者注㉔]は「………中国がその再生と再建を目指す極めて重大な時期に、国をリードする秀でた人格と能力をもった人物がいたことは大変幸運であった」と考えた〈スチュアート『中国での一五年』一二一頁〉。南京の神学院のフランク・プライス（Frank Price）によって、一九三八年九月に設立された「中国情報サービス」は、中国の宣教師たちによる論文やニュースを載せた謄写印刷の小さな雑誌を発行し始めた。この雑誌は世界中のクリスチャンに向けて、中国とその勇敢なクリスチャンリーダーのために毎日の祈りに加わるようにと呼びかけた。『世

29　キリスト教を公認した皇帝。

界宣教レヴュー』（*Missionary Review of the World*）の編集者は、「今や中国は、同国の歴史の中で最も輝き、愛国的で、優れた統治者をもっている」と明言した〈ヴァーク『宣教師、中国人、外交官』*Vark; Missionaries, Chinese and Diplomats*, p.255〉。中国生まれで宣教師の孫であるヘンリー・ルース（Henry Luce）[訳者注㉕]が編集する雑誌『タイム』は、蒋介石夫妻を一九三八年の「今年の夫妻」に選んだ。

シャーウッド・エディー（Sherwood Eddy）[訳者注㉖]は、ジョン・R・モット（John R. Mott）[訳者注㉗]やロバート・E・スピア（Robert E. Speer）[訳者注㉘]と共に一八八八年に学生ボランティア運動を立ち上げ、その運動はアジアに多数の宣教師を送り出したが、彼は中国びいきで中国の教会の将来について明るい見通しを持っていた。

一九三一年に日本軍は、奉天の近くで鉄道の「偶発事故」[30]の陰謀を企み、それを足掛かりに満州の管理を厳重にする必要があるとの口実を作った。その晩、シャーウッド・エディは奉天にいたが、それ以来、彼の母国の人々に道徳的な義憤を引き起こすために日夜力を注いだ。ジョン・レイトン・スチュアート博士は、医療宣教師のウオルター・ジャッド博士（Dr. Walter Judd）[訳者注㉙]が中国伝道を離れ、アメリカ人の世論を喚起する運動に献身するとの決意について書いている。「これはユダヤの預言者を思い起こさせ、信仰の偉大な冒険である」と。外国宣教師会議極東委員会から『リーダーズダイジェスト』に送られた複数の手紙は、センセーショナルな連載記事「南京の強姦」となった。これらの記事の発刊により、中国の宣教師は親中国、親蒋介石となったばかりでなく、厳しい反日本となった。この偏りが日本にいる宣教師に対しても広がった。

しかし、中国の宣教師たちの言葉は、左の影響力のある一冊の本の場合を除いては、聞く耳をもたない人々には届かなかったのかもしれない。一九三一年に、宣教師の娘であるパール・バック（Pearl Buck）は『大地』[訳者注㉚]を出版した。これはアメリカ人の世論形成のうえで『アンクルトムの小屋』[訳者注㉛]に匹敵する一冊である。一九三七年に公開された映画では、ポール・ムニ（Paul Muni）とルイーゼ・ライナー（Luise Rainer）[訳者注㉜]が主演し、二千三百万人のアメリカ人と四千万人の他国の映画ファンを動員した。ミセス・バックも中国人も、最初は、中国がおかれた状況に対してこの本がもつ意味を理解していなかった。映画化に対して中国人は非協力的であり、アメリカにいる中国人学生は中国人農夫と地方の写実的表現を批判した。『大地』は、作者の中国への批判を抜きにした母性的愛着を反映している。アメリカ人が北京、上海、南京、奉天の地方名のついた新聞記事を読んだ時の反応は、パールバックが描いた素朴で辛抱強い中国人農夫のイメージによって彩られていた。

　中国の宣教師たちは、すべての教会指導者からの支援を受けられた訳ではなかった。ロバート・E・スピアもジョン・R・モットも、「社会的福音」（the Social Gospel）」の運動が目指す固有な改革の可能性ということを完全には受け入れなかった。彼らは世界は本質的に悪であり、それはそのまま残るだろうと考えていたようである。アーサー・ジャッドソン・ブラウン（Arthur Judson Brown）[訳者注㉝]——彼はアメリカ長老派宣教局の秘書としてロバート・スピアの後継者となったが——は、日本が満州から撤退することを日本に勧める理由はないと考えた。

　ジョン・R・モットは、学生ボランティア運動の議長として慕われ、おそらく彼の時代にあって最たる国際人であったが、「我々は日本と中国のためにどう祈るべきか」と題して一二のポイントを挙げた。そこでは人類の苦しみからの救済を願って、クリスチャンが両国のために祈り、日本を扱う際のアメリカ人の短所を認めること、同じ門の内側で極東の人々と親しくすることを説いている。第五のポイントを示せばその要点は以下のとおりである。

　「邪まな思いや憎しみを一般化するような話を口にする罪から身を守ろう。このことは、我々が悪を大目に見たり、それを見過ごすべきだと言うわけではない。もし可能であれば良心に基づいて語り、この両国のどちらかの宣教師やその国のクリスチャンを不利にするような言動をすべきではない」。

ポールはモットの文を「日本版アンデレクロス」の

30　柳条湖事件。満州事変の発端となった。

紙面に掲載し、併せて同胞会のニュースを書き、キャンプ場の様子を報告し、ひき続いての支援を訴えた。彼は自分の苦衷を胸に収め、日本での働きを続けることを固く心に決めた。しかしこれ以降、彼は自分を宣教師だとは滅多に言わなくなった。他の誰かがそう言っても反対はしなかったが……。

ヨーロッパで戦争が起き、中国での戦乱はますます長引いた。米国と日本の関係は一層悪化した。そしてポールはといえば、彼の母国の人が彼をあまりに日本びいきだとみなす一方で、日本の知人たちは彼が余りにアメリカ寄りだと考えていることを知っていた。彼は一九四〇年の夏に故国の友人コートニー・バーバーに手紙を書き、必死な思いを伝えている。

「僕は今、やけになろうとは思わない。極東全体がおそろしいほどの緊張状態だ。不安の影が男にも女にも、男の子にも女の子の顔にも落ちている。世界的な戦争の拡大を考えると、自分たちが知っている文明にとって戦争の終結はないのではと、人々に懸念を与えている。今こそ勇気と希望と想像力のある人物が求められている。僕は歴史上、今より暗い時代があったとは思わない。しかしキリストの明白な教えを信じる者がくじけてしまうなら、明日は何をもたらすことができるだろう。

僕は君からのイースターの電報を机の上にピン止めしている。『これらのことは、僕の心にわだかまっていたものです。ですからそれを君に話したことで、君は気持ちが安らかになったことと思います。この世で君は苦しい試練に遭うだろう。でも元気で行こう。僕はこの世に打ち勝ってきたぞ。』

君があのような特別な電報をくれたのは、どうもそのように導かれたからだと思うよ。」

［訳者注］

① 台児荘（「タイジソウ」または「ダイジソウ」）は、中国山東省南部にある地名。一九三八年三月から四月にかけての戦

闘で、日本軍は中国軍の大軍に包囲されて多数の死傷者を出し撤退した。

②　マルコによる福音書五章三四節。一二年間、出血の止まらなかった女性を、イエスが癒したときの言葉。

③　立教大学生の出征者・戦死者　一九三九年四月から四五年四月までの入学者総数二、三八一人、うち徴集者一、二四七人（五二・四％）、戦死者百一人（対・徴集者比　八・一％）であった。（文献⑥〈大史〉一六八頁の表による）

④　ミセス・クレイギー　夫のロバート・L・クレイギー（Robert Leslie Craigie）氏は、開戦間際の時期の駐日英国大使（一九三七〜一九四一年）であった。

⑤　シェーファー　アメリカのカンザス州やホノルルで中学校の教師を務めたあと、一九二一年、アメリカ聖公会派遣の女性宣教師として日本に赴任。立教高等女学校や立教中学校の教師として英語を教えた。その間、ＢＳＡ立教大学支部のメンバーや立教中学校生徒に対して歌唱指導を行った。そのことに関して、「それでもラッシュ先生が立教中学生を毎週一回この〔五番館の〕ホールに集めて、シェーファー先生（立教女学院）とブランスタッド先生のお助けで、アメリカのフォークソングを歌う会を開いて当時のクワイヤーの基を作ったものです。」（小川徳治「思い出すままに」『ありがとう　ブランスタッド先生』同編集委員会編　編集工房フォンテ　二〇〇五年）という記録がある。太平洋戦争を間近にしてフィリピンに退去。終戦後再来日し、一九四八四月に発足した立教小学校の初代主事に就任したが、その年の八月一日に亡くなった。

⑥　澤田廉三は美喜の夫である。戦前に駐フランス大使、駐ビルマ大使、戦後に初代国連大使などを務めた。また戦中から戦後にかけて、知的しょうがい者施設滝野川学園の理事長の任にあった。

⑦　セント・ジョンズ大学（聖ヨハネ大学）　アメリカ聖公会派遣の伝道主教・ブーン（W. J. Boon）師、およびシェレシェウスキー（S. I. J. Schereshewsky）師によって、一八七九年に上海に設立された。立教大学とも交流があったが、一九五二年に廃校となった。

⑧　磯貝廉介・加藤外松　原著では磯貝氏の名を「ネスケ」としているが、正確には廉介（れんすけ）である。また加藤外松氏を満州国日本大使としているが、正確には同氏は一九三八年から同国大使館参事官、三九年七月から中華民国大使、四一年一月からフランス大使を務めた。

⑨　ラティモア（一九〇〇〜一九八九年）　アメリカ人中国学者。第二次世界大戦前には太平洋問題調査会（The Institute of Pacific Relations＝IPR〔一九二五年にホノルルに設立され一九六一年まで活動を続けた国際的な非政府組織・学術研究団体〕）の中心的スタッフを長く務め、また戦時期には中華民国の蒋介石の私的顧問になるなど合衆国の対中政策の形成に関与した。中国との関係の深さから、戦後はマッカーシズム（赤狩り）の標的の一人となり攻撃の対象となった。

⑩ 大同広場　原著には、Great East Circle（大東広場）とあるが、記述に見られる街の様子から、この広場は当時の中心街であった大同大街、大同広場のことと推定し、この訳語とした。

⑪ 義和団事件　清朝末期の排外的農民闘争。主導した秘密結社の名前からこう呼ばれるが、北清事変とも言う。日清戦争後の列強による帝国主義的経済侵略に対して排外的感情が高まり、キリスト教もその対象となった。事件は西欧諸国、アメリカ、ロシア、日本などによる八カ国連合軍の武力鎮圧により終結し、清国には多額の賠償が課せられた。

⑫ 漢冶萍（ハンユエピン）工業地帯　漢陽（カンヨウ、現在の湖北省武漢の一部）、大冶（ダイヤ＝湖北省）、萍郷（ヘイキョウ＝江西省）にまたがる工業地帯。昔から鉄鉱・工業、石炭鉱業が盛んであった。

⑬ 「爾霊山」は「二〇三」を漢字に直したものだが、「爾（汝）の英霊の眠る丘」という意味を込めていると考えられる。

⑭ 松岡洋右（一八八〇～一九四六年）アメリカ留学後、外務省に入省。外交官を経て衆議院議員に当選。日本の国際連盟脱退（一九三三年）、満州国での満鉄総裁（一九三五～三九年）、日独伊三国同盟の締結（一九四〇年）、日ソ中立条約の締結（一九四一年）など、第二次世界大戦前夜の日本外交の重要な局面に、代表的な外交官ないしは外務大臣（一九四〇年七月二二日～一九四一年七月一八日）として関与した。敗戦後、極東国際軍事裁判の公判中に病死した。

⑮ ウッドヘッド　英国人ジャーナリスト、出版者。一九一二～一九三九年にかけて、The China Year Book（中華年鑑）を編集、刊行。中国に関する記事を西欧人に提供した。他に the Peking and Tientsin Times（1914～1930）の編集、the Shanghai Evening Post and Mercury での執筆、自社である Oriental Affairs の刊行などを行った。

⑯ 張学銘　原著では張学銘が後継者となったとしているが、学銘は作霖の次男であり、実際の後継者は長男の張学良であった。

⑰ 第一次革命　一九一一年から一二年の辛亥革命により、一九一二年に王政に代わる共和制国家・中華民国が誕生した。

⑱ 土肥原賢二　日本陸軍の謀略部門のトップとして、満州国建国および華北分離工作で中心的役割を果たす。一九四五年四月には陸軍の教育総監も務めた。極東国際軍事裁判（東京裁判）でA級戦犯となり死刑判決を受け処刑された。最終階

級は大将。
⑲　後藤新平　満鉄総裁の後、逓信大臣兼鉄道院総裁、外務大臣、東京市長などを歴任した。
⑳　緒方貞子　一九二七年生まれ。聖心女子大学を卒業後、ジョージタウン大学およびカリフォルニア大学バークレー校の大学院で学び、政治学の博士号を取得した。国連公使、国際連合児童基金（UNICEF）執行理事会議長、国連人権委員会日本政府代表、第八代国連難民高等弁務官（一九九〇～二〇〇〇年）他を務める。二〇〇一年からアフガニスタン支援政府特別代表、二〇〇三年から国際協力機構（JICA）理事長。上智大学名誉教授。カトリック教会信徒。
㉑　荒木貞夫　陸軍大将。第一次近衛内閣、平沼内閣の文部大臣。最終階級は陸軍大将。昭和前期の陸軍皇道派の重鎮で、青年将校のカリスマ的存在であった。東京裁判では終身刑の判決を受け服役したが、後、釈放された。
㉒　中国における聖公会の状況　日露戦争後、中国北部への日本人の移住に伴い、大連を根拠地として南満州鉄道沿線に聖公会信徒も増加した。一九二八（昭和三）年に、満州沿線信徒協議会が開かれ「満州ミッション」設立を期することとなった。しかし満州は、中華聖公会の管轄地域であることから、日華両国主教の協議が行われ、その結果、この地域の邦人信徒への牧会には日本聖公会の主導性が認められた。こうして「満州ミッション」が成立し、一九三七年には大連、奉天、新京の三教会を擁し、三人の邦人聖職、四七一名の現在信徒を数えるに至った。
㉓　ジャパン・タイムズ・アンド・メイル（Japan Times and Mail）　ジャパン・タイムズ（The Japan Times）は、一八九七年創刊の日本人による経営、編集になる初の英字日刊新聞。日本の経済、文化全般を海外に紹介し、対外啓発に努めるのが刊行の目的であった。一九一八年、《ジャパン・メール》を合併して《ジャパン・タイムズ・アンド・メール》と改題、四〇年には朝刊の《ジャパン・アドバタイザー》と合併して《ジャパン・タイムズ・アンド・アドバタイザー》と改題、朝夕刊を発行したが四四年三月六日、夕刊を休止、今日に至る。
　ポール・ラッシュの記事は、一九三九（昭和一四）年三月八日付け一面で「帰還した教授が大陸復興を称賛（CONTINENTAL RECONSTRUCTION PRAISED BY RETURNING PROFESSOR)」という見出しで掲載された。（文献④〈山日〉による）
㉔　スチュアート　一八七六年、長老派アメリカ人宣教師である両親のもとで杭州に生まれる。アメリカでの学業の後、中国に戻り南京神学校の教授を経て、一九一九年燕京大学の初代学長となった。蒋介石と親しく、中国国民党の活動を支援

した。一九四六～四九年、駐中国アメリカ大使。燕京大学は米国の教会が設立した三大学を母体として、一九一九年に北京に作られた私立大学。一九五二年、北京大学などに統合される形で閉校となった。

㉕ ルース　アメリカのジャーナリスト。雑誌『タイム』（一九二三年）、『ライフ』（一九三六年）の創刊者、編集者。当時、「今日のアメリカで最も影響力をもつ人物」と言われた。

㉖ エディー　アメリカのプロテスタントの宣教師、教育者。世界各地を回り、知識人、特にアジア、中東のキリスト教界のリーダーとのネットワークを築き、また多くの著作を残した。アメリカ合衆国および第三世界のプロテスタント教会への彼の影響は、長期にわたったと評価されている。

㉗ モット（一八六五～一九五五年）ＹＭＣＡでの働きを中心として、世界の学生キリスト教運動や世界教会運動の指導者として活躍した。一九一〇年にエディンバラで開催された世界宣教会議の議長も務め、世界教会協議会（WCC）設立の基礎を築いた。一九一三年に来日した際に、諸教派の協力による協同伝道の提案をし、日本の教会はこれを受けて全国規模の伝道集会である「全国協同伝道」を計画した。この集会は一九一四年から三年間実施され、二万七千人の入信者を生み出した。このことにより大正期の日本の教会は一気に飛躍する。これらのことから、二〇世紀において最も影響力のある指導的宗教家の一人であったと言われる。一九四六年にノーベル平和賞を受賞した。

㉘ スピア　アメリカ長老派教会宣教主事。一八九六年以来、ペルシャ、インド、中国、朝鮮、日本、南米などを歴訪。彼のリーダーシップのもとで、長老派教会の外国伝道は目覚ましい成果を収めたと評価されている。一九四七年逝去。

㉙ ジャッド博士　会衆派の医療宣教師として、一九二五年以降、中国で活躍。その間、中国共産党の行為や日本軍の行動に鋭い批判を展開した。帰国の後、一九四二年に下院議員に当選し、長く議員として務める。雄弁家として知られ、特に外交問題で活躍した。

㉚ 原題は『*The Good Earth*』。バックはこの書を含む中国の農民を描いた三部作でノーベル文学賞を受賞した。また『母の肖像』は、当時の中国における宣教師の家庭の様子を詳に描いている。

㉛ 『アンクルトムの小屋』　ハリエット・E・B・ストウ（Harriet Elizabeth Beecher Stowe）による作品。奴隷解放を訴えた作品として広く知られている。ただし現代では主人公トムの従順さが「白人に媚を売る」ものとして批判的に評価されることが多い。

㉜ ムニが王龍を、ライナーが阿藍をそれぞれ演じた。ライナーはこの映画出演でアカデミー女優主演賞を受賞した。

㉝ ブラウン　一八五六年、マサチューセッツ州に生まれる。アメリカ長老派宣教委員会幹事を三十四年間務め、特に極東における宣教師団の政策策定をリード。キリスト教各派の統合を目的とする世界教会運動（教会一致運動）の中心的人物。一九〇〇年代初頭には、日本、朝鮮、中国、フィリピン、シャム、インド、パレスチナ、シリアなどに幅広く旅をし、訪問先の国々の状況、現地の伝道活動などを詳細にまとめ、学術的な研究も加えて数多くの著書を出版。第一次世界大戦犠牲者救済委員会や数多くの社会活動団体を通して、慈善・社会活動にも尽力した。

第五章

八紘一宇——一つ屋根の下の世界

私は日本青年の力になりたい

日本を死所にと一人残る

ラッシュ教授

ポールの日本残留を報せる立教大学新聞（1941年10月1日。記事文は巻末関連資料④を参照）

◉太平洋戦争前夜

山々の峰の連なりのように、日米間の事態は日に日に緊張を増し、ますますもつれた。新しい対立が生まれるたびに、東京のアメリカ人在住者は、地震によるショックのように怯えた。一九四〇年一一月八日に野村吉三郎大将[訳者注①]が駐米日本大使に任命されたときには好転のきざしがあった。寛容、冷静で理性的な人物がワシントンにいることが、二国間の最悪な関係の改善を意味することは確かであろう。アメリカ人は彼に好意をもち信頼を寄せた。

日米協会[訳者注②]は彼の歓送と成功を願って昼食会を開いた。ポールは帝国ホテルの孔雀の間に開始直前に着き、協会の二五〇人のメンバーに加わった。フランク・ロイド・ライト設計のネオ・アステカ様式のホテルの壁は、作成にあたって歴史的遺産に対する賢明な配慮が払われていた。天井の下の小壁（フリーズ）を飾った、マヤの様式化された孔雀の列は、この部屋の名称の由来である。演壇の後ろにはアメリカと日本の国旗が掲げられ、疑いは過去のものであり、この日には誠心誠意の対話が生まれるように思われた。食事とサービスは普段通りで、非の打ちどころがなく、ポールはデザートを終えると一服してタバコをくゆらせ、ウェイターがコーヒーを注ぐのを見ていた。あちこちのテーブルでマッチが点火され、タバコの煙が孔雀や低い天井に立ち上り、集まったアメリカ人や日本人は希望や良識を語る協調的なスピーチに耳を傾けていた。突然親密な雰囲気は閉ざされ、ポールの周りの人々の顔には衝撃と怖じ気が走った。

今は外務大臣となっている松岡洋右が演壇に立ち、前からの自説を述べ始めた。「我が国は、侵略戦争はしていない。日本は平和と秩序の立場を守っているが、ドイツとイタリアとの同盟による新しい秩序を、我らの領域である太平洋地域に作り出すことを避けるつもりはない。我々は、アメリカを敵視するつもりはないが、しかし、三国同盟[訳者注③]を結び、太平洋地域の要石であることが期待されているのである」と。

「アメリカがヨーロッパでの戦争に加わったとする、あるいは太平洋地域で日本と衝突するような事態をご想像いただきたい」——。ここで彼は一息入れ、部屋中を見渡した。そして用意した言葉を続けた。「私はアメリカの友人の方々に、すべての人間を破滅に追いやるような踏み外しをする前に、二度も三度も、いや百回も千回も、お考えになることを懇願する次第であります。」

　背の低い外務大臣を遥かに凌ぐ長身のグルー大使[31]がゆっくりと立ち上がると、皆の目はそこに集まった。彼は、松岡氏が長くアメリカに滞在したのだから、次のことは十分にご存じだろうと、簡潔にそして直裁に指摘した。「アメリカ国民は、一方では義務、もう一方では権利に関わることがらをきちんと決断します。そして私たちの最大の望みは、すべての国々に保証される平和、繁栄、安全、安定、幸福なのです。現在の世界の状況において、私たちは次のことを認識することが不可欠です。つまり、今日の国際関係で考慮すべきこと、また自分たちの意見を形成する上で欠かせないことは、事実と行動の具体的な証拠であるということです。そしてそのような事実と行動が装わされているもっともらしい見せかけに惑わされてはなりません。」

大使は話を止めて部屋を眺めまわし、集まった客の一人一人が彼の話を理解したかどうかを確かめているようであった。そこで彼は外務大臣を見て厳しい結論を述べた。「もし、ある国についてコメントするならば、その国が言うことではなく、『あなた方は、実によってその木を見分けるであろう[訳者注④]』という言葉にある『実』によるべきです。」

　沈んだ調子の人々は孔雀の間を離れホテルを後にした。アメリカ人は落胆し考え込んだ。彼らはこれが外務大臣の姿勢であるならば、事態を解決するために野村大将は松岡氏に何を期待できるだろうかと危ぶんだ。日本人は自分たちが参加した昼食会について、警察官が間もなく来ることを予想し、尋問への回答を思案していた。

　一九四一年が明けると、ポールは日本での生活が不気味でやや恐ろしげであるが、まだなお魅惑的でもあると思った。銀座の陽気さは過去のものとなり、電力を節約するために灯りは暗くなり、キャバレーは贅沢

31　第二章、訳者注⑲参照。

を禁ずる警察の指示により閉鎖された。東京の街路や道路はもともと完備されたものとは言えなかったが、未補修のままで筋棒の壊れた穴が放置されて大きくなった。立派なゴルフコースの芝生のフェアウェイは耕されて畑になった。家庭への電気、灯油、食品の割り当ては減り、日本人も外国人も衣類の厚着をして寒い季節には辛い思いをした。

ニューヨークタイムズの新しい特派員オットー・トリシャス（Otto Tolischus）[訳者注⑤]が来日したが、彼はアメリカ大使館でのレセプションはこのときの状況を如実に反映していると感じた。彼は有能で先見の明のあるヨセフ・C・グルー大使の歓迎を受けたが、大使は目下の戦争の危惧は遠のき、早急な戦争の危険はないと請け合った。しかし新しい赴任者であるトリシャスは、それは難しいことだと感じた。大使の話が、部屋に積まれた梱包済みの荷物から目を逸らさせるための空元気に聞こえたからである。

一月に、松岡外務大臣は他のアメリカ人グループを挑発し恐れさせた。アメリカメソジスト教会は、ジェームズ・C・ベイカー（James C. Baker）主教と伝道協会主事ラルフ・E・ディッフェンドルファー（Ralph E. Diffendorfer）[訳者注⑥]を東京に派遣した。外務大臣は彼らのインタヴューに応じた。丁寧な挨拶の後、彼は苛々して立ち上がり、興奮して叫んだ。「アメリカが態度を変えず、アジアでの日本の立場を認めないならば、最後の手段として武力を使わなければなりません。その実力をよくご承知のことと思うが、三か月以内に戦争は終わります。」この二人のメソジスト教会の使者は日本から出航したが、船上から同教派の宣教師たちに、日本を諦め帰国するようにとのメッセージを無線で知らせた。

東京の街路は電信柱が一定間隔で立ち、その根元はしっかり道路の境目に埋められていた。これらの電信柱は自動車の運転にはいつも邪魔だったが、一方で、宣伝用の手軽な場所であった。そこには「ＡＢＣＤ」標識と呼ばれるようになる貼り紙が増え始めた。この貼り紙は、アメリカ人（Americans）、イギリス人（British）、中国人（Chinese）、オランダ人（Dutch）が、中国大陸への日本の正当な進出を妨げていると非難した。早起きのアメリカ人は、時々バッツの悪そうな使用人が、門や脇道に書かれた「スパイ」の文字を洗い落としているのを見つけた。彼らは電信柱に貼られたＡＢＣＤの貼り紙や、陸軍省や外務省から出された大げさな広告を一笑に付した。また彼らは、警察の監視を笑い話の種にしたり、自分たちの使用人が特高警察の裏をかいたやり方にほくそ笑んだりした。しかしやがて、状況はもっと懸念すべきものになった。日本は急速に警察国家になり、その警察国家での生活は面倒なものになった。日本独特の音である石畳の上に響く下駄の音、夜泣きそば屋の笛の余韻、三味線の物悲しい響きは、警官のサーベルのうるさいガッチャガッチャという音にかき消された。

　ポールは他のアメリカ人が日本を離れるのを見ていた。学生たちは依然として彼の居宅にやってきたが、難しい問題を抱えるようになった。学生は徴兵時期が延ばされていたが、[訳者注⑦] 卒業すると普通は軍隊に入った。ポールは毎日のように、駅で婦人たちのグループの前を通った。その婦人たちは、手に持った白い布に赤い縫い目をつける「千人針」をしてくれるよう、通勤者に頼もうとして駅で待っていた。この女性たちは兵士の母か姉妹で、兵隊たちはお守りとしてこの布を戦場で身に着けるのである。

◉ 教会に対する圧力

　政府の重圧が各教派に加えられ、その統制下に置こうとしたときに劇的な変化がキリスト教会にもたらされた。それは信じがたいほどの過酷な悲劇が聖公会に起こる序幕であった。まず政府は、各教派に外国人指導者からの独立を宣言するために、何かを始めることを要求した。聖公会は一九四〇年八月二〇日に総会を開き、すべての外国人の退任を要請した。当時、一〇人の主教がいたが、内七人は米国人か英国人であった。彼らは神戸教区の主教[32]――前年、治療を受けるためにアメリカに戻っていた――を除いて皆承諾した。学校、病院、社会福祉施設の指導的立場は日本人が占め、すべての基金はミッションの管理から教会の管理へと移された。「聖徒アンデレ同胞会」は「日本青年同胞会」となった。[訳者注⑧] これらのすべての変更は、教会での混乱も

32　ジョン・バジル・シンプソン（John Basil Simpson）主教。

なく、ある程度クリスチャンの賛同に基づいてなされた。

しかし、なお政府はプロテスタントの教会に圧力をかけ、大きなグループに合併するか単独の教会になるかを促した。一九二七年に制定された宗教団体法の規定によれば、大きな教派にはある恩典が認められていた。最低五〇の教会をもち五千人以上の信徒がいれば、集会における警官のうるさい干渉を免れる。聖公会、長老派、メソジスト、会衆派の規模はこの条件を十分に満たしていた。しかし、より小さな教派や会派は不適格で、これらの小さな教派は、小教派同士の合併か、より大きな教派への併合かの選択に直面した。いくつかのプロテスタントの教会人たちは、統合した一つの教会の形成の時期が熟したと感じ、合併の計画を進めた。

聖公会の指導者は自らの立場を表明したうえで、他のプロテスタントのグループとの良好な関係を保つために、準備会にオブザーバーを送った。彼らは、この協議は歴史的に見て真のエキュメニカル（教会一致）の運動ではない。何故ならばローマ・カトリックと東方正教会が議論に加わっていないからだと主張した。彼らには提案された合併は真に一致した教会ではなく、新しいもう一つの教派を作ろうとするものに感じられた。聖公会は伝統的にローマ・カトリックと東方正教会と近い関係にあり、「橋渡し教会」の役割を果たせるかもしれないその立場を放棄することを避けたかったのである。教会の合併案は一九四〇年一〇月一七日に、神武天皇祭の祝賀行事の一端として公表された。神武天皇は日本の伝説上の最初の天皇で、この年の特別な記念祭には多くの愛国的な行事が行われた。この際の聖公会の立場は、合併への参加はせず、一つの教派としての承認を目指すというものであった。しかし聖公会の指導者たちは、プロテスタントを一つのグループに纏めるという政府の方針を過少評価し、聖公会の教会員の強さと一体性を過大評価していた。日本聖公会には、戦時中に教会を個々単立の教会へと分離させることになる割れ目が生じていた。

◉三国同盟と日米関係

人々の犠牲と軍の大げさな主張にも拘らず、日本の主な対外政策は依然として好転せず、対米関係は悪化していた。中国での戦果は思わしくない方向へと転じた。日本人は自分の国が勝っているに違いないと感じていた。事実、日中戦争で優勢な時はあったが、中国人は屈服しないままであった。そして満州国に接したシベリア地方にはソ連が軍を構えていた。日本は日独防共協定[訳者注⑨]によって、この脅威を緩和することを試みたが、ヒトラーをスターリンと親しくさせることだけに終わった。さらに日本は三国同盟に加わり、ロシアと不可侵を協議したが[訳者注⑩]、それはヒトラーをロシアとの国境を越えて進軍させただけだった。日本の頭痛の種として、アメリカ海軍もまた断固として太平洋に留まり、日本はやがて焦燥が募って、真珠湾への壊滅的な攻撃を企てることになった。要するに、日本には天然資源と南東アジアでの魅力的な石油確保という永続的な問題があったのである。これらは日本の難題であったが、ヨーロッパでの戦争の余波は、日本にとって好機であった。三国間協定によりドイツとイタリアとの同盟を結び、日本はオランダとフランスの占領地を監視し、イギリスがそこに踏みとどまれる理由はないと考えた。すなわちそのように理由づけることによって、日本は他国の考えを曲げて解釈するという天賦の才能を発揮したのである。

一九四一年一月二七日に、松岡洋右は再度演説し、その中で次のように述べた。

「満州事変や中国の事件は、文明の破壊を食い止めるための日本の取り組みの表れにほかならない。満州事変は破壊ではなく建設と世界平和の始まりだと言うべきである。極東における共栄圏は『八紘一宇』の精神、すなわち『一つ屋根の下にある世界の八つの地域』という考えに基づいている。アメリカの指導者はこれを理解しないのではなく、理解しようとしないのである。」〈トリシャス『東京報告』[33]三〇頁〉

松岡はこうして日本の帝国主義の比類なき野望を記録に残した。全世界を支配するという考えの愚かな本質を理解した人でさえも、勢力圏という観念を容易に受け入れ、中国、インドシナ、すべての太平洋諸島、

33　巻末BIBLIOGRAPHYを参照。

そして恐らくオーストラリアやニュージーランドも含む日本の勢力圏を認めてしまった。

アメリカ大使は日米関係を前進させるには三つの障害があると考えていた。第一は日本軍の武力行使、第二は協定に対する日本の遵守拒否、第三は中国におけるアメリカの権益への絶え間ない侵害である。彼は日ごろから、すべての国との友好関係を維持したいというアメリカ政府の考えに日本の外務省の注意を向かわせ、と同時に国際的な合意を守ること、軍事的攻撃の不承認という差し迫った要求を伝えた。日本の回答は、国際的な合意に対するアメリカの考えは「条文的形式主義」であり、日本はそれとは全く違って、そのような合意は日本の「解釈」に従うものだと考えているというのが通例であった。大使は外交上の儀礼的な節度を守り、そのいらいらした気持ちは日記や急送公文書だけで表した。開戦前年の大きな問題は、アメリカが外交上の不承認事項への姿勢を、どのような実際的行動――おそらくそれはある種の制裁だろうが――を伴って示すかということであった。日本は原資源を海外からの調達に依存していたので、この種の圧力に弱みをもっていた。そしてその弱点は、軍事力の行使を望まないアメリカ人にとって、魅力的なものであった。グルー氏はしかし制裁の適用は煽動的で効果がないと考えた。そして彼は、「日本人がすでに実感している欠乏を勇気をもって進んで受け入れており、手持ちの備蓄品と帝国領内で手に入る資源を使って長期間戦えるというあらゆる証拠を示している」ことを、繰り返し念を押してワシントンに伝えた。

グルー大使の、日本人への公式非公式な抗議に対して彼が受け取った回答は、宥和的で非好戦的なものであった。そのときは明らかではなかったが、実際にはなかった。しかし実際の行動は満足できるものではなかった。軍隊は武力行使の手綱を握り、次に採るべき行動について内部で意見が分かれていた。対外政策の決定は、東京の諸省庁よりも中国にいる将官やベルリンにいる軍事駐在員らによってなされた。軍隊は自らの利益を国家の利益より重んじ、かくして軍国主義が日本を掌握した。

◉国家神道

一九四一年の日本の混迷の中で宗教はどのような役割を果たしたのだろうか。神道は、一九三〇年代に国家神道として制度化され、軍国主義に基づく儀式を推し進めた。日本列島、日本人、神性を伴ったその統治者を含む神道の神話は、八世紀に記録として残され、その後決して消滅することはなかった。神道は、仏教の伝来やそれに付随する文化、フランシスコ・ザビエルとイエズス会宣教師の来日、明治期〈一八六八～一九一二年〉におけるキリスト教の再移入をも凌いで生き続けた。国民を統合する宗教的絆としての神聖な源という教義とその国家が、その島国の中に留まっている限り不都合はなかった。しかし日本が満州や中国に侵入し海外に帝国を建設すると、伝説は軍事的制圧を正当化する根拠となった。古代の出来事の記録である『古事記』や日本の年代記である『日本書紀』に記された神道の神話には、道徳的倫理的内容は含まれていない。事実、最初の翻訳者であるバジル・ホール・チェンバレン（Basil Hall Chamberlain）[訳者注⑩]は、文学作品の中でこれほど卑猥な話を他に見出すことはできないと言っている。そしてチェンバレンの翻訳を読んだ後で、オットー・トリシャスは、国家に対する神道の影響について概括している。

「人は自分自身のイメージの中に神々を形作るのか、あるいは信仰する神々のイメージが人の魂を形作るのか、私には分からない。しかし、神々の中に人は自分の理想を擬人化する。その故に、人は自分たちの神々を崇めるのだろうと、私は固く信じる。」〈トリシャス『東京レコード』一九四頁〉

◉ポールの日本残留の決意

東京に七月が来て、気候は暑く息苦しかった。ついに日本軍は、誰もが待っていたことであるが、一歩を踏み出しインドシナに侵攻した。[訳者注⑫]アメリカは静観の政策を転換し、対日全面禁輸の措置をとり日本資産を凍結した。

七月一日に文部省は学生の旅行を禁止する規則を定めた。そしてそれは清泉寮での一九四一年のキャンプスケジュールの終結となった。その月のおそくにライフスナイダー主教は、日本に残っているアメリカ人宣教師を召集し会議を開いた。彼は、大使館が数か月にわたり、日本への残留者は帰国をすべきだと促していると念を押した。そして主教は、アメリカミッションを全面閉鎖することを決意したこと、そしてメンバーはアメリカに帰るか、安全が見込まれるマニラに行くことになろうと伝えた。アメリカ大使館参事官のユージン・H・ドゥーマン（Eugene H. Dooman）[訳者注⑬]とナショナルシティーバンクの副社長であるジョン・カーティス（John Curtis）が、東京聖三一教会のアメリカ人会衆の教会委員として参加していた。主教とこの影響力のある二人の教会委員は、ポールがミッションに含まれており、帰国者に加わることになっていること、日本に留まる状況下にないことを告げた。

　ポールは諾否の結論を出さずに退出し、友人と話し合うために清泉寮に帰った。立教大学総長の遠山郁三、チャプレンの高松博士[訳者注⑭]、フットボールリーグのチェアマンである浅野良三[訳者注⑮]、早稲田大学総長・田中穂積博士らは彼に残留を促した。ポール自身は、実業界の多くの人が残留している中で、ミッションスクールの教師が先んじて離日するのは胆の座ったことだとは思えなかった。しかしミッションが解消したのだから彼は失職した宣教師であり、もし残留を望むのであれば、ミッションから退任しなければならないことは明らかであった。彼は主教に手紙を書いた。

> 親愛なるライフスナイダー主教様
>
> 　貴師は、あなたご自身が米国聖公会が設立した公式機関から正式にすべて退かれたこと、そして、主教はじめ米国聖公会の宣教師全員が「一時休暇」の名目で日本から引き上げることを発表されました。しかし日本青年同胞会[訳者注⑯]の会長、役員、評議会はなお私の援けを求めており、私が日本に残って援助の手を差し伸べれば、まだ大きな貢献ができると思います。
>
> 　私はこの一五年間、米国聖公会宣教師団（ミッション）に所属してきたわけですが、上記の理由と私がそれを可能にするために、ここで宣教師を辞職するのが賢明かと存じます。そうすれば、私が日本に残っても、日本聖公会の働きにご迷惑をかけることはな

いと信じます。

立教大学での私の仕事をこれまでご指導くださったことに深く感謝し、これを忘れることはありません。主教がいつもお示し下さったご厚誼は大きな喜びでした。私は敬意をこめて、この関係がいつまでも続きますように願っております。

深い感謝を込めて

ポール・ラッシュ[34]

一週間待った返事が主教から届いた。

親愛なるポール

日本に残留することによる日本聖公会への迷惑を避けるために、米国聖公会宣教師団を辞職したいという貴君からの申し出を祈りつつ検討しました。その結果、私は貴君の辞職願を受理しないことにしました。その代わりに、現在、米国聖公会伝道団とつながりのある他のすべての人たちと同様に、「一時休暇」扱いとします。貴君が日本に滞在するとしてもそのように計らうのは、再び正常な状態が戻り、日本聖公会および関係諸団体からアメリカ人宣教師の日本への復帰を要請されたときに、貴君の米国聖公会宣教師団とのつながりが復活し、日本聖公会との宣教上の連携を再び築けるようにするためです。

もし辞職願を私が受理したとすれば、貴君がアメリカに帰国した場合に、新しい仕事を見つけるまで任務を与えたり、経済的支援をする責任が米国聖公会にはないことになります。したがって、日本に残りたいという貴君の願い出を承認します。[訳者注⑰] しかし日本に滞在する間、貴君は無給での一時休暇中であり、日本聖公会に対して直接にも間接にも責任はなく、日本聖公会との公式な関係はなくなります。あらゆる観点から見て、この措置の方がずっとよいと考えます。

最後に、貴君の決心によって、私のあなたに対する気持ちが変わることは全くありません。貴君に対する深い親愛の情はこれからも変わらないでしょう。一五年の長い間、宣教師として米国聖公会宣教

34　原文は、文献②〈PR〉23頁。

師団のために尽くして下さったことに深く感謝し、
主教として貴兄に祝福を与えます。

君にあって

C・S・ライフスナイダー[35]

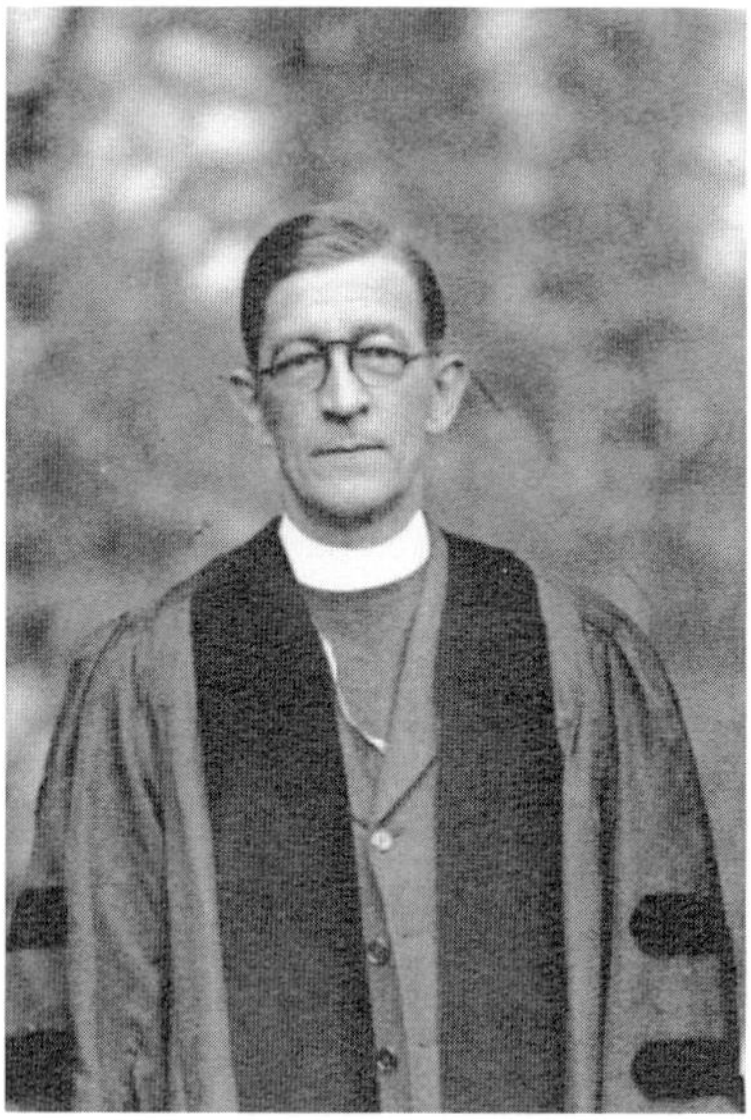

ライフスナイダー主教

二週間後の八月二五日にポールは東京駅に出向き、主教と他の宣教師たちに別れを告げた。一人また一人と彼らは改札口を通り過ぎていき、ポールは一人になった。もはや宣教師ではないのだと考え、彼は結局一人であるという思いに慣れてきてしまったことに突然気づいた。

しかし彼は、少なくとも職無しではなかった。彼は立教大学、早稲田大学で教え、聖路加国際病院でアドヴァイザーをしてきたのだった。その後、池袋のあちらこちらを歩いてみて、外国人はここでは一人になったことに気づいた。警察の監視が増したことにいやでも気づかされた。清泉寮に行くときには、各駅で警官が、彼がまだ列車に乗っているかチェックした。ついに一〇月の半ばに、警察は清里に行くことを諦めるようにと伝えた。彼は最後の現地入りを行い、無期限にキャンプを閉じた。作業を終えると山道を下り、八ヶ岳山麓の閉鎖されたさびれたロッジの建物やキャビンを振り返らないようにした。

東京に残ったアメリカ人やイギリス人は、孤独と危険の時間を共有する人間として、より親しく寄り合った。毎日曜日の夜、ポールは外務省の顧問であり慶応大学の教師である英国人ジョン・モリス（John Morris）訳者注⑱、ジャパン・ニューズウィーク訳者注⑲編集者W・K・ウィリス（W. K. Willis）、新聞社特派員のフィリス・アーガル（Phyllis Argall）などと談笑した。しばしば英国空軍武官の空軍准将ブライヤント（Bryant）が加わった。

ポールは料理がうまく、立派な食卓を整えたが、詮索好きの友人にその入手先は秘密だった。時々彼は、ブリッジやポーカーで相手が承服するよりも多く勝った。

日本のバランスを欠いた愛国主義の話を皆にするのはジョン・モリスだった。一九四〇年の一〇月に、日本人はこぞって神武天皇の即位二六〇〇年祭を祝った。この初代の天皇は紀元前六六〇年に即位した。政府はこの記念として、数人の著名な外国人作曲家に特別な曲を書くことを委嘱した。この演奏会は歌舞伎座で開かれ、日本のすべての現役の音楽家の参画が要請された。フランスとドイツの作曲家による平凡な作品の提出があったが、優れたイギリス人作曲家であるベンジャミン・ブリテン（Benjamin Britain）[訳者注⑳]から提出された作品は演奏されなかった。彼への参画招待の手紙の意図が不明瞭で、彼は伝説上の天皇の記念になる何かを書くように依頼されたと考えたように思われる。彼は葬送曲を書くことで応じた。これはこの行事の意気揚々とした国家主義の雰囲気には合わなかった。日本人の編曲者がテンポを変えようとしたが、しかしこの曲を祭典に合うようにすることは不可能であった。日本人担当者は辻褄を合わせるために、リハーサルに間に合うように楽譜が届かなかったと公表した。一九六五年に、ブリテンの「鎮魂交響曲」は作曲された通りに日本で演奏され、受けるに相応しい代償を引き出した。

秋の間中、彼らは火山の縁にいることを知りながら仕事に取り組んだ。バッド（Bud）[36]・ウィリスとフィリス・アーガルは記事を書き「ジャパン・ニューズウィーク」を発行した。そして常に行われる検閲と戦った。彼らの同僚の何人かは東京刑務所へと消え去ったが、彼らはロイター通信の特派員ジェームズ・コックス（James M. Cox）[訳者注㉑]が警察での拘留中に死んだことにひどく怯えた。モリスの外務省での主な任務は、英語のコミュニケーションでの言葉づかいを正すことであったが、官庁勤務者としての地位も、警察の監視から免れるものではなかった。

ポールは一九四一年一二月の第一日曜日の午前中

35　原文は、文献②〈PR〉24頁。
36　ウィリスの愛称と思われる。

は、日本の放送局で日本のスポーツへのアメリカの貢献を英語で放送した。一〇月には日本の医学へのアメリカの貢献を話しており、三回目は教育に関することを話す予定であった。放送局を後にした彼は下町の静かな通りを過ぎ、昼食をしにアメリカンクラブに向かった。そこで彼はフランクリン・ルーズヴェルト大統領が直接天皇に電報を送ったという噂を耳にした。そしてその内容を想定したいくつかの文案を入手した。彼は友人のコートニー・バーバーに電報を送ろうと考えた。結局のところ、これが電報を送れる最後になるだろう。

その夜六時ころ友人たちが集まった。雨が降っていたが、皆はブライヤント空軍准将に会えたことと彼の車があることを喜んだ。外交団のメンバーである彼はガソリンを入手でき、家に送ってもらえると思ったからである。夕食後、皆は暖炉の周りに集まったが、ブリッジをする気分ではなかった。日本の艦隊が隊列を組んで真珠湾の外洋を航行し、攻撃の準備をしていることを誰も知らなかったが、日本での生活についての見通しのない話に陥り、戦争になるかどうかの話になった。そのような恐ろしい事態になるとは信じがたかった。しかし一同はいつかそれが来ることも知っていた。雨は降り続き、一一時ころ会は終わってブライヤントが皆を家に送った。

二四時間後、モリスだけはまだ自由の身でいた。ブライヤント准将は英国大使館のゲイトの中に監禁されていた。フィリス・アーガルとバッド・ウィリスは監獄におり、ポールは抑留者収容所にいた。[訳者注㉒]

［訳者注］

① 野村吉三郎　海軍大将。太平洋戦争勃発寸前まで駐米大使として開戦の回避に努めたが、成功しなかった。

② 日米協会　日・米両国の相互理解と友好関係の深化・発展を期し、一九一七（大正六）年に東京で設立された団体。金子堅太郎が初代会長を務めた。金子は米国のルーズヴェルト大統領の仲立ちによりながら、日露戦争の和平成立に向けて交渉を進めた小村寿太郎外相の片腕であった。第四代会長の小松隆はキープ協会の理事長を務めた。

③　三国同盟　一九四〇（昭和一五）年九月二七日に、日本、ドイツ、イタリアの間で締結された日独伊三国間条約に基づく同盟関係。第二次世界大戦における枢軸国の原型となり、その後、複数の枢軸側に属した国や友好国も加盟した。

④　新約聖書　マタイによる福音書七章二〇節の言葉。松岡外相の発言に対するグルー大使の反論は、「食事のとき松岡は、実質的に合衆国を戦争で脅迫した。私はすぐさま次のように答えた——」として、文献⑩〈グ日〉下巻、一三七頁に内容が記録されている。発言内容は巻末「関連資料」③を参照。

⑤　トリシャス（一八九〇〜一九六七年）　ドイツ生まれのジャーナリスト。ニューヨークタイムズ記者。一九三三年に、ベルリン・ニューヨークタイムズのベルリン支局の記者となり、一九四〇年三月にドイツから追い出されるまで、ナチスドイツの動向を年代順に記録した。その記録により一九四〇年のピューリッツァー賞受賞。一九四一年一月に東京に赴任。日本軍の真珠湾攻撃の数時間後に逮捕され、五か月間拘束された。そこで、しばしば殴打され拷問を受けた。一九四二年、捕虜交換の一員としてアメリカ合衆国に送還された。

⑥　ディッフェンドルファー　アメリカメソジスト教会の宣教本部幹事であり、教育関係活動の中心人物であった。戦後の日本に本格的なキリスト教大学を作ろうとの構想のもとに創設された国際基督教大学（ＩＣＵ）の設立母体であるＩＣＵ財団の初代会長を務めた。

⑦　徴兵猶予　従来は大学、高等学校、専門学校の学生は二六歳まで徴兵が猶予されていたが、戦争の拡大につれ、次第にその対象は狭められるようになった。特に一九四三年一〇月以降、文科系学生の猶予は一部を除いて撤廃され、一〇月二一日には明治神宮外苑において、文部省学校報国団主催による出陣学徒壮行会が行われた。

⑧　「日本青年同胞会」　文献②〈ＰＲ〉、文献③〈ア史〉などによる訳者の検証では、「聖徒アンデレ同胞会」の名称を「日本青年同胞会」の名称に変えたという記述は見出せなかった。

⑨　日独防共協定　国際共産主義運動を指導するコミンテルンに対抗する共同防衛をうたい、一九三六（昭和一一）年一一月に日本とドイツの間で調印された。結成当初は二国間協定であったが、一九三七年にイタリア王国が加盟し、後の日独伊三国を中心とした軍事同盟、いわゆる枢軸国形成の先駆けとなった。その後さらに数か国が参加したことによって多国間協定となった。

⑩　ロシアとの不可侵協議　一九四一年に日本とソビエト連邦との間で「日ソ中立条約」が締結された。相互不可侵および

一方が第三国の軍事行動の対象になった場合の他方の中立などを定めた。

⑪ チェンバレン　イギリス人で、一九世紀後半～二〇世紀初頭の最も有名な日本研究家の一人。東京帝国大学文学部名誉教授。明治時代の三八年間（一八七三～一九一一年）日本に滞在した。古事記の訳は、*KO-JI-KI or Records of Ancient Matters*（一八八二年）。

⑫ インドシナ侵攻　日仏間の協定により、一九四一年九月に日本軍がフランス領インドシナに駐留を始めたが、日本軍は武力によって更に侵攻を拡大した。

⑬ ドゥーマン　当時の駐日アメリカ合衆国大使館の参事官。参事官は大使に次ぐ地位にあり、第二次世界大戦前の二国間の重要な交渉の役割を果たした。したがってグルー大使による文献⑩〈グ日〉には、氏の名前が頻出している。氏の父アイザック・ドゥーマンは米国聖公会の宣教師で、奈良、金沢、和歌山などで牧会、学校教育活動に貢献した。ユージンは父の勤務地の関係から大阪で生まれたために、日本語が母語であった。

⑭ 高松博士　高松孝治師。高松師は、立教大学を卒業後、渡米してケンブリッジ神学院、ハーバード大学神学部で学ぶ。帰国後、京都聖マリア教会で司牧。一九二九（昭和四）年に立教大学チャプレンとして招かれてキリスト教活動の指導にあたり、スタッフ、学生に大きな影響を与えた。軍国主義の台頭の中で困難な状況に直面し、戦争末期には構内からの退去を余儀なくされ、そのことが要因となって戦後間もなく、一九四六年に逝去した。

⑮ 浅野良三（一八八九～一九六五年）　昭和時代の実業家。浅野総一郎の次男。ハーバード大卒。浅野財閥系の東洋汽船社長。浅野セメント（のち日本セメント）副社長、日本鋼管（ＮＫＫ）社長などを務めた。

⑯ ポールの手紙の原文では、「日本青年同胞会」ではなく「the Nippon Seito Andre Dohokai」と記されている。したがって、「日本青年同胞会」という名称はヘンフィル氏の誤認であろう。なお、ポールとライフスナイダーの往復書簡の原文は、文献②〈ＰＲ〉に収録されている。

⑰ 原著では、「承認しない（not）」という意味の文章になっているが、文献②〈ＰＲ〉に採録されている英文では「承認する」とある。文脈からも後者でなければ意味が通じない。したがって、本書では「承認する」とした。not は恐らく著者の誤認による記述であろう。

⑱ ジョン・モリス（一八九五～一九八〇年）　イギリスの登山、探検家。二〇歳から四〇歳までの間、軍隊に入り、主と

してアフガニスタン、インド北西辺境、中央アジア、ネパール、ブータン、エベレスト、パキスタン北辺に足跡を残した。第二次大戦直前に来日し、五年間滞在。慶応大学の英文学教授となったほか、外務省顧問も務めた。帰国してからはBBCに入り、対日放送の任にあたった。

⑲ 『ニューズウイーク』（Newsweek）は、主に政治や社会情勢などを扱うアメリカ合衆国の週刊誌である。ニューヨークに本社がある。一九三三年創刊。

⑳ ブリテン（一九一三〜一九七六年）　イギリスの作曲家・指揮者・ピアニスト。代表作としては オペラ『ピーター・グライムズ』や『シンプル・シンフォニー』、『戦争レクイエム』、バロック期の作曲家ヘンリー・パーセルの劇音楽『アブデラザール』（*Abdelazar*）からの主題を引用した『青少年のための管弦楽入門』が知られている。

㉑ コックス　一九四〇年七月二七日に諜報活動の嫌疑で検挙され、取り調べの過程で七月三一日に取調室から飛び降り自殺した。ほぼ同時期に救世軍も取り調べを受けた。

㉒ 一九四一年一二月の第一日曜日は七日であった。ポール・ラッシュが拘束され収容所に入れられたのは、開戦翌日の九日（火）であったから、この記述は不正確である。

第六章　スミレだより

スミレ強制収容所での
ポール・ラッシュ（左
から二人目）と収容者
仲間　1942 年

◉日米開戦と収容所収監

月曜朝の七時に、ポールは孤独な新たな週の生活を始めるための準備に取り掛かっていた。すると四人の日本人の友人が、日米間に宣戦が布告されたという衝撃的なニュースを伝えにとんできた。彼らは、アナウンサーの館野守男が、大本営発表の声明を興奮気味に伝えるのを聞いていた。「大本営陸海軍部、十二月八日午前六時発表。帝国陸海軍は今八日未明、西太平洋においてアメリカ、イギリス軍と戦闘状態に入れり。」放送はその後の二時間内に五回繰り返された。その報道が事実であることはもはや疑いの余地がなかった。ポールは大学の総長室に呼ばれ、何が起こるかがはっきりするまで数日間授業を休むように指示された。訳者注①

そこで彼は校宅五号館に戻り、荷物の整理に精を出した。関口正吾が様子を見にやってきてアメリカ大使館に避難するように勧めた。しかし彼はここにいる方がよいと考え、次に何が起こるかを待つことにした。キャンパスは静かであったが、一一時になるとラジオを聴くために学生が列を作って並んだ。静粛な沈黙の中で学生たちは天皇の開戦の詔勅を聞いた。彼らは頭を下げ、礼をして列を離れた。詔勅はその日に三回放送された。ポールは長い一日を過ごし、夕食を済ませ、宅間聖智の二人の娘さんである満里子と聖子としばらく遊んで床についた。

翌朝、彼は宅間聖智にそっとゆり起こされ、警官が来ているので騒がずに起きて下さいと告げられた。階下の食堂に六人の警察官が立っており、ポールに「貴下を収容所に抑留する」と書かれた謄写版刷りの書付けを渡した。間もなくポールの友人や同僚が校宅に大勢集まり始め、慌ただしい雰囲気の中で、彼は警官に言われたとおりに家の中の所有物を点検し始め、朝食を摂り、やり残しの仕事を指示したリストを宅間聖智に手渡した。遠山総長は警官の目の届かないところでその月の俸給をポールに渡した。

用意が整い、六人の警官に誘導されて、ポールは五号館を出て静かな道に歩み出た。雨上がりの空気は新鮮で澄んでいた。道の石はみな見覚えがあったが、一晩ですっかり変わった世界へと踏み入れるように思われた。一行は池袋警察署に車で向かい、続いて中野警察署でルーテル学院の教授であるチャールズ・W・ヘプナー（Charles W. Hepner）博士が加わった。そこから皆は玉川近くの田園調布の菫女学院[訳者注②]に着いた。バッグ、ベッド、寝具、衣類、三日分の食糧などは、間もなく徴用されたトラックで届けられた。

◉収容所での生活

ポールにはアメリカ人用の部屋が指定された。そこには他の一二人の民間アメリカ人収容者がいた。その人たちは、

＊ジャパン・ニューズウイークのチャールズ・ドレーハー（Charles Dreher）
＊ユニヴァーサルニューズサービスのC・M・クリチトン（C. M. Chrichton）
＊ユナイテッドプレスのロバート・T・ベレアー（Robert T. W. Bellaire）
＊青山学院〈メソジストスクール〉のローランド・ハーカー（Roland Harker）
＊アソシエイテッドプレスのジョーゼフ・E・ダイナン（Joseph E. Dynan）
＊南バプテスト学院のW・マックスフィールド・ギャロット（W. Maxfield Garrot）
＊一橋東京商科大学のアンガス・W・マッコイ（Angus W. McCoy）
＊ニューヨークのナショナルシティバンクのレオ・W・チェンバレン（Leo W. Chamberlain）
＊ハノーヴィアクオリティーランプのハリー・スティルマン（Harry Stillman）
＊明治学院〈長老派の学校〉のハワード・D・ハナフォード（Howard D. Hannaford）
＊ルーテル学院のチャールズ・W・ヘプナー（Charles W. Hepner）
＊長老派宣教師のセオドール・D・ウォルサー（Theodore D. Walser）

であった。加えて、一〇人のイギリス民間人、二人の帰化したオーストラリア人、五人のオランダ人、二人のベルギー人、一人のホンジュラス人、一一人のカナダ人、一人のエジプト人がいた。このエジプト人領事は誤って収容されたもので、一週間後に釈放された。[訳者注③]
一六人のローマ・カトリックの神父がいたが、他は

プロテスタントの宣教師、教師、銀行員、特派員、ビジネスマンなどであった。収容所は畳敷きで、鉄条網や投光照明で囲まれ、窓には格子が嵌められ、何棟かの監視所があった。四七人の収容者に対して四〇人の監視員がいた。午前、午後に一時間ずつの歩行が許された。最初は、国の異なる人間同士は話すことを禁じられたが、このような規則は四〇人の監視員でさえも守らせることは不可能だった。最初の数週間はすべての面で混乱し、食糧は米、わずかな安い魚、緑茶に限られた。

間もなく、ポールや他の収容者は役割分担をするようになり、自分たちで調理をすることに決めた。どの監視員に賄賂を贈れば、収容所の外から差し入れを得ることができるかも分かった。宅間聖智との接触が保たれ、ポールは彼に五号館から必要な家具や調理道具を持ってきて欲しいと頼んだ。ポールがリストを作って宅間に渡すと、彼は学生たちに頼んで自転車にリヤカーをつけて運ばせた。元気のよい学生が随時リヤカーを引いて、椅子、鍋、コーヒーポット、灰皿、ガーリックソールト、セロリソールト、一二個のグリーンのカクテルグラスなどを立教から運んだ。横浜の山下町六二のL・コードレリー(L. Caudrelier)が輸入食品を居留外国人に供給しており、ポールは赤ピーマン、マッシュルーム、ベーキングパウダー、西洋胡桃、チーズ、コーヒー、鶏やベーコンの缶詰などを数か月にわたって注文することができた。クリスマスイヴには、九時から深夜に及ぶパーティーを開き、クリスマスの当日には午後三時からスペシャルディナーを楽しんだ。新年にはポールが収容者全員のために料理を作って祝った。香港上海銀行支配人のマルコム・C・ダンカン(Malcolm C. Duncan)がシャンパンを差し入れ、祝いの気分が盛り上がった。

一九四二年一月八日には、外務省の役人が最初の公式な来訪者としてやってきた。五日後にスイス公使館——おそらく英米に関する事案の責任を負っている[訳者注④]——の代表がやってきたが、彼は本国送還の機会について何も知らせることができなかった。すべてのニュースが遮断され、戦争がどうなっているのか全く分からず、知るすべもなかった。生活は空漠とした、不確かな状態で「毎日が二四時間もの長い一日」だとポールは感じた。

しかし、スミレでの収容期間が不明であることを受け入れ、最初の惨めな数週間が過ぎると、抑留者たちはこの劣悪な状況の中でも自分たちの最善を尽くそうと心に決めた。一月に、フランス語、スペイン語、アメリカ植民史のクラスがスタートした。ジョゼ・マリア・サン・マルティン（José Maria San Martín）教授はただ一人のホンジュラス市民であったが、スペイン語クラスを担当し、ポールは宅間聖智に、ヒルズ（Hills）とフォード（Ford）による『スペイン語入門』（First Spanish Course）を手に入れるように頼んだ。ロバート・ベレアーはアメリカ植民史を教え、一〇人のイギリス人は、それを帰化に関する必須条件だとみなすように促した。音楽もあった。多くの人がレコードを持ち込んでおり、レコードコンサートは、持ち主の影響でカトリックの色合いが濃かった。他の人はフルート、クラリネット、ギターなどの楽器を持っていた。ピアノも一台あったが大変な人気で、持ち主は練習時間の割り当てを厳重にしなければならなかった。

知的な活動は盛んであったが、それでも時間を持て余した。卓球トーナメントはキャンプ生活の呼び物で、この試合の企画と運営には多くの時間を費やした。最初の試合は「イワモトカップ・トーナメント」と名前がつけられたが、これは『えくぼ』のイワモト」とニックネームがついたイワモト監視員に由来している。次には「キクチ・カップ」となったが、この時にはイワモト氏は、悪名高く『臆病ウサギ』キクチ」と呼ばれた人と交代していた。トランプゲームのラミーやブリッジ、ポーカーにもかなりの時間があてられた。ある日の午後、ユダヤ教のラビや二人の牧師および数人の会社員とポーカーに興じているときに、ポールは二回り目でロイヤルフラッシュ[訳者注⑤]を作った。ポールは、ゲーム仲間たちに、そのカードにサインと日付を書いてもらい、七〇セントを賭け金として受け取った。

●収容所にもユーモアを

ユーモアはキャンプ生活の士気を高める上で最も大切である。四月一日に、「スミレだより」（*Sumire Summary*）と名づけられた小さい新聞が、ＡＰ通信のダイナンの編集で発行された。冒頭記事は「エイプリルフールにヤンキーが[37]襤褸《ぼろ》をかむ」という見出しだった。

「本当のことを明かせば、アメリカ人用貯蔵庫の中で目覚めたエイプリルフールのいたずら者がヤンキーに噛みついたので、慌てたヤンキーたちは、今日、綿が詰まっているタルト訳者注⑥を一所懸命に食べようとした。退職した歴史学のベレアー教授は、あごの周りにまとわりついているメキシコ綿を喰い荒らすゾウ虫訳者注⑦が、あのいたずらを暴露する前に、怪しげなお菓子を三つもがつがつと食べた。この冗談話は、アメリカ人シェフのポール・ラッシュ氏が、他の部屋のメンバーにタルトを配った際に広まった。イギリス人たちは、そのタルトが、ラッシュ氏のいつものやり方で作るお菓子と同じ程度にまずいことを知り、自分たちの縄張りの中で、彼らの軽口はほとんど完全に消えてしまった」。

ポールはブルーキャップと名づけた架空の政治結社を立ち上げた訳者注⑧。そしてその「総統」に自ら就任した。彼はブルーキャップの党員のために、宅間聖智に青い野球帽を東京中探させた。ポールが気管支炎にかかって聖路加病院にしばらく入院したときに、スミレだよりは、彼の退院を祝って紙面の半分をさいた。

「かしこくも緊急事態に直面されたブルーキャップのポール・ラッシュ総統閣下は本日スミレに帰還し、閣下に万歳を捧げるために集まった千余の党員の喝さいをお受けになった。ブルーキャップ公用の馬車は、ラッシュ氏を乗せて正午前にブルーキャップの中心地前の広場に到着した。総統は直ちに二階に案内され、アメリカ人、イギリス人、オランダ人、カナダ人支部の党員が集まった公式の退院祝いの式に臨まれた。昼には閣下は、食堂で特別な魚料理の宴席の主賓となられた。これらの出来事はうやうやしくご報告すべきであり、ここに謹んでご報告申し上げます。お加減を見るところ、お顔は血色もよく、聖路加病院の看護スタッフと共に過ごした入院生活のあとで精神も高揚しておられる。ラッシュ氏は、ブルーキャップの多数の党員が整列して敬礼し、謹みと畏れをもって握手する間中笑みを絶やされなかった。五日前に捨てられるべきであったしおれたチューリップが古いポットに挿されていたが、それが通路にまかれていた。総統は直ちにアメリカ人の部屋を清掃するプログラムを開始された。そのことは、ラッシュ氏にもっと訓練を受けていただくために聖路加に送るべきだという運動を引き起こしたのである。」

監獄に入れられていた五人の報道関係者が釈放されスミレに収容されたので、アメリカ人の人数は一三人から一八人に増えた。

「この事態はスミレにおけるアメリカ領の急激な拡張をもたらした。二人は便所の先の居房植民地を占有するために派遣され、新人たちは別館に配属され、食事用スペースは旧図書館に移された。他のいくつかの部屋が、アメリカの真の目論見を顕わにするだろうと信じられている。また、このヤンキー帝国主義は、平和と秩序を維持するためだけに存在していることや、アメリカはただスミレの幸せなどを願って、時期をみて領土に対するすべての権利を放棄するであろうということが理解されつつある。」

八人の人たち——その中には収監されていた三人の特派員も含まれていたが——は、東アジア戦争救済委員会のゲストとして山王ホテルの昼食会に召喚された。ここでは食事や飲み物を勧められ、日本による南西アジア制圧の映画を見せられた。彼らは別々の部屋に通されて、日本での処遇について好意的な意見を書くように促された。スミレの抑留者たちは、競馬ゲームに興じ好みの名前を馬につけていた。スミレ厩舎には、スウィート・スミレ、エヴァキュエーション・ルーマー（送還の噂）、ホエールミート（鯨肉）などがいた。上に述べた宣伝用パーティーの後で、ダークホースが一頭加わった。——サンノウ・ランチョン（山王ホテルの午餐）である。

◉イースター礼拝を厳かに

おおよそ月に一度、公認の来客日があった。初回の一月のおりには、宅間聖智夫妻が二人の幼い娘さんを連れてやってきて一時間の滞在が許された。ポールはもはや自分の用足しをすることができなかったので宅間が使い走りをした。宅間は、食糧はポールの友人たちからキャンプに密かに運ばれていることを知り、毎日ポールと接触した。彼が他に何もできないときには、娘を連れてきて、収容者に外出が許されたときに一緒に川の堤防でピクニックをした。彼は軍隊に入隊中であったり、国内に散らばっている立教の卒業生とポールの間の連絡員となり、ポールに関する動向を注意深く書いて手紙で知らせた。返事が来る際には軍の検閲を受けなければならないが、「ポール」を漢字で書くことによってそれをかいくぐった。さもなければ、差し障りのない便りを「禿頭のおやじさん」に挨拶を送ると書いて手紙を締めくくった。

ポールは、イースターサンデーをそれに相応しい見栄えにすべきだと思いついた。彼は宅間聖智にメモを送り、花を買うように頼んだ。「ゴトウ花店から背の高いイースターリリー六鉢と、茎を切りつめた二ダースの百合を買ってスミレチャペルの聖卓に届けて下さい。それを運ぶように、学生たちに手伝いを頼んで欲しい。牧師さんたちにこのことを約束したので、抜かりなく事を運んでいただきたい。これを届けるときに請求書を持参されたい。いい花が手に入りますように。」キャンプには一六人のカトリックの神父と六人のプロテスタントの牧師がいたので、礼拝を行うのに十分な聖職がいた。当日の朝には、ポールとベレアーはモーニングを着て礼拝に出たので、センセーションが巻き起こった。

聖路加病院チャペルのペテロ竹田司祭[38]が、収容者の内の三人の聖公会信徒のために聖餐式を行う許可を警察から得る手続きした。彼はまず受苦日の金曜日に、準備のために来訪した。次にはイースターマンデーに来て、許可を受けて、鉄格子がはまった部屋で聖餐式を行った。

もちろんのこと、戦争が行われていることを忘れる者はなく、日本人も外国人も不確かな将来を案じていた。三月には監視官が、夜にはすべての灯りを暗くするようにと命じた。スミレだよりはこの命令を記事にした。「今夜、すべての灯りを暗くし、カーテンをきちんと閉めること。理由はお分かりのことと思う。それができなければ、このキャンプにはいられなくなるだろう。」

◉心を日本に残して

立教と早稲田はポールに給与を支給し続けていた。しかし文部省は、三月に日本の学年歴が終われば、すべての敵性外国人は学校から追放されなければならないと定めた。ところで立教は、ポールが一七年の勤務を経た後に退職したということから、四月から年金を支給することでこの問題を解決した。しかし彼への配慮はこれで終わらなかった。一九四二年六月五日、友人たちに別れを告げるために立教に帰ることが許可された。大学に着くと勤務員たちが連絡を受けて集まっており、大学主催の送別会で遠山総長が大学理事会からの公式な感謝状を読んだ。

「あなたは、一七年以上にわたり、本学の教授としてよく学生を導き、この大学の建学の精神を誠実に実践され、深い宗教的感化を与えられました。あなたが残された業績や成し遂げられた成果に私たちは衷心から感謝いたします。いま母国に帰られようとしているときにあたり、私たちはあなたの長く誠実なお働きに深甚なる感謝の意を表します。」

これは大学にとっては勇敢な行為であり、ポールは言い知れぬ感銘を受けた[訳者注⑨]。

彼は実際、帰国を目前にしていた。抑留者の送還計画が固まりつつあったからである。彼らは日本のNYK（日本郵船）の客船浅間丸でポルトガル領モザンビーク（Mozambique）のローレンソ・マルケス（Lourenço Marques）[訳者注⑩]に行き、そこでアメリカからの日本人抑留者と交換される手筈であった。そしてスウェーデン船籍のグリプスホルム（Grisholm）号に乗り継ぎ帰国するのである。スミレだよりは広告欄に次の案内を載せた。

安価特売：日本残留許可証一枚。五か月間有効。お申し込みは私書箱543　スミレだよりまで。

今すぐ電報を！　お望み通りのお部屋の予約受付中。すべての部屋とも東、西、南、北向き。階下から最上階まで吹き抜けです。どの部屋にも満潮時に海水が流れ込みます。グランドパレスホテル

38　竹田真二司祭。

ローレンソ・マルケス、モザンビーク」

持参できるのは手持ちのバッグ一つに限られ、印刷物、書類は一切持ち込み禁止で、聖書、礼拝用書、祈祷書も例外ではなかった。ポールはポーカーの役札を持ってゆくために勝ち目のない抵抗をした。しかし立教からの感謝状をこっそり持ち出すことには成功した。ポールは三日間校宅に帰り、家具を点検し、宅間聖智にそれを譲り、支払いをすませ、日本での生活に見切りをつけようとした。彼は別れの挨拶状を送りたい人のリストを書き上げた。以下がそのメッセージである。

日本で最も深く知り合った方々が力を合わせて八ヶ岳の清泉寮を守り維持していただきたいと願っています。私は日本に戻ってきたいと思いますが、そのときにはキャンプ場が完成し、青年の訓練という理想に向かっている様子を見たいと望んでいます。私はキャンプ場を日本アンデレ同胞会の木村重治会長、宅間書記に託します。私の不在中、皆さんがキャンプを援け、損なわずに維持していただきますようお願い致します。心を日本に残して。

約四〇人が離日直前に餞別のお金を彼に贈った。活動禁止中の大学フットボールリーグでさえも記念の贈りものをした。

◉辛い別れ

六月一七日早朝に全員が起床し、待ちきれずにうろうろと歩き回った。ベッドは片づけられ壁際に積み重ねられた。片隅に古い衣類の山があり、床にはタバコの吸い殻が散らばっていた。誰ももはやアメリカ人の部屋の様子を気にしなかった。何故なら今や帰国しようとしているからである。彼らはイギリス人抑留者にお別れを言い、収容所長から離別にあたっての訓示を聞いた。そしてルーテル派のチャールズ・ヘプナーからの軍隊式返答に喝さいを送った。それから木炭バスに乗って東京駅に向かった。記者であるレイ・クロムリー（Ray Cromley）[訳者注⑪]は日本人の女性と結婚していたので、妻を同伴できるようにあらゆる手を尽くした。

スミレ強制収容所でのポール・ラッシュとレイ・クロムリー記者

息子を連れてゆくことは許されたが、妻の家族は彼女が日本を離れることを許さなかった。キャンプの監視員は、彼女が夫と面会し別れを告げる事を認めなかった。バスがスミレを離れるとき、彼女は夫と息子が自分を残して去ってゆくのを道の端から見守ることしかできなかった。

東京駅に着くと、彼らは、ロープを張られた通路を通って駅長室へと追いやられた。一同を見送る人がいようとは誰も思わなかったし、抑留者の出発については、外部に何も知らされていなかったが、ポールは人の群れの中に沢山の友人がいるのに気が付いた。しかし大声で別れを告げる何人かの日本人を警官が乱暴に扱うのを見てからは、ポールは敢えて彼らに挨拶をしなかった。すべての駅で、人は退去させられているように思えた。しかし列車が走り出し、新橋や品川を過ぎるときに彼は友人の姿をちらりと見かけた。「あれは心が押しつぶされるような気持ちだった。私は、東京を離れるときのあんな光景を目に浮かべることはできない。」一行は横浜のドッグで整列させられ、警官のチェックを繰り返し受け、複数の検査官の再三の調べを受けた。ポールはここでもう一つの痛ましい光景を見た。二人の裸足の子どもがドックに降りて来た。彼らの両親は北海道の監獄におり、子どもだけが送還されようとしており、親に別れを言う事もできなかった。日本で生まれ育ったので、二人とも英語を話せなかった。抑留者たちは、船に乗ってもすぐには出港しないということを知って落胆した。一行は七日間も港に留まった。しかしとうとう六月二五日に浅間丸は出航した。次の日曜日にポールは朝七時の聖餐式の礼拝に出た。そして一〇時の自由な形式の礼拝に出た。信仰の自由は言葉だけのものではなくなっていた。

◉送還船にて

四日後に香港に着いた。そして更に三五〇人の乗船者が搭乗してきた。そして日本の収容所での処遇が語られた。日本の獄舎に収監された記者たちでさえも、その収容所に入れられていた男性、女性、子どもたちの身なりにショックを受けた。AP通信特派員のマックス・ヒル（Max Hill）は、「彼らは上着を着るのではなく、それで体を巻いていたのである」と辛らつに書いた。通信特派員は外国から伝えられる情報はよく知っていた。そして彼ら自身のことについて伝えるべき材料も多少あった。しかし彼らはまだ日本船の船上におり、日本人の監視下にあり、日本の囚人のことについて情報を集める組織的な努力はしなかった。

七月四日[39]は平穏に過ぎた。グルー大使は、祝いの行事はないだろう、しかし乗客は心の中でこの日を祝うようにと強調した。翌日にシンガポールに着き、水と必需品を積み込むために港内の三五マイル（約六〇キロメートル）離れた場所に投錨した。ここで訪問者があったが、それは櫻井亨司祭[40]で、彼は立教BSAのメンバーであり、立教大学と聖公会神学院の卒業生であった。彼はシンガポールにいる青年たちの様子を知らせた。小川徳治がシンガポールの教育司令官であることが知らされた。ポールは小川に手紙を書き、自分が無事であることを立教と聖路加に知らせてほしいと頼んだ。櫻井師は市内に約一五人のポールの友人がいると話した。小川徳治の努力によって、シンガポール大聖堂は損なわれることなくまだ開かれている。シンガポール主教レオナード・ウィルソン（Leonard

Willson）[訳者注⑫]とその家族は主教邸に監禁されたが、危険はなく苦しみもなかった。

彼には他にも、あっと驚くことがあった。それはグルー大使が防水紙に包んだ小さな包みを届けてくれたことだった。開けてみるとそれは一緒にゲームをした仲間がサインしたポーカーの役札だった。スミレからは一切の印刷物や手書き書類などの持ち出しが禁止されたので、彼は日本人の監視員と三日間やり合ったうえでそれを引き渡したのである。ローヤルフラッシュが揃ったことを知っていて、グルー大使にそれを託する手立てを持っている日本人は一人だけいた。その人は澤田美喜に違いなかった。彼は五枚の絵が入っているもう一つの包みを開けてこの推察に自信をもった。その絵は大雑把な素人が描いた「ローマの大火」[訳者注⑬]というテーマで、攻撃直前のパールハーバーを舞台にし、澤田美喜とポール・ラッシュに似た人物が登場していた。

浅間丸は、ここでコンテ・ヴェルディ（Conte Verdi）号と合流したが、同船は中国からの乗客を乗せていた。これらの船は航行の安全を保証されているだろうが、しかし、シンガポールを離れアフリカへの長旅に向かおうとしていることから、ポールは日本人船員が緊張しているのに感づいていた。浅間丸には九二六人、コンテ・ヴェルディ号には六三五人の客があった。間もなく、バプテスト派の宣教師の妻セシル・シルヴァスター・ワード（Cecil Sylvester Ward）に赤ちゃんが生まれたので、浅間丸の搭乗者は九二七人となった。船医は赤ちゃんを渡して「お母さんは無事、赤ちゃんはOK、お母さんは得意げです」と誇らしげに言った。間もなく、「赤ちゃんによい名前をつけて下さった方に五円を進呈します」との案内が掲示板に出た。採用候補の本命には、「モンゴメリー・ワード」「ホーム・ワード」「マタニティー・ワード」が含まれていたが、一両日中に新しい知らせが貼られた。「滅多にない意見の一致により、両親によって提案されたジェームズ・ゼロン（Theron）・ワードという名前が選ばれました。」

39　アメリカの独立記念日である。
40　戦後、立教小学校チャプレン、東京板橋区の聖マルチン教会司祭などを務めた。

浅間丸が日本支配下の最後の港を出たので、記者たちはブラックホールと呼ばれるようになった三等船室に入りびたり、熱心に情報収集を始めた。彼らはそれを蓄えておいて、モザンビークに着いた時に発信するつもりであった。グルー大使は日本の秘密機関員が船に乗っていることを心配し、アメリカ人の安全が記者たちによって脅かされることを恐れた。彼は情報に関して、その話題を最初に話した人のものに限ること、そしてその人の名前や日付、場所を明記することなどを主張した。記者たちは憤然としてこれを拒否し、そのようにすることは、まだ日本人による監禁下にある科《とが》のない人々を危険に曝すことになるかも知れないと指摘した。モザンビークで送信する記事については妥協が成り立ったが、問題の解決にははるか及ばなかった。

ポールは自分なりの情報収集にあたった。日本が占領した地域、あるいは中国の非占領地域の聖公会宣教師の運命について知ろうとして、大きな注意を払った。それはニューヨークに戻ったときに委員会に報告できるようにする準備のためだった。ついにポルトガルの東アフリカ領、モザンビークの首都、ローレンソ・マルケスに着き、彼はイギリスの教会を探して聖餐式に出席した。ここでも彼はミッションについて報告を書いた。ここは一八九三年に成立したレオンボ(Leombo)教区の主教管轄区の町であり、南アフリカ教会管区の一部分である。

グリプスホルム号の日本人乗客と、浅間丸とコンテ・ヴェルディ号のアメリカ人の交換の日は大変な一日だった。労働者たちがドッグ脇の船着き場に空の有蓋貨車を一列に運び入れ、二つのグループが交換のためにそれぞれ貨車の反対側を進んだ。彼らは互いに接触できるとは予想しなかったが、双方とも町の中に出かける機会が少しあったので、カフェーや店で思いがけなく顔を合わせた。ポールは一人の日本人とお金の交換をした。彼は日本円を渡しドルを受け取った。やがて出港の時間となり、グリプスホルム号は錨をあげてローレンソ・マルケスを離れた。

◉母国への船上で

食事はよく水も豊富で、船室は混んでいたが心地よかった。一番よかったことは、今や日本人の監視がなくなり、自分たちの言うことやすることが日本に報告されて、日本の監獄にいる誰か、あるいは日本人の誠実な友人に迷惑をかけるという潜在的な恐れから解放されたことであった。そしてついに、乗船中の記者たちは、乗客たちが是非話したいことを自由に集中して取材できるようになった。戦争や収容所の恐怖が詳細に語られた。朝鮮からの三人の宣教師は、悪名高き「水治療法」[訳者注⑭]について、グルー大使や、この種の拷問を理解できない人に説明した。しかし大使は、アメリカ人の利益を危険にさらすニュースの報道に大きな気掛かりを感じていた。安全確保の必要と報道の自由の葛藤はニューヨークに着くまで続いた。大使が注意を喚起すると、記者たちは腹を立て、ポーカーやブリッジに熱中し、船に積んである酒のストックで鬱憤を晴らした。日本に住んだことのある人は、誰でも四十七士のことを知っている。主君の死と不運に対する復讐をするために数年を費やした忠義な家来たちの一団である。彼らは放蕩な生活を送って計画を隠し、嫌疑を受けないように社会の陰に潜んだ。大使もこの話を知っていた。彼はポーカーに加わり、「船内のアメリカ人数人の行為」についての宣教師の不満に耳を傾けていた。しかし彼は惑わされなかった。

　船上の聖職者には、飲んで遊んでいる一般信徒に比べて、遥かに難しい問題があった。彼ら自身の処遇のこと、日本人のこと、戦争そのものについて何と言ったらよいかという問題である。彼らの大多数は長くアジアで暮らしてきた。そして、アジア人の時間感覚や東洋的な仕事の運び方に慣れてきた。アジアの音、風景、匂いは、彼らの故郷を意味した。何物にもまして友人がいる。その友人たちはかつて、自分の命の危険を冒してまで尽くしてくれた。しかし彼らは同時にアジア人の残酷さ、人命の軽視の様子を知り、アジアでの戦争も体験した。彼らはアメリカで暮らしたことがなかったから、米国人の生活や考え方には馴染みがなかった。しかも六か月間の収容所や監獄での拘禁を経て、彼らはいま新たに加わろうとしている世界が向っている方向に不案内であった。彼らがどう振る舞うべきかについて、話し込み、祈り、心配し、議論するのは当然だった。

ある人々は、日本人、それもすべての日本人に敵意をもって反応し、単純な好戦的姿勢を募らせた。対極にあるもう一つは不戦主義者のグループで、「和解のフェローシップ」（Fellowship of Reconciliation）[訳者注⑮]を組織し、戦争には一切関わらないという宣言を周囲に広めていた。彼らは記者たちに、アメリカの世論を煽り立てるような各地での残虐行為の記事を送らないように頼んだ。特派員たちは信じがたい繊細さだとしてこの依頼を放置した。しかし宣教師たちおよび他の乗客の大多数の態度は、この二つの対極的な反応の中間にあった。このことは要するに、ほとんどの人にとって態度を決めるのは簡単ではないということだった。各自が自分の感情面での問題を自分で解決しなければならず、他の人には頼れないことであった。

ポールは自分の考えを明かさず、酷しい復讐者と不戦主義者の両者から離れていた。彼は第一次世界大戦の従軍経験者であり、その仲間である友達がおり、東京で活動を担っている友人がいた。そこで彼は時には大使館にいた駐在武官と話をし、また別の時には他の人と話し、深く考えこんで甲板を歩いた。

◉日本の「同胞」への思い

リオデジャネイロ（Rio de Janeiro）で最後の寄港があり、買い物をし、品ぞろえの良い店を感心して眺め、ナイトクラブでのしばしの気晴らしと食事をして、一行はニューヨークを経て帰郷した。一九四二年八月二五日にニューヨークに着くと、ポールは数人でエリス（Ellis）[訳者注⑯]島に行き三日間滞在し、また聖公会宣教局に報告を行った。八月三一日に彼は第一七地方行政委員会（ローカルボード17）に応召の登録をし、父や兄に会うためにルイヴィルへと向かった。家で家族と過ごすうちに、彼は抑留と長旅のために健康を損ねていることに気づき、六週間の休息と入院が必要だと告げられた。彼は身体的健康ばかりでなく、精神的健康にもこの時間が必要だと感じていた。自分自身の価値観を通して考えることが必要だったのである。

彼のルイヴィルへの到着を祝った記事の見出しと、彼が記者に語ったことを曲げて書いた新聞記事から、ポールは故郷の人がもつパールハーバー以降の態度について教えられた。彼はインタヴューで、日本人は空爆のために八年間備えてきたこと、そして日本は、東京の破壊や数百万人の国民の死によってはじめて敗北するだろうと言っただけだったが、見出しでは「『東京を爆撃せよ、そうすれば数百万人が死ぬ』、『好戦者集団を駆逐するために東京を粉砕せよ』と宣教師が語る」と書かれたのである。訳者注⑰ ケンタッキー軍事訓練所(Kentucky Military Institute)でのＢＳＡの会合訳者注⑱での彼の話には、小さな見出しがつけられたが、それが彼の本旨に近かった。「聖公会信徒は聞いた。アメリカは、皆が同胞であることを世界に伝えなければならないということを。」

彼は、一九四二年一一月一一日の休戦記念日にルイヴィル大学で講演した。訳者注⑲ いまや精神状態も回復し、ここでの生活にも慣れてきていた。彼は聴衆に訴えた。

故郷に戻って来るのが嬉しいことは言うまでもありません。しかし、八月の末にニューヨークに上陸したときには、大きな躊躇いがあったことを告白しなければなりません。東洋において善意を貫くという私の命をかけた仕事から突然根こそぎに引き離され、私が援助を傾注してきた、まさにその人たちと敵対する戦争の事態に引き込まれるということは、並大抵のことではありませんでした。

しかしこの二か月間、じっくりと考え抜いた結果、明確に分かってきたことがあります。私は、私たちがまさに戦争に直面していることがはっきり分かります。それは、われわれの文明が、全体として健全で雄々しい特性を欠いたことによって壊れたからです。それから、正義を行い、人々と共に誠意をもって生きるための我々のシステムと目的が挫折した理由が見えてきます。今日の人間や国家の無茶な原動力の背後には、よりよい状況に対する、人間としての深い願いがあることを明確にしなければなりません。自分たちの目ざすものが、国際的な努力によって作られたルールを無視した方が手に入れやすいというような場合には、どんな国家も人間も、そのルールを守ろうとしてきませんでした。法律は、自己中心の利益以上には重視されてはこなかったのです。「人はどこででも、この近代社会で生き延びようとするならば気高く生きなければならないということを忘れてきました。」
　このような価値観を、私は今回の帰郷の間に考え抜こうと努めてきました。私は自分の中に迷いがあるときには、ニューヨークやニューイングランド、ワシントン、そしてここ米国中西部で尊敬される人々が考えてきたことにいくらか触れてきました。私は彼らから満足すべき考えを引き出しました。この地球規模の戦争で犠牲が先んじていることははっきり分かりますが、私は、思慮深いアメリカ人が依然として人生のより大いなる価値について考えていることを見出しています。彼らの関心は引き続き世界全体を見通しています。人間は、人類は同胞であるという夢を捨てていないのです。[訳者注⑬]
二日後に彼は、陸軍情報部の中尉に任命され、現役の任務を命じられた。

[訳者注]
① 開戦とポールの拘束　日米開戦直後に、ポール・ラッシュが遭遇した一連の状況は、文献⑦〈遠山〉にも記されている。（巻末「関連資料」⑤を参照）
② 菫家政女学院　現・玉川田園調布雙葉学園。このような収容所は「敵国人抑留所」と名づけられた。開戦時に全国に設置された抑留所は三四か所、抑留された外国人は三四二名にのぼる。
③ エジプト人の釈放は、エジプトが中立国であったためであろう。当時のエジプトのサブリ内閣は、この時点までにドイツ、イタリアと国交を断絶していたが、一九四〇年六月に中立を宣言していた。ホンジュラスを含む他の国は、この時点で連合国の一員であった。エジプトが連合国側に加わったのは一九四五年二月である。
④ スイス公使館　第二次世界大戦中にスイスは中立国として、米国、英国、オーストラリア、南アフリカなど連合国側の日本との折衝役をするよう依頼された。
⑤ ロイヤルフラッシュ　ポーカーで、同じマークの最強のカード五枚をそろえる手。
⑥ タルト　果物やジャムの入った甘いパイ。

⑦　メキシコ綿の実象虫（boll weevil）　綿花の莢（さや）の中に卵を産み、それが綿の実を食いあさって駄目にする小形甲虫。象虫は口吻部が長いことからこの名があり、穀類、豆類などを食いあさる。
⑧　ブルーキャップ　ナチスの軍隊の制帽を揶揄してつけられた名前であろう。ナチス軍では制服、制帽などに様々なスタイルのものが用いられ、隊員の特権意識と戦意の高揚がはかられた。ちなみに「ブラウンシャツ」は親衛隊の突撃隊員、「ブラックシャツ」はファシストを指している。
⑨　立教大学での送別会　文献⑦〈遠山〉にもこのときの様子の記述がある。感謝状のほか礼金として五百円を贈呈したとある。巻末「関連資料」⑤参照。
⑩　ローレンソ・マルケス　ポルトガル領東アフリカの町。日本在住の連合国側外国人と、連合国側在住の日本人の交換が行われた。現在のモザンビーク共和国の首都マプト。
⑪　クロムリー　米国陸軍大佐、ジャーナリスト。第二次世界大戦の前に通信員、ジャーナリストとして来日。大戦勃発後、アメリカ軍に加わり、東アジアで従軍。戦争終結後は、ウォールストリートジャーナルで活躍した。妻との別離に関しては、"My Japanese Wife, The Girl I Loved and Left in Tokyo"（*The American Magazine*, December, 1942）がある。
⑫　ウイルソン　英国人主教。一九四一年から四九年までシンガポールの主教であった。その間、日本軍により身体的心理的拷問を受けたが、それに耐え抜いた勇敢さの故に多くの人から尊敬され、多数の信徒を導いた。後バーミンガムの主教となる。
⑬　「ローマの大火」　紀元六四年にローマに起こった大火災で、ローマ市街はその三分の二が焼けたと言われている。時の皇帝ネロは、この火事をキリスト教徒の放火によるものと断じキリスト教を弾圧した。この弾圧による火刑の場面を描いた有名な絵画が複数残されている。
⑭　「水治療法」　背中を板に固定して頭に袋をかぶせ、逆立ちの状態で顔を水に漬けたり、あるいは袋に穴を開け、口や鼻の穴に水を直接注ぎ込む拷問。「水責め尋問」。
⑮　「和解のフェローシップ」　非暴力による平和を訴える運動組織で、一九一四年にイギリスで誕生した。翌年にはアメリカでも発足した。主に欧米で、キリスト教各教派を越えて運動が展開された。
⑯　エリス島　ニューヨーク湾内にある島。長らくここに移民局が置かれていたことから、アメリカへの移民者は必ずこの

島を通って入国した。ポールたちの入国に際して、日本の情報を得るため、かなり詳細な報告が求められた。

⑰ 帰国後の新聞記事　ここで紹介されている記事が何時どこで掲載されたのか、訳者には特定できなかった。「文献④〈山日〉」（二六六頁）によれば、クーリエジャーナルやボストンヘラルド紙にポールの演説が掲載されたという。また、記事の表現は、「日本の建物は紙と木でできており、極めて燃えやすい。東京を空襲すれば一度に二、三百万人が死んでしまうだろう」というもので、必ずしも煽情的なものではない。

⑱ BSAの会合　一九四二年九月四日に、ケンタッキー州リンドンのケンタッキー軍人会館で行われた。「われわれは戦争に打ち勝つばかりでなく、世界に平和をもたらす準備をしなければならない。それこそがわれわれの仕事だ」「多くの日本人は米国に友情を感じており、（中略）これらの日本人は戦争を望んでいない」などの発言（文献④〈山日〉二六六頁）は印象深い。

⑲ ルイヴィル大学での講演　この講演の原稿は、文献②〈PR〉に全文が収められている。右記のBSA会議での発言と同じように、平和実現への努力の必要性、日本人への信頼が語られている点に注目したい。（原稿の一部を巻末「関連資料」⑥に転載した）

第七章

言葉という賜物

交換船で一緒だった、陸軍情報部語学学校（MISLS）の仲間たちと。左端がポール・ラッシュ

◉陸軍情報部語学学校と日系二世

一九四二年一一月二九日という時点で戦争は五一週目に至り、ポールは軍務に就き、ミネソタ州にあるキャンプ・サヴェイジ（Savage）の陸軍情報部語学学校（Military Intelligence Service Langage School＝MISLS）に配属された。概して軍事人事政策というものは、特に急激な戦火の拡大下では、GI（召集兵）と一般大衆のどちらからも賞賛を受けることはほとんどない。この人たちは、トラック運転手に任じられたコックとか、パン焼きを任されたトラック運転手などの話を繰り返して面白がっている。GIが不平を言い続けることが許され、また、人事の任用に大失敗するのは軍人だけだということを、一般人が心得顔で決めてかかることが許される、という話はそのほとんどが本当のことである。しかしポールや他のほとんどの陸軍情報部語学学校のスタッフの任用は、丸い栓を、本来はめるべき丸い穴にはめたようにぴったりであった。何故なら、日本人の素性や日本語の言語能力を持った人はひどく限られていたからである。

この学校は、わずかな資金と、神経をすり減らすような混乱した状態のもとで始まった。サンフランシスコのプレシディオ（Presidio）陸軍基地の第四大隊に数人の士官が配属されていたが、彼らは日本とのさらに悪化する関係や、アメリカ陸軍に情報や言語の専門家がいないことなどを憂慮していた。以前に、日本で語学を学んだジョン・ウエッカーリング（John Weckerling）中佐やカイ・E・ラスムッセン（Kay E. Rasmussen）大尉は、日本との戦争が起きた場合には、軍が日本の軍事作戦や文書を翻訳し解釈する人材、および捕虜に尋問できる人材を養成することが必要だと繰り返し指摘した。しかし、そのような人材をどこに求めたらよいのだろうか。一握りのアメリカ人の学者が日本語をよく知っているだけだった。そしてウエッカーリングとラスムッセンは、彼ら自身の経験から日本語を習得することの難しさを知っていた。時間はどんどん過ぎてゆく。初心者を訓練してすぐに軍の役に立つようにすることは不可能である。ありうる日本語の人材源が一つだけある。それは、二世に求めるしかないということである。つまり祖先が日本人であるアメリカ人である。しかし彼らは忠誠な市民であるだろうか。彼らは祖先の国よりも生れた国を優先するだろうか。彼らは家族を愛するよりも国を愛するだろうか。多くの士官たちにとって、これは余りに大きな賭けに思えた。彼らは二世を信頼できるとは片時も信じられなかった。初めから、この兵士（二世）たちは二つの戦いをしなければならなかった。一つは文字通りの敵であり、他方は懐疑的で時には偏見に満ちた白人の同国人に対して彼らの忠誠を示すことであった。

既に入隊している二世に対する最初の調査では驚きと失望の結果が出た。彼らは忠誠であろうとなかろうと、要するに日本語の能力を全く持っていなかった。三、七〇〇人の二世の兵士を調べて分かったことは、三%だけが日本語を完璧に習得した語学の才能に恵まれた者であり、四%が堪能であり、三%は日本語の幾分かの知識を持っているが、役に立つためには集中的な訓練が必要だということであった。調査の第一歩としてよく用いられたのは、試験官が部屋に入りながら日本語で「注目」と叫び、それにすぐに反応して立ち上がる者をチェックする方法であった。第二世代日本人のアメリカ文化への同化は誰もが考えたよりも遥かに成功していたが、多くの青年が参加した語学学校は明らかにうまくいっていなかった。この急激なアメリカ化は望ましいことであり、アメリカの学校システムにとって成果であった。しかし情報の専門家を求めて苦労している士官にとって、二世の隊員のうち何らかの言語能力を持っているのはわずか一〇%だけというのはショックであった。当初彼らは、軍事用語の復習と集中的な詰め込みのため数週間のカリキュラムを計画していたが、いまや計画は見直された。次に、服務中の者はみな篩にかけられ、能力が測られた。二世の新入隊員はそれぞれ試験が課せられ面接を受けた。その結果、二人の傑出した言語能力の持ち主であるジョン・F・アイソ（John F. Aiso）とアーサー・カネコ（Arthur Kaneko）が見出され、陸軍情報部語学学校に配属された。この二人は、アキラ・オシダ（Akira Oshida）とシゲヤ・キハラ（Sigeya Kihara）という二人の一般市民インストラクターとともに、この学校の初代のスタッフとなった。そして六〇人の学生が選ばれて最初のコースに出席した。一九四一年一一月一日に陸軍第四軍情報部語学学校（Fourth Army Intelligence School）が発足した。

◉語学学校の進展

国防省はいまだにこの学校の必要性を確信していなかった。この試行にわずか二〇〇〇ドルをあてがい、サンフランシスコのプレシディオ陸軍基地の、孤立した片隅にある飛行機格納庫に学校を設置した。この学校の唯一の取得は、ゴールデンゲイトブリッジとマーリンカウンティー（Marin County）の丘の雄大な眺めであった。しかし少人数の士官と教師の幹部グループは、設備を間に合わせることに忙しすぎて、景色を見るどころではなかった。ラスムッセン大尉やウエッカーリング中佐が日本から持ち帰ったもの以外ほとんど教科書がなかった。それも全面的に改訂が必要であった。六〇人の学生用の教材が何とか用意され謄写印刷された。何かの教材を印刷する際には、少ない予算を倹約するために、二人の士官がサンフランシスコ中の廉い印刷所を探した。テーブル、椅子、タイプライター、紙、事務用品についても同じ努力が必要であった。学生はオレンジ箱に腰かけ、質素なテーブルを使い、ぶつかりながら木工技師の隣で勉強した。格納庫の半分は教室に転用されて学生はここで学び、残りの半分は宿舎となり、学生はここで生活した。

一九四一年一二月七日、日本の飛行機がパールハーバーを攻撃し[41]、ここを基地としていた艦船のほとんどが沈没し、アメリカは突然、日本だけでなくドイツ、イタリアとも戦争に突入した。怒りは国中に拡がって、西海岸の多くの住民はパニックに陥り、恐れと疑いと内に秘めた怒りを居留日本人に向けた。フランクリン・D・ルーズヴェルト（Franklin D. Roosevelt）大統領[訳者注①]は、移民か市民権所有者かを問わず、日本人を沿岸部各州から一掃することを軍に命令し、軍は急いで日本人を集め、彼らを内陸のキャンプに移動させる準備を始めた。当惑した二世の語学生は、彼らの家族や友人が強制的に退去させられ、競馬場の集結センターに移動させられるのを見た。家や車や店舗やボートは売却もしくは放棄され、預金や銀行口座は驚く彼らの目の前で現金化された。ルーズヴェルト大統領が、パールハーバーを「汚名とともに残る一日」と呼んだことの中に、語学学校の生徒が二つの意味を見出したことは驚くに当たらない。一つには、彼らの仕事が秘密扱いであるために、他の部隊との合流は不可能なことであった。また二つ目として、軍の制服を着た人であっても、彼らが日本人の顔つきをしていれば侮辱と差別の対象となったことである。そこで彼らは格納庫の中をうろうろし、送還の噂に曝され、家族を心配し、自分たちが正しいことをしているのかどうか迷った。

パールハーバーの攻撃と日本人住民の西海岸からの撤収が、語学生の士気に強い緊張を引き起こしたのであれば、それは語学校の必要性を明らかにするものであり、ウエッカーリング中佐やラスムッセン大尉の仕事の正当性を立証するものとなる。小規模な陸軍情報学校は、いまや突然、最上位の組織となった。それは陸軍情報部語学学校として国防省の直轄となり、場所もずっと広いミネソタ州サヴェイジの兵舎に移った。サヴェイジは低所得の高齢者のために国が用意した住居で、その旧来の施設の建物の周りに、軍が急いで建てた教室や宿舎、スタッフ用住宅などがあった。そこの卒業生に対する需要の増大に応じるために学校が拡大するにつれ、向う三年間工事が続いた。ポールが冬の半ばに着いてみると、サヴェイジは未完成で粗末で凍えるような寒さであった。雪が積もっていたが、それが解けると、道路はどろどろのぬかるみになった。カリフォルニア出身者は、ミネソタの冬は試練だということを震えながら悟った。そしてポールが頭を暖かくするために白い毛皮の帽子を被っているのを羨み、

MISLS 時代のラッシュ

41　時差の関係で、開戦は、現地では一二月七日（日）であった。

制服の規則をいつも無視するのを称賛した。ポールは人材登用担当となり、また「東洋における戦争の背景と原因」とか「日本軍」などのテーマで講義をした。彼の旧くからの友だちの中には、士官、教師、日本での経験を持つスタッフメンバー、宣教師、会社員、日本文化の研究者がいた。

学生の募集に、以下のような複雑な問題が起こることは予想されたことであった。なぜならば、すでに従軍中の適任者たちは検査を受けてきており、辛いカリキュラムを課せられるトレーニングは修了済みである。しかしいま必要とされる新人は収容キャンプに抑留中で、軍務につく資格がないからである。というのは、彼らは同年代のアメリカ人男性と同じように「選抜徴兵」(Selective Service)として登録する必要が[訳者注②]あったが、しかし「4-C」という特別な徴兵の分類記号を与えられた。この分類は、該当年齢よって徴募された男子のグループに属するが、しかし忠誠が疑わしいということで任用が延期された者を指している。この分類によれば、最も愛国的で語学に秀でていても、軍務に志願することは許可されず、軍への入隊には不適格とされた。二世のうちの多数は二〇歳から二五歳の年齢集団に属しており、鉄条網の塀の中の殺風景なキャンプで過ごしていたが、一方、彼らをここに収容した政府は、彼らの働きをとりわけ必要としていたのである。

◉日本人移民の排斥

旧態依然とした帰化に関する法律、アメリカ人の甘いもの好き、海軍の作戦、政策のご都合主義、これらはすべて若い二世とアメリカ政府の関係をもつれさせ、矛盾した状況を作り出している。アメリカ人は長期にわたり、労働者——できうれば安い労働者——を求めており、それをまず日本人の移民に期待した。しかし日本人移民は、自分たちの能力によって機会を活かし、アメリカ文化の理想を受容して、「日本人の顔をしたアメリカ人」という世代を生み出した。

一八七五年に、その当時独立国家であったハワイは、アメリカとの協定を結んだ。それによれば、ハワイの砂糖はアメリカ本国で関税を無税とされる代りに、パールハーバーに海軍基地を作る権利を認めたのである。アメリカ海軍の将官は素晴らしい投錨地の獲得に満足した。ここから軍は島々を利用できるようになる。ハワイの人々は、砂糖工場を有利に発展し得ると楽観的に予想した。彼らは大農場での労働者が必要だったので、働く日本人労働者を送り込む許可を日本政府に求めた。しかし二五〇年の鎖国から抜け出し、閉鎖的な文化に対するアメリカ人やヨーロッパ人の圧力に対抗しようとする日本人は、故国を離れて労働者になることを拒んだ。移民が法制化され、日本人労働がハワイに向かうのには一八八四年まで待たなければならなかった。彼らの多くは移住先に留まって、やがてハワイ諸島における一大民族集団になった。しかし、ある者はさらに合衆国を目指し、他に日本から直接にアメリカに行く者もあった。この当時、入国は簡単な手続きで行われたのである。ほとんどの移民は若い人たちで、広島、熊本、山口などの地方の県の出身者であった。一八八九年から一九〇八年の間に八四、五七六人が移民として色々な国に移り住んだが、その多数はハワイ、合衆国、カナダであった。

　カリフォルニアに来た人たちは、最初は農民たちから歓迎された。当地では慢性的に労働力が不足しており、集約的農業の腕をもっている働き手を雇うことを喜んだ。他の日本人は家事仕事や単純作業の労働者になった。カリフォルニアの人が「スクールボーイズ」と呼んだのは、英語を話すことやアメリカの流儀を身につける間、やすい賃金で家事労働をすることを望んでいる若者たちのことであった。大望のある日本人にとって、独り立ちする道は店を経営することか農業であり、間もなく農業者は自分の土地を買い、町に住む人は店を持つようになった。互いの合意のもとに、彼らは白人と離れて、ロスアンゼルスの「リトルトウキョウ」のような日本人地域に住んだ。

　白人のカリフォルニア人は、大志を抱いた日本人と一緒にいることがあまり愉快ではなかった。彼らはすでに中国人の移民を止めることに取り組んでおり、いまや日本人が煽動的なキャッチワードである「黄禍」にあてはまる厄介者とされた。一八九五年に日本が中国に勝ったこと[42]は、白人たちを動揺させた。さらに

42　日清戦争を指す。

一九〇五年に、白人のキリスト教国であるロシアに日本が勝ったことは、[43]多くの米国人に日本人を厄介で恐ろしい人として見る目を生じさせた。カリフォルニアの政治家であるジェームズ・D・フェラン（James D. Phelan）[訳者注③]はこの様子を見て、ある警句を思いつき、一九〇七年に熱を込めて宣言した。「日本はいまや世界的勢力をもっており、すでに太平洋の支配権を掌握している。このことは結局アメリカとの葛藤をもたらすだろう。」〈ダニエルズ〔Daniels〕『偏見の政治』一四頁〉

セオドア・ルーズヴェルト（Theodore Roosevelt）大統領[訳者注④]の任期中に、日米関係の摩擦を減らすいくつかの手が打たれた。ルーズヴェルトは日露戦争を終結させるために一役買った。彼は日本との一つの合意に向けて協議した。それは、ルート・高平協定[訳者注⑤]で、これによりアメリカは、アジア大陸、特に満州での、日本の一定の利益を承認した。ルーズヴェルトはアメリカ向けのパスポートを持たない日本国籍者の入国を拒否することによって、日本からの移民を排除することを要求する人にもご機嫌をとった。この排除はメキシコ、カナダ、ハワイを経由して入国する人にも適用された。結局、彼はアメリカへの日本人の入国を制限する日本との紳士協定を結んだ。この協定から除外されたのは、以前からの居住者、その親、妻、子どもおよび自営農民であった。黄禍の恐れのもとで過ごしていたカリフォルニア人は安堵の息をついたが、微妙な文言を読み過ごしたのである。大統領も各省の長官も、以下のことを予見しなかった。つまりこの協定では、数千人の日本人独身男性が妻を呼び寄せることを奨励している。そして彼女らの大半が、日本の伝統的なしきたりに従って、男性の故国の出身地にいる家族たちによって選ばれるということを見通せなかったのである。多くの結婚は委任状によって行われたが、これは日本の法律では完全に合法であった。日本人問題が解決したと考えたカリフォルニア人が知ったのは、同州での成人日本人の人口が一九一二年の三二、七八五人から、一九二〇年までに四七、五六六人に増えたことであった。この中の夫婦には当然ながら子どもが生まれ、その子どもたちはアメリカ市民である。ある人々にとってこれは厄介な増加であった。

◉移民たちの葛藤

アメリカの国籍は出生地主義の原則に基づいており、アメリカで生まれた子どもは誰でもアメリカの国籍を持つ。同時に、海外で生まれた、両親がアメリカ人である子どもの国籍が要求された場合は血統主義も取り入れているが、そのようなケースでは二重国籍の可能性が認められる。より過激な排他主義者は、両親が国籍保有に適合した人種でなければ、その子どもがアメリカで生まれた場合でも米国国籍は認めないように憲法を改正することを要求し始めた。

日本人によっていくつもの帰化のケースが各所の下級裁判所に持ち込まれていた。一九二二年一〇月に連邦最高裁判所は、小沢孝雄と合衆国との関係に関する事案に対して規定することに同意した。「日本生まれの日本人」である小沢氏は、一九一四年にハワイ地方裁判所に国籍取得を申し出た。彼は合衆国に一〇年間住んでおり、バークレイ・ハイスクールの卒業生で、三年間、カリフォルニア大学で学んでいた。そして子どもたちをアメリカの学校で学ばせていた。家族はアメリカの教会に通い、家庭でも英語を使っていた。最高裁判所は、彼が人格的にも教養の面でも市民権の資格を十分に持っていると是認はした。しかし、一七九〇年の最初の帰化法は、「自由な身分の白人であるどんな外国人も……市民権を得ることが認められよう」としており、また一八七〇年法では、「アフリカの出身者およびアフリカ人の子孫」を含むとして帰化法が拡大された。しかし、小沢氏は「白人」でも「白色人種」でもなく、「アフリカ出身者またはその子孫」でもなかった。そこで裁判所は「彼は除外該当者側に属し、帰化承認の全くの対象外」と認定した。〈最高裁判所報告書　四三号　一九二二年一一月から一九二三年七月　六五～六九頁〉

アメリカ国籍所有の如何に拘らず、日本人の移民は結婚し子どもを育て、懸命に働き、自分たちが生活する上での法的な障壁を我慢するか、それともどうにかその障壁を避けて生活するかしていた。典型的な移民家族の一例では、一九一八年から一九二二年にかけて、

43　日露戦争を指す。

三五歳の父親と二五歳の母親の間に子どもたちが生まれた。そのうちの男子は、戦争が始まった一九四一年に二〇歳台の若者になっていた。彼らが文化的にどのくらい日本人だったかは、近隣の人たちにははっきりしなかった。その近隣の人たちは、大きな偏見を持たずに彼らを一緒くたにして見る傾向があり、その日本的な振る舞いだけに注目した。

そのことは彼らの両親によっても理解されておらず、親たちは子どもたちを、驚くほどアメリカナイズされ、独立し、日本人らしくないものと見做していた。彼らの多くは日本語の読み書きのために、いやいやながら語学学校に通った。そして両親との折り合いのためにだけ家で日本語を話した。しかし彼らには近隣のアメリカ人とは全く異なっている一つの側面があった。それは、彼らが家族との強い結びつきを保っているということであった。

そこにパールハーバーの事態が発生した。そして西海岸のすべての日本人が陥った異常な興奮状態の中で、彼らのうちの約三〇万人は海岸地帯から動かされ、内陸西部の隔離された地域の強制収容キャンプに押し込められた。収容された人の中には、この状況を苦々しく受け止め、好戦的な日本支持者になる者もいた。ある人たちはその時の時流にまかせ、収容を容認し、成り行きを見守っていた。さらにまた他の人は、収容を忠誠のテストと見做して力の限り協力しようと決心した。最も当惑したのは4-Cの徴兵カードをもった召集年齢集団の若者であった。

キャンプができるやいなや収容者はそこに移り、興奮は収まった。そして政府の役人たちは次の性急な考えを練り始めた。一九四三年二月二八日に陸軍長官ヘンリー・L・スティムソン（Henry L. Stimson）[訳者注⑥]は、特別部隊を編成すると発表した。それは全員がアメリカ生まれの日本人志願者によって編成されるのである。この発表に従ってすべての収容キャンプで登録と名簿作りが行われた。しかし結果は不満足なもので、三五〇〇人の割り当ては満たされなかった。適任者が応募しなかったが、それは部隊が人種的に排他的であること、ヨーロッパに派遣される見込みであること、そしてより一般的にはアメリカの理想への幻滅ということなどの理由によるものであった。ハワイの二世は強制収容をされなかったが、ここの志願者は第四四二連隊戦闘団の割り当てを満たし、数年の内には、イタリア方面作戦の伝説的な武勇伝[訳者注⑥]を生み出すことになった。

◉二世志願者の入学と北川台輔

以上が陸軍情報部語学学校の生徒として見込まれる若者たちの背景であった。機密保持の必要から、広告は出さずに要員を募集するために、どうすれば情報関係の志願者を説得しうるだろうか。ヨーロッパでの戦闘部隊への参加を拒否した人間が、何故アジアでの情報活動に挺身しなければならないのか。ポールとカイ・ラスムッセン大佐には、何よりも重要な一つの問題があることが分かっていた。本当に愛しているアメリカと、殊更に強い結びつきをもつ家族への忠誠との間の葛藤を彼らはどのように解決できるだろうか。

ポールは、二世の志願者を援け得る一人の人物、特に本質的には宗教的な問題に関わる支援という面ではおそらく唯一である人物を知っていた。しかしその人は日本国籍で、敵国に属する外国人であり、カリフォルニアのトゥル・レイク（Tule Lake）強制収容所に収容されていた。その北川台輔は台湾で生まれ日本で育った。奈良の学校で学び、後に立教大学に進んだ。ポールは一九三〇年代の前半に学生であった彼と知り合いすぐに親しくなった。北川は聖公会神学院を修え、福井で伝道師として働いた。それからアメリカに渡り、ニューヨークのゼネラル神学校で二年間学んだ。その後、ワシントンの二つの日本人会衆、またシアトル（Seattle）とケント（Kent）[44]の教会の司牧者として働いた。戦争が始まると、彼の羊（信徒）と共にトゥル・レイク収容所に入った。この人こそポールたちが必要としている人物に思えた。しかし彼は敵国人であり、政府が彼を完全に解放し、情報学校の数マイルの敷地の中で彼を一人にするとは考えられなかった。それにアメリカ情報部の都合のために北川がキャンプを離れ、彼の二つの教会の信徒を置き去りにするということも考えられなかった。ポールがしてきたことに対す

44　シアトルはアメリカ東北部のワシントン州の都市、ここでいうケントは、ワシントン州にある都市。

る、以下のような北川自身の意見もあった。

一九四一年初めの国務省の公式な勧告に抗して、あなたが東京に留まっていると聞いたときに、私は心から敬意を抱きました。それこそ真に献身的な宣教師がすべきことだと私は思うからです。あなたが帰国された、というよりも交換船グリプスホルム号で送り返されたと伺い、それ以来ご無事なことを知り心からほっとしました。しかしあなたがアメリカ陸軍に志願されたと知ったときには大変混乱しました。あなたが在籍しておられるのが情報部であると分かり、がっかりしたことを打ち明けます。そのことがまず日本に、そして更にはアジア全体での宣教活動にどのような影響があるかと思い煩うからです。日米間に戦争が始まろうとしているときに、たてまえ上は純粋な宗教的関心から、日本のために一命を賭して残留の危険を冒した人物がおります。その人が帰国するやいなや、戦時中のお役所的な官僚主義が許す限りの早さで、アメリカ軍で働きたいと志願したのです。このことは、私にはひどくこたえました。というのも、戦争が始まったアメリカにいる日本人として、私も同じような事態に直面していたからです。私は交換船で日本に帰る機会を提供されました。日本、それは私の母国であり、そこでの救いのためにキリスト教の宣教に私の命を捧げた国でもあります。その母国が歴史上未曾有の危機にあり、最善の日本人たちによって最良のものが提供されることを必要としているのです。

一つの考えが私に帰国を思い留まらせました。キリスト教の宣教者として、また教会の司祭として、私はアメリカ国籍を持つ卓越した方々から絶対の信頼を受けてきました。この方々は他の日本人が誰もできないほどのアメリカへの理解を私に可能にして下さいました。万一あのときに私が日本に帰っていたら、私のアメリカに対する詳細な知識は、いま日本を支配している軍国主義的リーダーの注目を惹いたに違いありません。その知識は、アメリカ人の心情に関するものに比べると、政治動向や軍事力に関しては乏しく、そもそもそれらに対しては全体として無知なのですが……。多くのアメリカ人が私に寄せている信頼にどうして背くことができるでしょう。もし私がクリスチャンでなかったとしても、礼儀作法や礼節に関する日本人の感覚はそれに耐えられません。そこで私は帰国を断念し、この国に留まることにしたのです。

一九四三年の夏に北川台輔は、トゥル・レイク収容所を出る機会に恵まれた。それは、アメリカ聖公会が行う視察旅行に参加するためであった。この視察は、強制収容された日系アメリカ人の再移転の必要性を探るという意図から、内務省のために行われるものであった。このプログラムはアメリカ政府戦時移住局（War Relocation Authority＝WRA）が進め、米国連邦キリスト教協議会によって強く支持されていた。彼はミネアポリス[45]・アスレチッククラブでポールと会い、昼食を共にすることを承諾した。その日は暑くて湿気が多かったが、制服を着た友人とためらいながら会った。ポールの襟の中尉の階級章を見たときに、彼は怒りを感じたが耐えた。ポールは若い司祭を正面からみつめ、単刀直入に話を進めた。

「ダイスケ、この戦争は永久に続くわけではない。日本は負けると思う。そうなれば未曾有の惨状に陥るだろう。そこで日本の再建という課題が生まれ、そのためにはアメリカの援助が必要となる。アメリカは進んでそれをしようとするだろうが、どうすればよいかは分からない。その時には、日本人に知られ、信頼されたアメリカ人が必要となる。私はその日のために備えているのだ。私がこの仕事を選んだのは、これが日本に帰ることのできる最も速い近道だと思うからだ。私は日本に帰ることを恐れてはいない。今日、東京の都心にパラシュートで降下するとしても怖くはない。日本人の中に多くの友人がいるからだ。」

台輔の懸念と手厳しさは、明るく暖かい太陽のもとでの霧のように消えた。彼は、ポールにとって戦争は東京に戻るうえでの障害であること、そして彼はその障害を他の障害を処理するのと同じように扱っている――それを除去するために全エネルギーを注いでいる――ことを理解した。

45　ミネソタ州東部に位置する同州最大の都市。

「あなたの言ったことが理に適っているかどうかはともかく、あなたの気持ちはよく分かった。それが私にとって重要なことだ。あなたは真のアメリカ人であることを自分で示した。と同時に人としてできる限り日本を愛し、アメリカ人だけがもつ気前の良さを備えている。」

間もなく台輔はトゥル・レイク・キャンプから無期限で解放され、ミネアポリスに移された。語学学校は再度移動し、いまはフォート・スネリング（Fort Snelling）[46]の、より広い基地内にあった。ポールは戦時移住局の官僚主義やアメリカ陸軍および聖公会に働きかけ、問題を抱えた二世の若者の牧会者として、台輔をミネアポリスに赴任させる道を切り開いた。台輔が法務省長官に報告をしたときに、「貴君は敵国外国人として、ミネアポリスを離れる度に許可証を受けることになろう。しかし牧師なので、長官は三か月間有効な包括パスを発行するだろう」と告げられた。彼はこの許可証を受けたが、どんな軍事施設にも近づかないようにと警告された。しかし彼がフォート・スネリングに出向くと、学校司令官のラスムッセン大佐は彼を歓待し、いつでもどこにでも自由に校内を歩ける許可証を与えて言った。「ここはあなたの教会区（パリッシュ）であり、ここの人はあなたが司牧する教会区員です。」ポールはただ「今は国籍を云々する時間ではない」と言っただけだった。

● 日米文化の狭間で

普通の白人のチャプレンでは、語学学校生の緊張を理解できなかった。ここの学生たちは国に対する通常以上の貢献をしてきた。そして彼らは、枢軸国が勝つことによって世界にもたらされるであろう暗黒をはっきりと認識していた。同時に、彼らの両親に対する強い愛着を抱いて日本文化の中で育ったという一面ももっていた。志願した人のほとんど全員は、それぞれ固有の問題を抱えていた。ロバート・サカイは後に極東の研究者になり、ハワイの東西センター（East West Center）の教授となったが、彼の入隊期間が終わる前に妻と幼い息子が到着していた。彼は四か月間、語学学校で学び、入隊期間が終了する前に六か月コースをほぼ終えて、彼の報酬を得ることができた。

ジョージ・モリミツ伍長は冴えた筆で家族生活を書き「これぞ我らが両親」という題名をつけた。彼と兄弟姉妹はいくらか日本食を食べ、日本の祝日を祝ったが、その背景には無知であったし関心も薄かった。働き者の母親は全く英語ができず、息子、娘たちのルーツはアメリカにあった。しかし、言葉は母と子どもたちの間で通じない壁であった。彼女は収容所に送られてから英語を学び始め、数か月の間にジョージに短い手紙を書いた。末尾に書かれた妹からの追伸によれば、母はこの手紙を書くのに四時間を費やしたのだった。四か月後にまた母からの便りがあった。

ジョージさま

お元気ですか。一生懸命にお励みのことと思います。私がそちらに行って何かお手伝いができればよいのですが。

敷物とお菓子のクリスマスプレゼントを有難う。敷物はちょうどぴったりで愛用しています。部屋によく合います。色合いも気に入りました。毎日とても寒いので重宝して使っています。

私は初めて英語の読み書きを勉強していますが、初めの頃は英語の読み書きは好きではありませんでした。私にはとても難しいからです。今は少し英語が分かるようになりました。

どうぞお大事にしてください。

かしこ

母より

ジョージ・モリミツと母との間の言葉の壁は取り払われた。

◉語学学校での宣教活動

日本で知った青年たちに対して感じた宣教師としての熱意のようなものを、ポールはいま、二世の兵士たちに移し替えていた。北川台輔は日曜日ごとに聖餐式を行うためフォート・スネリングのチャペルを訪れた。そしてポールは、事あるたびに学生たちに日曜日の礼拝に出ることを勧めた。彼は近くの二つの町の赤十字支部に行き、日曜日ごとに礼拝後の食事の世話をして

46　ミネソタ州内にある。

くれる有志を誘った。彼は、日米人聖歌隊を編成するのを支援した。この隊は、もともとは男性だけだったが、あるWAC（Women's Army Corps＝アメリカ陸軍婦人部隊）の部隊がハワイから来た際に、女性がクワイアーに加わりレパートリーを増やすことができた。この聖歌隊はクリスマスの礼拝でミネアポリスの聖マルコ大聖堂で歌い、また人気のあるラジオショーである「アーミーアワー」に出演し、毎日曜日の午後に全国向けに放送された。二世兵士はフォート・スネリングのチャペルやミネアポリスの白人の諸教会で最初の歓迎を受けた。そして彼らのうちの何人かは新たな関心を抱いてキリスト教に接した。ポールは洗礼を受ける者の多くの教父となり、「ポールパパ」の愛称をもらった。

全く偶然のできごとの結果、彼はオオカミだとの評判を得た。ある晩、一人の兵士が数か月の留守の後で大変遅い時間に家に着いた。彼は幼い息子が眠っている暗い部屋に入った。子どもが目を覚まし制服を着た男を照らして叫んだ。「やあハロー、ポールパパ！」。この事以来、親しい友人の間でポールは「ウルフィー（おおかみちゃん）」と呼ばれた。

毎日の長い時間、学生は言葉に関わる仕事をし、日本軍の戦術について学んだ。彼らはまた、射撃、行進、集団訓練などの軍事訓練を受けた。そして宿舎で、消灯後も毛布を被り懐中電灯をつけて勉強した。いまや卒業生は、太平洋一帯のサンゴ礁やビルマのジャングル内の部隊で働いていた。日本語の地図の読みとり、作戦計画の翻訳、捕虜や一般人の尋問、無電による通信の解読などの言語活動ができる人がいなければ、アメリカ軍は深刻なハンディキャップを蒙ったであろう。退役した卒業生が学校を再訪し、そのことが学生たちの士気を高めた。二世の中でヒーローとして帰還したのはダニエル・井上建中尉と松永正幸中尉で、二人は二〇年後ハワイ州選出の上院議員および下院議員を務めた。訳者注⑦

しかし、全員が帰還したわけではなかった。フォート・スネリングの人々は基地のチャペルに集まり、最後に存分の貢献を果した卒業生を称えて記念礼拝に参列した。ポールは回想の一端を話そうとしていた。彼はTEC5（テクニシャン5級）のウイリアム・オカモトがキップリングの「退場（Recessional）」訳者注⑧を歌うのを座って聞いていた。

騒ぎも叫びも静まりて
ふなおさ（船長）も王たちも立ち去りぬ
汝がいにしえの捧げもの
つましき悔ゆる心を残して

ポールが立教のチャペルに座り、もう一つの記念礼拝に連なっていたとき以来六年が経っていた。彼はプログラムの表紙に載っている人名リストを眺め、涙があふれた。リストの最後には次の言葉があった。「まだ報告されていない別の人々も」。「退場」の最後の音色が消えたときに、彼は制服を正し、話をするために立ち上がった。

［訳者注］

① フランクリン・D・ルーズヴェルト　第三二代アメリカ合衆国大統領（民主党）。一九三三～四五年までの足掛け一三年、四期に及ぶ大統領在任は歴代最長である。在任中の世界恐慌による不況に対しては、政府が経済活動に積極的に関与するニューディール政策により、雇用・貧困対策、福祉政策などを推し進めた。日米開戦の真珠湾攻撃の日を「屈辱の日」と呼び、対日強硬策を推進した。同大統領の大統領令によって、アメリカ国内に住む日系人は強制収容されたが、この措置を受けたのは枢軸国系の住民でも日系人だけであった。

幼少時に罹った病気（ポリオと言われている）の後遺症で重い障がいを受け、車椅子生活を続けていたが、大統領四期目の一九四五年四月に脳卒中で死去した。ドイツ、日本の降伏を目前にして、副大統領トルーマンが後継者となった。第二六代セオドア・ルーズベルト大統領とは遠縁の従兄弟にあたる。

② 「選抜徴兵」として登録　一九四〇年九月にアメリカ議会で成立した「選抜訓練徴兵法」は、二一～三〇歳の男性に「選抜徴兵登録」を要求し、被徴兵者に一二か月の兵役を義務づけた。更に、第二次世界大戦に参戦した際に、一八～四五歳のすべての男性に徴兵登録を義務づけ、被徴兵者の兵役期間を一八か月に延長した。

③ フェラン　ゴールドラッシュで財を築いた銀行家、貿易商。サンフランシスコ市長、合衆国上院議員などを務めた。

④　セオドア・ルーズヴェルト　第二六代アメリカ大統領（共和党）。日露戦争終結に向けて仲介の功績が評価されノーベル平和賞を授与された。フランクリン・ルーズヴェルト大統領とは従兄弟同士である。

⑤　ルート・高平協定　高平小五郎駐米大使とアメリカ国務長官エリフ・ルートとの間で一九〇八（明治四一）年に結ばれた協定。両国の海外領土やそこでの管理権について承認もしくは黙認した。原著にはタカハラと記述されているが、正しくはタカヒラである。

⑥　スティムソン　太平洋戦争当時のアメリカ陸軍長官。日本人強制収容の執行を指揮した。原爆製造や日本への投下も積極的に進めた。

⑦　第四四二連隊戦闘団の武勇伝　一部の士官を除いては日系アメリカ人だけで編成されたこの部隊は、ヨーロッパ戦線に投入され、数多くの激戦を展開した。アメリカ史上最も多い勲章を受けた部隊であると言われている。

⑧　井上建、松永正幸　二人とも日系人部隊である第四四二部隊の一員としてヨーロッパ戦線に参加し多くの戦功をあげ、「英雄」としてアメリカ国民に迎えられた。井上は五〇年近く上院議員として活躍し、その間に上院仮議長に選ばれて議会で重きをなした。

⑨　ラヤード・キップリング（Rudyard Kipling）が作詞した英国のヴィクトリア女王即位五〇年祭（一八九七年）のための歌。大英帝国の繁栄を讃えながら、すべてのものが無に帰する予感をも含んでいる。

第八章　ＡＰＯ（陸海軍軍事郵便局）５００番局

連合国軍最高司令官総司令部が設置された第一生命館

◉終戦

「飢え、涙、混乱、そして平和」これは一九四五年八月の東京の姿であった。木村毅[訳者注①]は空襲が続く間も家族と共に東京に留まった作家である。五月二五日の夜を徹した空襲で、氏が住んでいた地域は爆撃と火災に見舞われ、周りのわずか三〇軒ほどの家が被災を免れて島のように残り、彼も難を免れた。友人で、作家・学者であり、一時アメリカ議会図書館の日本課長であった坂西志保[訳者注②]がしばしば彼に会いに来た。当時、彼女はアメリカのラジオ放送のモニターとして日本政府のために働いていた。そこで彼女は、一般人に知らされる前のニュースの端々を彼に伝えていた。ある日の朝、彼女はいつもよりも個人的な知らせを持ってきた。「木村さん、私は焼け出されました。」それから程遠からぬうちに彼女は再びやってきて、「東京は戦略上の都市、工業的な都市としての価値を失った。従ってこれ以上の空襲はしない。いまや他の標的に優先順位がある。」と、アメリカは伝えていると告げた。彼女の言うとおり東京の空襲はもうなかった。

木村にとって、首都での生活が急速に窮乏していることははっきりしていた。食べ物はなく、栄養不足の兆候は普通のことだった。若者でさえ足が震え、駅の階段を上る際の消耗で息を切らせた。彼ら夫妻は、空き地に夏に育った雑草を集め、それを茹でて食べた。家の近くには高射砲が備えてあり、その任務にあたる兵士が水を飲みにしばしば彼の家にやってきた。その兵士たちは、「自分の上官たちは、我々の食堂に配られる食糧をどさくさに紛れて自分の家族のために持ち帰る。それから上官たちは下士官兵の食事の場所に行き、そこで配られる乏しい割り当てを分け合うのだ。」と言って不平を漏らした。兵士たちは絶えず空腹だと繰り返し彼に訴えた。「もし兵隊が不満を口に出し始めれば革命が起こる。間もなくアカがやってきてそれをリードするだろう。そして町中に赤旗があふれるさ。」木村は、これは新たな事態に思えるという点で合意し、レーニンの著作やロシア革命でのトロッキストの歴史を読み始めた。しかし革命は起こらなかった。兵士は不平を言ったが、しかし砲を守り空腹に耐えた。

それから原子爆弾が広島と長崎に落とされ、坂西が来て言った。「木村さん、終わりです。」ソヴィエトが対日宣戦を行い、和平を目指して協議が進行中で、日本は無条件降伏を受け入れようとしていた。

ほとんどの日本人は情報を入手する手段を持っておらず、降伏のニュースを一九四五年の八月一五日に聞いた。これは最初にラジオで放送され、天皇が決定を知らせた。木村夫人は泣いたが二人の娘は何の感情も示さなかった。氏は「無事であったことに感謝する。家族は爆弾の直撃にも遭わず餓死もしないで済んだ。」と思った。塀の反対側の女学校の校庭からは悲痛な泣き声が聞こえた。その夜暗くなって、空襲から焼け残った数件の家に灯りが灯るのを見た。翌日の朝、高射砲は静まり、彼の庭の草むらと木の枝では小鳥の声が聞かれた。その声を聞いて彼は本当に戦争が終わったことを実感した。

◉ポールの日本帰還

三日後、ポールはフォート・スネリングで、マニラと日本に行くようにとの命令を受け取った。学生と同僚は彼の無事を祈り、婦人部隊所属のハワイの女性は彼の首にレイを掛け、別れのキスをした。彼は白い毛皮の帽子を最高のせり値をつけた人に売った。日本への航路は再開されており、彼が太平洋を渡っている間に急《せ》く気持ちは高まった。そこに着いて何を見るだろう。旧い友だちの内の誰が無事に存命しているだろうか。彼はマニラで対敵防諜部隊（Counter Intelligence Corps）の隊長に報告を行い、日本に直行するようにとの指示を受けた。

東京への帰還直前のポール・ラッシュ少佐
1945年8月

東京に着くと最悪の危惧が現実となっていた。日本は長い歴史の中でまさに未曾有の惨状にあった。金融

47　Army & Air Force Post Office　500は、GHQ本部郵便局の局番。

街の建物が建つ都心では、帝国ホテルと皇居の堀を囲む石垣は残っていたが、隅田川沿いの工業地帯や川崎の工場群は完全に破壊されていた。住宅や商店の半分は姿を消し、残っている数百万の住民は瓦礫から集めた廃材で囲った掘立て小屋に住み、トンネル内に密集し、あるいはまだ家を持つ親戚に集まっていた。かつて、モーニングや制服を着ていた紳士たちは上着やセーターを着て足を引きずり、上品な和服を身につけていた婦人たちはだぶだぶのモンペをはき、ぼろぼろのジャケットを着ていた。工業生産はほぼマヒ状態で、戦争前の通常の時期の約一〇%にしか及ばなかった。しかもそのほとんどは、鉄カブトや廃物の中から壺とか鍋を作ったり、廃材から木製の家具などをあてもなく作る時間つぶしの仕事であった。無気力と絶望の空気が澱んでいた。日本という国家が、あたかもその大義への最後の努力をしたあげく、とうとうショック状態の国へと陥ってしまったかのようであった。

ポールの最初の関心は友だちを探し出すことだった。上陸するとすぐ第一ホテルに宿泊し、自由な時間があると友探しのために使った。一方、友だちの方も彼を探しており、間もなく、宅間聖智、金子忠雄、関口正吾、ロニー・チェンなどと再会した。ポールのオフィスでロニーと会ったときに彼らは手を握り、涙を流し嗚咽が止まらなかった。ロニーの戦時中の建設会社は銀座に事務所があった。六～七メートル四方ほどの小さな部屋であったが、そこに皆を集めた。ポールが着いた時に三十四人もの人がその部屋でひしめき合って待っていた。宅間と金子の子どもたちや、ロニーのアメリカ生まれの妻ルース・キド（Ruth Kido）も元気だった。彼女は、戦争前はアメリカ人の会社で働いていたが、戦争が勃発すると彼女の速記ノートは警察に押収された。警察はそれを返し、彼女にそれを英語に書き直し、さらに日本語に翻訳することを要求した。その仕事は戦争の間中たっぷりかかった。

彼がとても会いたくて見つけ出すことができない人が一人いた。その澤田美喜は鳥取にいて、息子ステファン[訳者注③]の死を悼んでいた。彼女は東京に帰ることを望まず、アメリカ人とは誰とも、ポールとでさえも会いたがらなかった。彼は友人に手紙を書き美喜の消息を聞いた。彼女は数か月後にやっと東京に帰った。澤田はポールを、先生、宣教師として覚えていたが、いまや進駐軍の将校である彼を横柄だと感じた。二人は言い争い、彼女は「無条件降伏の手紙」がなければ和解はないと告げた。ポールは降参して手紙を書き、念のために聖公会のチャプレンであるウイリアム・チェイス（William Chase）に副署名を頼んだ。

BSAが厳しい軍国主義的攻撃の下で解散させられていたこと、立教の五号館は焼けたこと、学校は強い国家主義者の手中にあったこと、清泉寮は売られていた[訳者注④]ことなどをポールは知った。日本聖公会は、内部分裂や戦時の弱体化に苦しみ、多くの教会は破壊され、司祭や信徒の不在のために閉鎖されたものもあった。

BSA第一支部の所属教会である東京聖三一教会は外壁だけが残っていたが、人々は率先して働いて焼け跡を片付けた。秋山基一司祭は、教会が爆撃を受けたあと避難していた青森から帰ることの許可を得た。二週間後、敗戦後最初の礼拝が東京聖三一教会で行われた。屋根もなく、信徒席や祈祷台もなかったが、オールター（聖壇）はあり、司祭が戻っていて、長く離れ離れになっていた信徒たちと共に礼拝を捧げた。

第二次大戦後の東京聖三一教会

●ＧＨＱによる日本統治

占領工作は順次進められた。第一機動部隊は「皆さんは第一機動部隊の東京での寛大な扱いの傘下に入っています」という広報板を立てた。そしてこの部隊所属の二世の通訳は、その前で自分たちの写真を撮ってもらった。軍は、間もなく新鮮な食べ物が手に入ること、冬用制服が一〇月一〇日に支給されると告げた。憲兵の東京司令官ヒュー・ホフマン（Hugh Hoffman）准将は、売春宿を閉鎖し、憲兵（ＭＰ）は、町中に「立ち入り禁止」の標識をつけた。軍の新聞である「太平洋星条旗新聞（Pacific Stars and Stripes）」は、その第二号に、和式便所で二人のアメリカ兵が戸惑っている漫画を載せた。通常通りの軍隊方式のきびきびした空気が満ちていたが、それは二つの国家が直面している課題の厳しさを覆い隠していた。

アメリカ側にとって、それは二重の課題であった。それは日本を非武装にすべきこと、戦争を起こす芽を摘み取ること、そして戦争指導者を裁くこと、それによって「新生日本」に生まれ変わるはずである。日本側にとっての第一の義務は、占領軍に協力することであるが、それは日本が期待されていることは何かを正確に見つけ出すことの難しさのゆえに、時として困難に直面した。第二には国際的な信頼を取り戻すための長い道程の第一歩を踏み出すことである。

しかし、東京のほとんどの住民にとって、さしあたっては生き延びることが何よりもの課題であった。その年の秋は悪天候が日本を覆い、台風が国中を吹き荒れ、寒気の早い到来のために、不当にも数千トンの不可欠な米が財政の負担となった。公式な食糧の配給は通常の規定食の約三分の一に落ち、主婦は銀杏を拾い、芋が育つ前にサツマイモの葉を採った。闇市があちこちに立ち、モラルと法を最も厳しく守る人々は、致し方なく食糧を得るために持ち物を安売りした。一月に連合国軍最高司令官（the Supreme Commander for the Allied Powers＝SCAP）は、占領を脅かすような「飢餓、病気、不安」から日本人を守る必要があるときのために、日本には食糧の保存があると伝えた。しかし十分な食糧はなく、全部の貯蔵が放出されても追加の食糧が必要なこと、アメリカがそれを賄わなければならないことがすぐに明らかになった。一九四六年三月に小麦、豆、玉蜀黍の船荷が日本に到着し始めた。イギリス、中国、ソ連の代表者による助言機関である対日理事会[訳者注⑤]は、救済物資の提供に不満を抱き、アメリカ政治顧問のジョージ・アチソン（George Atcheson Jr.）[訳者注⑥]に問い質した。何故アメリカは、敵国日本へ食糧を送るのかを知ろうとしたのである。アチソンは答えた。「アメリカだけが、アメリカ人の一定の犠牲の上にこの食糧を送っている。理事会がこの問題を適切に議論できるかどうか、私は内心、疑問をもっている。」〈Pacific Stars and Stripes 第二巻一二〇号　一九四六

年五月一日〉

病気は脅威であった。戦争中に医療機関は壊滅していたので、薬は不足し、栄養不良の住民は、伝染病にも欠乏症にも罹りやすかった。間に合わせの対策には、日本軍の医療用備蓄の分配や、医者と看護者訓練の応急的な計画が含まれた。発疹チフスが一九四六年四月に発生し、五七三人が伝染して亡くなった。しかしこれは制御され、他の大規模な病気の発生はなかった。

住宅の再建は、初年度は遅々としていた。東京では七七九、二二八軒が失われ、月々一千軒が建てられていた。東京都復興局局長のサトウ・ショウゾウは、食糧と木材の不足が建築の進まない主な理由だと報告している。建設資材を扱う活気のある闇市は繁盛し、乏しい資材がカフェーやナイトクラブを建てるために使われていると再三にわたり非難が起こった。幣原《しではら》喜重郎《きじゅうろう》首相[48]は、日本はこれから二〇年、三〇年の間の再建は無理で、自分が生きている内の復興を期待できないと悲観的に予想した。彼は日本の旧来からのディレンマを数え上げた。「日本にまず不可欠なものは食糧であり、それから工業生産の推進を可能にする原材料の輸入である。日本製品の輸出と販売は輸入の継続にこそ依存している。」〈Pacific Stars and Stripes 二巻五二号　一九四六年二月二二日〉

東京、横浜、大阪、名古屋、神戸、京都などの都市部の一〇歳以下の子どもたちは、母親や教師の世話のもとで疎開していた。これらの子どもたちは家や家族のもとに帰されなければならなかったが、ある子どもたちには家も家族もなかった。孤児のあるものは親戚に引き取られ、あるいは孤児院に収容された。しかし、占領の第一年目には、路上生活をする数千人の子どもが東京をさまよった。この子どもたちは浮浪児と呼ばれ、地下道、打ち捨てられた建物のかげや瓦礫だらけの空き地に住んだ。ある者は靴磨きをし、売春の斡旋者やスリになり、また闇市に入り込み、暴力団に加わる者もいた。東京サレジオ孤児院[訳者注⑦]のレナート・C・タッシナーリ（Renato C. Tassinari）神父は、この子どもたちの八〇から九〇％は、適切にケアすれば矯正でき

48　一九四五年一〇月九日～一九四六年五月二二日まで首相を務めた。

ると予測した。

連合国軍最高司令官は、政治犯の釈放、特高警察の廃止、特高警察に関係のあった内務省官僚の免職、思想、集会、信教、言論の自由を制限した法令、命令、条例の撤廃を命じた。天皇、天皇制、天皇中心の政治に関する自由な議論が奨励された。民間情報教育局（CIE）は、戦争犯罪に関する論説、映画、ラジオ番組の準備作業に取り掛かり、「武道」に関わりのあるスポーツを学校で禁止した。数ある超国家主義的映画、「人間爆弾志願部隊」「香港攻略　英国崩るるの日」「あの旗を撃て」「桜咲く日に刀がきらめく」[訳者注⑧]などは上映を止めさせた。戦争の開始以降日本で観られることになった最初のアメリカ映画は、リチャード・アレン主演の「ユーコンの叫び」[訳者注⑨]で、それには日本語の字幕がつけられ、一九四五年一二月初めに日本劇場と日比谷劇場で封切られ、立ち見席しか残らないほどの満員の盛況だった。

軍事資材は集められ破壊された。航空機のエンジンは燃やされ、弾薬は海に沈められ、軍用の倉庫や店は廃止された。「文部省承認済」の印のついた手榴弾が学校の教室から偶々見つかり必ず廃棄された。仁科研究所の巨大なサイクロトロン（素粒子研究用イオン加速装置）は粉砕し海洋に投棄された。武器や手榴弾の廃棄に反対する者はいなかったが、アメリカの科学者はサイクロトロンの破砕に呆れ、日本の図書館を焼いたり、印刷機を破壊する行為になぞらえた。陸軍参謀総長ドワイト・D・アイゼンハワー（Dwight D. Eisenhower）と国防省長官ロバート・パターソン（Robert Patterson）の両者はサイクロトロンの破壊を止めようとしたが、その命令が届くのが遅すぎた。日本人は核の研究を進めさせられていた。しかし軍部の指導者の関心は殺傷光線の研究に集中しており、核分裂の可能性を無視し、不運な爆発によって、ついに指導的な核科学者オーダン（Odan）博士を失い、また二つの実験棟が溶解してしまった。日本人が核分裂の可能性を認識したときには、アメリカでは原子爆弾は現実であった。

●CISでのポールの任務

民間諜報局（CIS）でのポールの部署は編集分室

（the Compilation Branch）[訳者注⑩]と呼ばれていたが、その名称はそこでの仕事を的確に表していた。この機関の情報員は、二組の「特高」カードを重視した。これらは戦争前に特別高等警察によって保存されていた記録である。マスターファイルは東京警視庁にあり、各県は一組の複製セットを保有していた。戦争終結の際に、セットの廃棄が命令された。しかし二組のセットが青森と静岡に残されていた。一組は校庭に埋められ、もう一組は急いで焼かれたが全部は燃えていなかった。この二つのセットから特高ファイルは復元され、英語と日本語のファイルとして組み合わされた。このカードには、警察の監視下にあったすべての人物の氏名、住所、偽名、経歴の詳細が記載されていた。編集分室はまた、聞き取りのための面接を指揮し、翻訳した。

一九四六年二月に原田熊雄男爵が死んだ。ポールは、原田が最後の元老・長老政治家であった西園寺公[49]に信頼された秘書であったことを知っていた。原田は西園寺公の考えを反映した日記[訳者注⑪]を保管していた。それは一九三〇年代、四〇年代の、独自の展望のきく立場からの日本の歴史の記録であった。二週間にわたって、ポールは宮内庁式部官長の松平康昌侯爵と共に故西園寺公の夫人と協議した。彼は再三にわたって、その日記を慎重に扱うことを約束し、それを安全に返却することを請け合った。確かに、その日記は耐火住宅に保管され、防火室で精査される。そして彼はその後で返すことを確約し、個人としての預かり証を書き、返却を名誉にかけて誓った。ついに日本の当局者はこの日記を彼に託することを承認し、旅行カバンに詰められて皇居から車に積まれて運び出された。ポールはサインをして安全に保管することと返却を改めて約束した。日記が皇居から移されるや、編集分室のスタッフはその複写の作業に取り掛かり、日本で最も有能な翻訳者であるスタッフが、一九三〇年のロンドン海軍軍縮会議から一九四〇年の野村吉三郎大将のワシントンへの派遣までの歳月の動向を解き明かす仕事に取り組んだ。その後、日記は返却された。

　この仕事は、一九四六年四月に開始された軍事裁判

49　西園寺公望（さいおんじ　きんもち）　詳しくは、訳者注⑪を参照。

の裏付け情報となった。二八人の日本の中心的なリーダーたちが摘発され、連合軍判事によって裁かれた。この被告の内の何人かは死罪を免れた。近衛文麿[訳者注⑫]は、彼の宮内省への忠誠を示す経歴によって、前後三回、首相就任を促されたが、その優柔不断で不適切な責任の取り方のために、日本の衰退と没落の実質的な原因を作ってしまった。そして彼は一九四五年一二月に服毒自殺した。この日本のハムレットは、威厳と儀礼を伴って最後の演技をなしとげた。それはおそらく彼の完璧な時間であり、君主に対する敬意を表した最後の行為であった。そして一九四六年六月に、激情家で反米主義者、元満鉄総裁、ヒトラードイツの崇拝者、大東亜共栄圏の構想者であった松岡洋右は、結核のために東京大学病院で死去した。彼は、軍事裁判の裁判官席の前で自分を弁護することに努めると最後まで言い張った。彼は壁に裂け目のある、床の汚れた手入れの行き届かない部屋で亡くなった。そして「悔いもなく恨みもなくて　行く黄泉（よみじ）」という辞世の俳句を残した。

他の被告は、二年間にわたる長い証言陳述の間、出廷し続けた。それは日本の侵略の強欲な全容と、国際的な道義に反する犯罪をあとづけるものであった。法廷が閉じられる際に、判決文の朗読に八日間を要した。判決は一九四八年一一月一二日に申し渡された。七人が死刑判決を受け、他の被告は刑期を言い渡された。判決は裁判に関与する一一か国の代表と、連合国軍最高司令官ダグラス・マッカーサー（Douglas MacArthur）元帥[訳者注⑬]およびアメリカ合衆国連邦最高裁判所によって執行前に審査された。死刑は一九四八年一二月二三日夜に、司令部を代表する証人立ち会いのもとで秘密裡に執行された。総司令部駐日米国政治顧問補佐役（後、正式顧問）ウイリアム・シーボルト（William Sebald）対日理事会米国代表がアメリカを代表して立ち会った。シーボルトは書いている。「死刑が執行された翌朝、仏教寺院、神道神社、キリスト教会の鐘が、それぞれの信徒に祈りのために集まるようにと鳴らされた。信徒たちが言ったことは『神のみぞ知る』ということであった。」〈シーボルト『日本でのマッカーサーとともに』一七六頁〉[訳者注⑭]

ポール・ラッシュのクリスチャンとしての良心は、

戦犯として捕えられた人たちの裁判に先立つ取り調べの日々に、厳しく試された。編集分室で任務中に、被告に不利な情報が出てくると、彼は報復的と名づけた。ポールが情状酌量の余地を探そうとし、日本人に固有の考え方や行動の動機を説明しようとすると、思いやりのない同僚は、彼が日本人を甘やかしており国家主義と軍国主義を大目にみていると考えた。「公正」は厳格な監視者であった。

◉ゾルゲ事件

西園寺の記録は戦前のスパイ事件、リヒャルト・ゾルゲ（Richard Sorge）の逮捕、判決、処刑を解明する手掛かりを提供した。ゾルゲは、ソ連の情報機関員であり、ドイツの新聞の公認の特派員、ドイツ大使館の報道顧問でもあったが、一九四一年一一月に逮捕された。同時に、ユーゴスラヴィアの記者ブランコ・ド・ヴーケリッチ（Branko de Vukelić）、ドイツ人会社員マックス・クラウゼン（Max Klausen）夫婦も同時に検挙され姿を消した。同じく逮捕された尾崎秀実《ほつみ》は中国通の日本人で、日本の政界の首脳たちの友人であり相談相手であった。[訳者注⑮] 太平洋戦争が翌月に始まり、連合国側は戦争が終結するまでゾルゲ諜報団のことを知らなかった。

リヒャルト・ゾルゲはドイツ人の父親とロシア人の母親との間の息子であった。第一次世界大戦ではドイツ軍に加わり戦争終結の混乱時にコミュニストとなり、ドイツとノルウェーでオルグ（組織加入勧誘員）として働いた。やがてロシアに行き、後に中国、日本で働くための訓練を受けた。ゾルゲは一九二九年に上海に着き、スパイ網と接触をもち、アメリカ人ジャーナリスト、アグネス・スメドレー（Agnes Smedley）[訳者注⑯] と知り合った。そこから東京に向かい一九三一年に入国した。彼はドイツ大使館の副駐在武官オイゲン・オット（Eugen Otto）に近づいた。ゾルゲは極東のことについて集中的に学んでおり、日本のことは熟知していて、日本人との接点をもっていた。しかしオットは、日本のことを何も知らなかった。やがて二人は毎朝コーヒータイムをもつようになり、ゾルゲの豊富な知識のおかげでオットは大使館の中で昇進し、ついには大使になり、友人ゾルゲを進んで報道担当官に任命した。日独関係がソ連にとって最も重大な要件になったときに、ゾルゲは東京にあるドイツ大使館の動向をすべて知る立場にあった。

ゾルゲと、日本の意思決定機関との間のパイプ役は、老練な中国通の一人である尾崎秀実であった。彼は隠れたコミュニストで、党からは金銭を受け取らない理想主義者であった。事実、彼はゾルゲ諜報団のその日暮らしのメンバーの出費をしばしば賄っていた。尾崎は学識者として卓越した評価を受けており、排他的な政府の派閥や党派に属していた。

一〇年にわたりゾルゲは新聞特派員として東京で働いた。彼は、ドイツ人の友だちや特派員仲間と酒盛りをして楽しみ、日本人の女性と親しい関係を保っていた。そして無線技士マックス・クラウゼンの助けを得て、一〇年間、定期的にソ連に情報を送った。クラウゼンは無線操縦士で、トランジスターのない時代に驚異的な小型の無線セットを作った。クラウゼンとゾルゲは、時には東京湾の釣り船を使うなどして送信サイトを定期的に移動させた。そのために警察はその送信機を見つけることができなかった。しかし、頑強なアンチ・コミュニストであるクラウゼンの妻アンナは、夫を諜報団から離れさせようと懸命に努めていた。隠れ蓑としての印刷の仕事が軌道に乗り始めたときに、クラウゼンは諜報活動に関心を失った。もう一人のメンバーであるブランコ・ド・ヴーケリッチもプライベートな生活の面でゾルゲに面倒を引き起こさせていた。ヴーケリッチは、東京の飲食店で働く女性と恋愛関係に陥り、妻との離婚を申し出た。そこでゾルゲは、妻がその不誠実な夫をあばくことなく東京を離れるように、彼女に相当な金額の現金を渡さざるを得なかった。

仲間たちの人間としての弱点にも拘らず、ゾルゲは顕著な成果をあげたスパイであり、尾崎の協力のもとで、日本の対外政策の動向に関する価値ある分析を送り続けた。ゾルゲのメロドラマの最終公演は、一九四一年の緊迫した数か月間に行われた。西部前線でドイツ侵攻の強い圧力に曝されたロシアは、日本軍がシベリアを攻略しようとしているのか、東南アジアに向かうのかのいずれかを知りたがった。ゾルゲは、日本は南方を目指すと正確な予測をした。

しかしゾルゲ諜報団の活動は終わった。一人の未成年の日本人コミュニストの偶然の逮捕で警察は芋ずる式にゾルゲにまでたどりつき、彼は尾崎や他の共謀者全員と共に逮捕された。長い取り調べの後、ゾルゲと尾崎は死刑判決を受け共に処刑された。ヴーケリッチは刑務所内で獄死し、マックス・クラウゼンとアンナは戦時中を生き抜いた。占領軍当局によって秋田刑務所から釈放され、一九四六年にロシアに帰った。[訳者注⑰]

　ロシアは非スターリン化の時期の後まで、ゾルゲの働きにほとんど注目しなかった。しかし、彼は一九六四年にソヴィエト連邦英雄勲章を授与され、モスクワの道路の一つには彼の名がつけられ、一九六五年には彼の写真付きの四コペイカ切手が発行された。

　ゾルゲ諜報団とその接触の記録が公開された際に、スメドレーは、彼女が共産党情報員であったという告発や、「ゾルゲ関連記録の公刊に責任をもつ軍当局を訴えると言って脅迫している」との告発に異議を唱えた。彼女が中国共産党の主義を支持していたことや、アメリカのニュースメディアでの彼らの弁護者であったという事実に拘らず、彼女はこの報道の根拠のない申し立てに憤慨していると主張した。アメリカでのいくらかの宣伝合戦の後、彼女はイギリスに渡り一九五〇年にそこで亡くなった。彼女は遺言で、遺骨と残っている地所を中国共産軍司令官・朱徳将軍に寄付した。そして中華人民共和国の友人として、北京にある、名誉ある革命家のための新しい墓地に、死去一年後に葬られた。

　ゾルゲの話は、もともとはコミュニストが日本でかなりの影響力を拡げていた時期に、占領軍関係者にソ連のスパイの戦術を知らせるために回覧されたものであった。指導者たちの釈放や占領当局が認めた自由のおかげで、コミュニストは労働組合や新聞紙上で影響力をもつ地位についており、情報員が学生組織に潜入していた。彼らはストライキやデモを扇動し、あるときは首相官邸に乱入し、またあるときにはゼネストで脅しをかけたりした。占領軍の意向を受けた政府や実業界リーダーの公職追放は、日本の行政能力をひどく弱体化させた。地方分権化された警察力はほとんど無力化し、不安定な経済状況は日本に共産主義のイデオロギーを受け入れやすくした。占領軍がゼネストの承認を拒否し、コミュニストのアジテーションの規制を強めることで、当面の危機は回避された。日本共産党による指導の誤りは、衆目のもとでその評判を落したことであり、不必要な暴力に頼ったり、天皇を絶えず攻撃するなどして自らの力を過信したことであった。

◉立教大学の再生

ポールは、日本に戻ったときに、全く立教に行く気になれなかった。一九四五年一〇月に、占領軍司令部は立教大学と中学校の何人かの日本人幹部を追放し、その人物は他のいかなる学校への就職も認めないと命じた。命令は立教を名指ししたが、他の八一校も改革が必要であるとしてリストアップされた。この命令は立教の学則の変更に対するものであった。[訳者注⑱]

理事者は一九四二年九月に、学則の条文の改訂と、キリスト教とのすべての繋がりを切断することを決めた。「キリスト教主義ニヨル教育」という条文は削除され、「皇国ノ道ニヨル教育」に変更された。「(理事は)日本聖公会聖職信徒中ヨリ之ヲ選ブ」という規定も削られた。一九四三年に、軍士官が総長になることを恐れた理事会の要請により、慶応大学教授三辺金蔵が総長に就任した。配属将校飯島信之中佐[訳者注⑲]は、文学部と経済学部の閉鎖と、代わりに理学、工学のコースの設置を総長に迫った。その結果、ほとんどのクリスチャンの教師は地位を失った。一九四二年にチャペルは閉鎖され、一九四四年には防空壕用の材料として内部の資材が持ち去られた。略奪は手がつけられなくなり、祭壇は汚され、キリスト教のシンボルにはセメントが塗り付けられた。熱狂的な飯島大佐は戦犯として起訴されたが、胃潰瘍のために留置される前に亡くなった。

追放を受けなかった教授たちは集まり、大学理事会に提出する決議を採択した。決議では、(一)大学内での信教の自由、(二)全教職員を中心とした民主的な組織の構築、(三)学内の反動的雰囲気の解消、(四)キリスト教と民主主義を奉じる教授たちの復職、(五)学生の自治と福祉の向上を保証するシステムの確立、という五項目を要求した。これと並んで、*新しく見出した自由を謳歌している学生たちを押さえつけないこと、*学習への意欲の回復を求めるプランを、すべてではなくとも可能なだけ含むこと、*文学部の再建、*自治的な同窓会組織の設立、*教授法改革のための基準の採用、＊規則的な出席を優先する奨学金決定システムの廃止、＊反動的な傾向をもつ教授の解任、＊公正な条件下での入学試験の実施、＊男女共学の実現、＊福利施設の設置なども採択された。訳者注⑳「福利施設」という言葉で何を意味していたにしても、優秀な若い日本女性が入学を許されることになって、結局は「男女共学」を実現したのである。

しかし、これらの改革には多くの資金の調達を待たなければならなかった。学校を襲った政治的トラブルに加え、戦前の三〇万ドルの基金は、二千ドル以下の価値に下落していたからである。見通しは「神」と「国」の両方のために思わしくなかった。

◉野球復活への激励と支援

一九四六年の春に「ストライク」「アウト」の声が日本の球場に響き渡った。野球が復活し、今度は定着した。八月に全国中等学校野球選手権大会が開かれたときに、主催新聞社は開会式にボールを神戸に招いた。彼は参謀第二部（G-2）の上官に出張の許可を申請し、また参加一九校のキャプテンに新しい公認ボールを贈呈するために総司令部特別サービス担当官を説得した。公式には、日本は依然として敵国そのものであり、このようなプレゼントは違法であった。主賓としてボールは開会の祝辞を述べた。

このような伝統あるスポーツの大会に参加できることを誠に光栄に思います。日本のスポーツ界のために大新聞社各社が貴重な貢献をしておられることに格別の敬意を表します。朝日新聞社がこの全国中等学校野球選手権大会を再開されたことは、日本再生の最も心躍る証の一つであります。

そして、日本各地の中学校、商業学校の中で勝ち抜いてきた一九のチームの諸君が、ここで全国優勝を目指して戦うことに激励をお送りします。この非常に長い歴史をもつ野球は、戦前の日本において最も人気があり広く親しまれてきたスポーツであることに間違いはありません。一九四一年一二月八日以前、野球は日本の若者にとって国民的スポーツとして認められていました。そして野球は、知的な働きのための日本人のもって生まれた敏捷さと能力を存分に引き出すのです。

この歴史的な第二八回大会を記念し、またこの素晴らしい競技を行う諸君と日本の若者たちの能力に対するアメリカの信頼を示すために、参加一九校にボールを贈呈したく思います。皆さんのご健闘をお祈り致します。「オメデトウ」Do your best!〈朝日新聞　一九四六年八月一六日〉

◉復員兵からの仲間入り

編集分室は結局、澤田美喜から借りた独立した建物[訳者注㉑]を使い、そこは特別活動室として知られた。この家の家事担当スタッフの一人が名取良三で、彼はとても痩せていたが非常に器用であった。彼はまだ一八歳だったが、日本帝国海軍の退役兵で、航空士であった。東京の成功した商人の息子であったが、彼が復員すると父は亡くなっており、家は焼け、家族は離散していた。母と妹は、彼の兄弟と共に山梨県の山村に住んでいた。彼は列車の切符を買い、約五〇キロの海軍の備品や、食糧、毛布、余った衣類などを担いで村に向かった。列車では甲府までしか行けず、彼は朝早くから夜遅く

第二八回全国中等学校野球選手権大会で各チームの主将を激励するポール・ラッシュ

まで歩いて家族に会うために山道を進んだ。家族と再会を果たすと、彼は学校に入ることを決意し東京に戻った。名取には海軍で受けた訓練の証明があり、高等学校卒業の資格があったので上智大学を受験し入学した。彼の除隊支給金は学業生活を支えるのに十分だと思われた。しかしインフレがその貯えを蝕み、一年半後には底をついて仕事を見つけなければならなくなった。しかし働きに出ると授業に出られなくなり、何回かの警告の後、上智を退学させられた。彼は英語の勉強は独学で進めていたが、ある日ポールは、良三が仕事をすることになっているときに本を読んでいる声を聞いた。ポールは彼の事情を知って、良三に立教に行くこと、彼の不完全な学歴から見て一年生から始めることを勧めた。彼の勤務時間は授業に出られるように調整され、特別活動室で働いている戦前のＢＳＡのメンバーの一人が彼の勉学を援けた。そのお礼に良三は彼の家事の仕事を手伝った。そのメンバーは、依然としてインドネシア方面作戦の影響に苦しんでいたからである。間もなく良三は、家事ではなく事務の仕事につくこととなった。

◉清泉寮再生への胎動

さてポールは、戦争中にＢＳＡおよび清泉寮に何が起きたのかを調べた。武藤貞一[訳者注22]によって書かれ、読売報知新聞に載せられた、抑制のきかないコラム「日本刀」は、攻撃の対象として同胞会を採り上げ、それを「帝国日本の心臓を食い荒らす不死身な虫」と呼んだ。他のコラムの例では「凶悪なアメリカと教会と国家の結束」という題もつけられた。このような攻撃に続いて、清泉寮への非難もされた。フットボールのグラウンドは、実は着陸用の広場だ、屋外の石で囲ったキャンプファイアー場は機関銃を据えるために設計されたのだ……などと。日本を離れる前にポールは、当時のＢＳＡの評議員会議長である木村重治博士にキャンプの所有権を託した。一九四三年八月に中傷がピークを迎えた時に、幹部や評議員会は所有権を立教の理事会の管理下に移すことを決めた。立教は次いでキャンプを藤倉学園に売却した。同学園の伊豆大島の施設は軍に徴集されていたのである。寮は惨めな状態であった。維持管理はされておらず、盗難や損壊もあった。

大学は損傷への責任を認め、寮の買戻しと修理を申し出た。大学は一人の管理者を置くことになり、ＢＳＡが維持のための費用を賄うことになった。山梨県もキャンプへの責任を認め、戦争中の二人の知事がポールを訪れ、理事としての過失を謝罪し、地域の住民が建物とグラウンドの修理を手伝うことを請け合った。

ロニー・チェンは、藤倉学園が大島に持って行った、ポールの所持品であるいくつかの箱を、責任をもって取り戻すと言った。そしてチェンは彼らしい迅速さでそれを取り戻した。彼はアメリカの制服を手に入れて島に行き、「マッカーサー元帥の命令により」と、箱の返還を要求した。この言葉は、戦前の天皇の名による呼びかけのような神秘性をもっていたので、彼はスムースに箱を持ち帰った。

●ポール、窮地を脱する

ポールの諜報局での仕事は興味を惹き夢中にさせるもので、戦前の一七年間の日本での滞在と多くの人との接触から、彼は有能で役に立つ士官であった。彼は関心を呼び起こす影響力をもった人、例えば石橋湛山のような実業家、占領時代に首相を務めた吉田茂や片山哲のような政治家、総司令部と宮内省の仲介役である寺崎英成ら[訳者注㉓]と会った。優れた情報官には、個人的な人脈への眼識とゴシップへの根っからの興味が必要である。ポールは優れた情報官であった。しかし彼は必要以上に長く軍に留まるつもりはなかった。彼は教会の出版物に記事を書き、教会への訪問者をもてなし、コートニー・バーバー氏との親しい関係を保ち続けていた。キャンプを修復することや、日本に留まり彼の生涯を日本に捧げるとのポールの決断は、彼と軍当局との間に物議を醸すことになった。

一九四七年にバーバー氏は、冒頭に「ポール・ラッシュの友人の皆さま及び、ポールが友情を持ち続け、共に人生の最高の目的に仕えようと考えている方々へ」と書いた手紙を送った。

ポールは、アメリカにおられる友人の方々が、以下のことを知っていただきたいと願っています。彼は、マッカーサー元帥のもとで、中佐であり、東京で民間諜報局のチーフとして働いています。そして軍を退いた際には、かけがえのない次の一〇年を日本での仕事をなし遂げるために過ごす計画です。その仕事とは、彼の人生のうちの二〇年間をそのために費やし、一九四一年に中断させられたものなのです。………以前にはご協力いただいても、彼の成果に満足できなかった方には、いまこそご協力をお待ちしています。神の導きとみ教えのもとで、「日本にクリスチャン・デモクラシーを打ち立てる」ことを目指して彼のプロジェクトは進行中です。その計画への物質的支援のために、小切手を提供することを光栄だと考える方が仲間に加わっていただきたいのです。

ポールは大きな仕事に対する物資的な補償の申し入れをしばしば大会社から受けますが、彼は神の働きがより重要だと考えており、我々が文字通り普通の生活水準以下だと見做す生活に対しても、必要なもの以上の物質的な贖いを求めてはいません。

ほどなくこの手紙は、民間諜報局の本部の長でポールの上司であるR・G・ダフ（Duff）大佐の注目するところとなった。ポールを「民間諜報局のチーフ」と紹介されていることにより、自分が彼の部下であると推測されることに当惑したのはダフばかりではなかった。彼はまた「文字通り普通の生活水準以下」の生活と書かれていることに、独身である中佐への給与額からみて強い違和感をもった。より重要なことは、ポールが軍務以外の事業に携わっているという点や、手紙の中で、宣伝の目的で軍の階級や制服を利用していることが、国防省の政策に違反しているということであった。

ダフがバーバーの手紙についてあれこれ考えている間に、トウホウ産業労動組合から苦情がきた。この会社は清泉寮の近くの小さな町である小泉にあった。組合の訴えは、ラッシュが製材機を勝手に取り上げたというものであった。この事態の背景は、組合がストライキを行い、それに対して製材所のオーナーであるマヌキ・レイゾウが組合を解散させ、製材機とベルトを自宅に持ち帰ったということのようであった。マヌキと労働者間の焦点が定まらず、実りのない交渉の後で、マヌキは業務上の出張で旅に出た。彼の不在を利用して労働者は機械とベルトを取り戻し、製材を再開した。マヌキが二人のアメリカ軍人を含む何人かの連れと共に帰ってきたときに、彼らは一週間ほど仕事を進めていた。マヌキは、東京のラッシュ中佐の命令だと言って、製材機を押収した。ダフ大佐は報告の最後の文に同意した。「アメリカ軍人による機械の接収に関して、それが公式な命令によるかいなかについては、多くの疑義がある。」

ポールはダフに呼び出されて叱責を受け、バーバーが送った手紙と製材機に関する報告についての難問に立ち向かった。一四ページにわたる親展の状況報告書の中で、彼は自分の日本での経歴とBSAとの関係について説明した。キャンプの建物と、その財産権が戦争中に人の手から手に渡ったことを話した。念のために、好戦的排外主義者であるコラムニスト武藤貞一によるBSAとキャンプ自体への攻撃の翻訳も説明に加えた。続けて、キャンプは数点の設備とともに買い戻されたこと、しかし、その本来の目的である日本の若者の使用のために修理ができるまで閉鎖されたままである、と話した。ポールはなお続けて、土地の拡張を確実にすることと、地域のキリスト教コミュニティーセンターのモデルを示すという計画は進行中であり、この目的のための基金の必要性がバーバー氏の手紙を奮い立たせた、と説明した。更にポールは、いらつく大佐に急いで請け合った。『中佐であり、東京で民間諜報局のチーフ』という言い方は、GHQで用いられている沢山の肩書きに不慣れなアメリカの一般人の誰かが使ったものでしょう。私はGHQの民間諜報局のチーフに仕える「スタッフ」であるいうこと以上のことを意識的に主張したことはありません。」彼は加えて、「普通の生活水準以下」の生活というのは、彼の以前の宣教師としての俸給のことであり、現在の軍人に対する給料を指しているのではない、と述べた。

バーバーの手紙に関する説明に続き、ポールは製材機のことに話を移した。「マヌキ・レイゾウ氏は、私の旧くからの友人であり、キャンププログラムの積極的な財政支援者です。彼の息子は、BSAの援助のもとでカールトン（Carleton）カレッジとシカゴ大学で学びました。マヌキ氏父子は、私を訪ねてきて、東京の家が破壊されたので小泉に移ったのだと話しました。彼はそこで若干の土地を借り、トウホウ産業という小さな製材業を始めたのです。わずか八人の労働者を雇ったのですが、その中に一人のトラブルメーカーがいてストライキを扇動しました。マヌキ氏はどうにも金策ができず、仕事を閉じて東京に帰ろうと決意したのです。その際に彼は、私に清泉寮のことを尋ねました。私がそれを取り戻し、修理しようと計画中であることを知り、そのためにいまや不要となった製材機を提供することを申し出てくれたのです。私は喜んで直ちに受け入れることにしました。マヌキ氏が、会社の強硬な労働者たちがトラブルを起こすかもしれないと少し心配したので、私は、彼が財産を取り戻そうとする場合には、この地域の（占領軍スタッフの）担当者を呼び、彼の同伴を依頼すると伝えました。実際に行われたことは、小さな製材機はすでに荷造りされており、その所有者の負担で清泉寮に送られていたことです。何かの命令が発せられたことはなく、二人のアメリカ軍人はトラブルを回避するためにだけグループに加わったのです。」

この長いレポートの提出とともに、ポールは軍を冒涜したという負い目を清算し、日本人財産の故意の横領という疑いも晴らした。

［訳者注］

① 木村毅　大正期から昭和にかけての作家、評論家、明治文化研究家。戦時中、立教大学で教鞭をとったこともある。

② 坂西志保　横浜の捜真女学校、東京女子大を卒業後、アメリカに留学。ホリンス大学で哲学の助教授となる。戦後は、GHQに勤務した後、政府、国連関係諸委員、立教大学講師などを務めた。

③ ステファン（ステパノ）　澤田廉三・美喜の三男ステパノ晃は海軍志願兵であったが、一九四五年にインドシナ沖で戦死した。後に澤田が設立したステパノ学園の名は彼の洗礼名に由来している。

④ 戦時下の清泉寮　軍部の圧力の下でBSAは存続が難しくなり、清泉寮の維持も困難になったために、その管理を立教大学に委ねた。しかし立教も財政難から同寮を藤倉学園に売却した。

⑤　対日理事会　連合国軍による日本占領に関する助言を行った組織。アメリカ、イギリス、ソ連、中華民国、オーストラリア、ニュージーランド、インドの七カ国で構成された。

⑥　アチソン　一九二〇年から四五年まで、主に中国でアメリカの外交官として活躍。その間、一九四一年から四三年まで国務省極東部次長。一九四五年九月にマッカーサーの政治顧問として日本に派遣された。GHQ外国局長。マッカーサーの代理として対日理事会の議長も務めた。四七年八月、公務で帰米の途中、ハワイ沖で航空機事故のために死去。

⑦　サレジオ孤児院　戦災孤児を保護するために設立された養護施設である東京サレジオ学園。同学園は、サレジオ小学校、中学校の前身である。

⑧　上映中止の映画　「香港攻略〜」「あの旗〜」は、興行上のタイトルを確かめられたが、他の二作の題目は、原本の英語題の意訳である。

⑨　「ユーコンの叫び」　ユーコンはカナダ北部の準州でアラスカと接する。映画はその自然を舞台にして動物たちと人間の間に繰り広げられるアクション映画である。

⑩　編集分室（the Compilation Branch）　GHQ発足当初は、特別活動室（Special Activities House）と呼ばれていたが、その後、この名称になった。なお、竹前栄治著『GHQ』（岩波新書）や、山本武利著『GHQの検閲・諜報・宣伝工作』（岩波現代全書）などを参照したが、Compilations Branchという部署については記述がなかった。したがって、当時日本語でどのように呼ばれていたかを確認できなかったために、本書では、一応「編集分室」と訳した。このCompilations Branchについて、ラッシュも「あいまいな名称」と言っているが、その業務の内容は「最近になって米国政府が解禁した機密文書『オペレーションズ・オブ・ザ・CIS』によると、編集分室の情報収集は当初、日本を戦争に駆りたてた超国家主義者や戦争犯罪人関係に重点が置かれ、これが一段落すると左翼過激派の情報収集に比重が傾いていった。（中略）ポールの在任中、一九二三年までに編集分室が収集した資料は、四五、七九八件の特高カード、五六、〇〇〇件の高級公務員履歴書、さらに三六、七七三件の個人記録、五、七二四件の団体資料など膨大な量となった」（文献④〈山日〉三一五頁）ということであり、占領軍による戦後処理の根幹に関わる極めて重要なものであった。

⑪　西園寺公および「原田日記」　西園寺公は、西園寺公望（さいおんじ きんもち）で、公家の出身の政治家、教育者。政治家としては、内閣総理大臣をはじめ文部、外務大臣などを歴任。教育者としては、立命館大学、京都帝国大学、明治大

学、日本女子大学などの創設や運営、教育などに関わった。元老は、第二次世界大戦前の日本において、天皇の輔弼（ほひつ＝補佐）を行い、内閣総理大臣の奏薦（そうせん＝推薦）など国家の重要事項に関与した重臣である。

原田熊雄は大正期から昭和期にかけての政治家。西園寺公の晩年に私設秘書として仕えた。「原田日記」は一九三〇年から四〇年までの、西園寺公望をめぐる政局の裏面を近衛秀麿（首相になった近衛文麿の弟）夫人・泰子に口述筆記を依頼する形で記録した文書。四百字詰原稿用紙七千枚に及ぶ膨大な記録である。一九五〇年（昭和二五年）に岩波書店より『西園寺公と政局』（全8巻・別巻1）として出版された。

⑫　近衛文麿　一九三七（昭和一二）年以降、三度にわたり内閣総理大臣に指名され、第一次～第三次近衛内閣を率いた。その際に、外務大臣、拓務大臣、農林大臣、司法大臣などを一時兼務した。首相の職にある間、日中戦争の発生、国家総動員法施行、大政翼賛会総裁、大東亜共栄圏の推進、日独伊三国同盟の締結など、総じて日本の全体主義・軍国主義化への舵取り役を果たした。戦争終結後、A級戦犯に指定されたが、公判前に服毒自殺した。

⑬　マッカーサー（一八八〇～一九六四年）　アメリカの陸軍軍人の家に生まれ、ウエストポイント陸軍士官学校を首席で卒業。ヨーロッパ、フィリピン等で参戦し戦功をあげる。陸軍元帥。第二次世界大戦後、連合国軍最高司令官として日本を統治し、多くの占領政策を施行した。朝鮮戦争勃発とともに強硬論を主張してトルーマン大統領と対立し、一九五一年解任され帰国した。アメリカ聖公会の信徒で、日本の統治にあたってもキリスト教を重視した。

⑭　シーボルト　アメリカの外交官。一九四五年、東京駐在GHQ政治顧問団特別補佐役として赴任し、一九四七年から一九五二年まではジョージ・アチソンの後を継いで駐日政治顧問、およびGHQ外交局長を務めた。また対日理事会におけるアメリカ代表の役割もアチソンから継承し、その議長役も果たした。GHQにおける国務省代表としての役割も負い、一九四七年から一九五一年にかけてはマッカーサー元帥の代理人も務めた。引用された著書は、野末賢三訳『日本占領外交の回想』（朝日新聞社、一九六六年）という題で翻訳・刊行されている。

⑮　尾崎は朝日新聞記者として中国上海勤務の経験を持ち、日本国内では、西園寺公一（公望の孫で、外務省嘱託、内閣嘱託などを務めた）や近衛文麿らと親交があった。

⑯　スメドレー　アメリカのジャーナリスト。インドの独立、避妊、中国での共産主義革命などに関心を抱き、取材、執筆を旺盛に行った。上海でゾルゲと尾崎を引き合わせた。

⑰ ゾルゲと尾崎の処刑は一九四四年一一月七日のロシア革命記念日、ウーゲリッチの獄死は四五年一月。またクラウゼン夫妻の帰国先は当時の東ドイツである。

⑱ 立教学院への措置 一九四五年一〇月二〇日に、GHQからE・R・ソープ准将と、ポール・ラッシュの二名が視察に訪れた（来訪者や来訪日時に関する異説については、巻末の「訳者による補説」三を参照）。視察者からは、チャペルが物置同然に放置されていることなどが厳しく指摘された。その後間もなく、GHQから一〇月二四日付けで「信教の自由侵害の件」と題する覚書が出されたが、その中で特に立教は名指しで批判され、三辺金蔵総長以下一〇名の幹部が追放となった。（巻末の「訳者による補説」、巻末「関連資料」⑨などを参照）

⑲ 飯島信之 陸軍大佐。明治大学配属将校を経て、一九四一年一〇月、五五歳で立教大学配属将校として赴任。厳格な指導を実施し、軍事教練の授業などで学生たちに強烈な印象を残した。また、大学の幹部、教職員にも運営・教育面での干渉を行った。戦後、戦犯容疑者の指名を受けたが、病気のために入院、四六年一一月に死去した。

⑳ 教授会提案 この件に関して、数社の新聞で取り上げられ記事になっているが、中でも読売新聞では、「立大教授団起つ／五項目の実践を迫り／学園の民主化へ」（一九四五年一一月二日付）という見出しのもとに、以下のように報じている。「立教大学の軍国主義化に対しマッカーサー司令部からさきに首脳教授十一名罷免の断が下つたが、残りの同大学教授団ではさらに学園の民主化を目指して行動を開始した、立大、同予科、立教理科専門学校の教授が三者一体の立大教授団を結成、先月三十、三十一日立大再建の協議を行つた結果（引用者注：以下、五項目の決議内容を掲載している）の五項目実践を決議、これを中心とする声明書を内外に発表すると同時に一日午後理事会代表松崎半三郎氏に決議文を手交して即時実践方を懇請したが学生側の動きと相俟つて注目される。」これに続いて「学生側も別個の運動を起す」との見出しのもとで、「立大生側でも去月三十一日同校講堂で学生大会を開き、都下各大学にさきがけて学園の民主化を実現すべく次の諸項目（引用者注：本文中で＊印のついた項目）を決議、一日須藤総長事務取扱（引用者注：「総長」は引用者による判読。他にも数文字を判読。なお、須藤は、須藤吉之祐。）に決議文を手交したが学校側では慎重に内容を検討し十日までに回答する模様である。」と報じた。この記事から、本文中で、教授会決議の一部のように書かれている＊印のついた項目は、学生からの要求項目であったことが分かる。一方、当時の理事会議事録に、本件に関する記述はみられず、理事会側の対応については不明である。

㉑　澤田邸　東京麹町にあった澤田廉三夫妻の住宅を接収した。小川寛一の回想によれば、これは地下一階、地上四階建てで、一～三階を資料倉庫、ラッシュの住居、事務所などに使い、五階を増築して、四、五階をこの編集分室の専用執務室とした。この執務室には常時五〇人ほどのスタッフがおり、その内二〇人くらいは二世であった〈文献③〈ア史〉一八一～二頁〉。なお、「文献④〈山日〉」によれば、「この部署の職員は、米国陸軍日本語学校を出た二世語学兵ら七一人で固められ、補助要員として現地採用された日本人が配置された。」とある。（同書三一四頁）

㉒　武藤貞一　昭和期の評論家。朝日新聞から報知新聞主筆に転じ、対ソ、対米戦を主張した。戦後間もなく、ポールと交流のあった主な人物。

㉓　＊石橋湛山　ジャーナリスト、政治家。東洋経済新報社社長、立正大学学長を務めた。一九五六年一二月から総理大臣に就任したが、病気のため在任六五日で辞任した。ポールが戦前に経済学を教えていたときに、東洋経済新報をテキストに使ったことから親しくなった。

＊吉田茂　一九四六年五月に総理大臣に就任。途中で政権交代があったが、一九五四年一二月まで五代にわたりその座にあった。ポールとはしばしば会って懇談した。

＊片山哲　日本社会党委員長として、第四六代内閣総理大臣に指名され、一九四七年五月から四八年三月まで在任した。クリスチャンであり、日本基督教団富士見町教会に所属していた。日本においてキリスト教的人権思想と社会民主主義の融合を図った代表的な人物の一人とされる。

＊寺崎英成　外交官。原著では、ヒデオとあるが、ヒデナリのことと思われる。寺崎英成は、開戦直前には駐米大使を補佐して日米交渉に当たり、ルーズベルト大統領から昭和天皇への親書発信工作に奔走。戦後は、宮内省御用掛として、天皇とマッカーサー元帥との会見の通訳を務めるなど日米間の橋渡し役となった。

第九章　ヒゼキヤ王の時代[訳者注①]

1946年のクリスマスイヴ　東京の帝国劇場でアメリカ合衆国横浜領事館副領事ダグラス・オーヴァートンが唱詠聖餐式の指揮をした

◉日本聖公会の再建

（ある宣教師のことば）　宣教師の仕事は人と人とを隔てている障壁を取り除くことである。そして彼は割に合わない戦いをしていると見られることであろう。彼が落胆し意気阻喪するのも尤もだと言えよう。彼はそれでも、戦争の体験をしたことによって、道徳的・精神的に無防備な、傷害を背負っている国民の間で、破壊された教会、学校、病院、診療所などの残骸の中で働き続けている。若者たち――その人たちのために彼は過去に何年も努力を重ね、そして彼らの協力に希望を託した――その若者たちの多くは墓に眠っている。………しかし彼には、現在のような時代が、教会にとってこれまでで最も実りある時期であることが分かってきている。彼が教え説く信仰は、危機の中でこそ生まれてきた。世界がいま直面している危機とは、神の子イエスキリストを十字架に釘付けしたときと比べて、いかほど大きな危機だというのであろう………。さらに彼は、キリスト者の信仰が、回心のもとで、恐ろしい戦争の破壊力の中で失われなかったことを直接に目撃した。彼の仕事は困難である。しかし不可能ではない。〈ノーマン・スペンサー・ビンステッド（Norman Spencer Binsted）フィリピン主教　元・東京聖三一教会司祭　一九二八年から四〇年まで、日本の東北地域の主教[訳者注②]〉

（ある主教のことば）　私たちの日時計の影は、アハズ王[訳者注③]の統治時代に設定されていた元来の影の長さになっております。その影は（アハズ王の後継の）ヒゼキヤ王の統治時代に一〇度戻された[訳者注④]のでした。我らの後退は、日影が後退した程度のものではありません。すべてが五〇年から六〇年後退してしまったのです。〈佐々木鎮二東京教区主教[訳者注⑤]〉

占領が始まってまだ数週間後のある朝、ポールの部屋がノックされた。ドアを開けると、彼が知っている司祭が入口に立っており、佐々木主教に届けるために食べ物を少し譲ってもらえないかと、申し訳なさそうに頼んだ。最近刑務所から釈放された主教は、栄養失調と収監時の扱いのための後遺症に苦しんでいた。

ポールが食べ物と薬を携え、知人とともに出かけてみると、主教は目白聖公会の後ろの寒い小さな部屋で寝ていた。主教は体がひどく衰弱し、薄い布団から起き上がれなかった。少しましな食事を摂り看護を受けても、仕事を処理するだけの回復には数か月がかかり、しかも完全に健康を取り戻すことはできなかった。しかし何事も彼の魂を弱らせることはなかった。彼はヴィジョンをもち、教会の使命という夢を抱き、死に至るまでポールと共にそのヴィジョンを温め合った。

「私は、我が国の国民すべてを救う福音的働きは、農山村の民衆を対象にすべきだと確信しております。それは地方の人たちこそこの国の土台だからであります。日本は農業に頼る以外に生き延びることができないという状況に直面し、今日私たちは、これまでとは異なった立場に直面しております。福音を説くことの必要性は目前に迫っており、私たちは今、我が国の進歩を担う耕作地の人々に近づく入口に立っております。まずはじめに、農村の人たちを教育するための農村伝道を確立し、学校を作るべきでありましょう。さらに各教区に農村伝道センターを発足させ、農業の実践を応援するように教会の働き人を励まそうと念じております。農業従事者への実際的指導に必要な知識を提供できる方策を採用すべきであります。日本聖公会が、全知識と能力をこの新しいヴィジョン実現のために結集することこそ私のたっての願いであります。」[50]

しかし当時は、教会がどのような使命に責任をもつかということよりも、そもそも教会が存続するのかどうかを問うことの方が、ずっと理にかなっていた。教会の第一の課題は、それを正常な状態に取り戻すことであった。

日本聖公会は一九四一年に完全に日本人による自治体制をとるに至り、教区や施設の基金は、新たに按手された日本人主教や日本人の学長や管理者に委ねられた。これと同じ時期に政府の方針により、ほとんどのプロテスタントの教派は、合同教会、すなわち聖公会の人が好んで呼んだ、混合した教会という形で集結し

50　巻末「関連資料」⑦参照。

た。聖公会は、合同教会に加わらず独立した教派として留まるという決定について、会派として決して一致しているわけではなかった。聖公会のメンバー内に考え方の不一致があった。ある一群は合同教会に加わり、他は加入を拒否した。後者の人たちは、ある信経[51]を唱えないいかなる教会との合同も留保し、そして使徒的継承の原則[訳者注⑥]を保持する適切な規則が（合同教会に）あるとは信じなかった。少数信徒の教派が政府から承認されないことがはっきりしたとき、このメンバーは、一つの仲間として霊的に一体が保たれることは可能であると主張した。合同教会に加入した一群とそれを拒否した一群とは徐々に分離し、葛藤はますます深刻になった。一九四二年に、残留した主教たちは、合同教会に加わった主教と聖職からは教会関係執務室を没収すると通告した。これに対して加入者たちは七人の新しい主教を按手した。個人的な反目と、戦時中の緊張と危険などは葛藤の火を煽った。戦争の終わるころに、佐々木主教と名出主教が収監され[訳者注⑦]、第三の人物である八代主教が入獄を免れたのはひとえに韓国で従軍中であったからである。

　戦争が終結して、収監されていた人たちは釈放され[訳者注⑧]、制限の多い宗教団体法は廃止された。教会を再び一つに戻す時が到来した。しかしそれは可能であろうか。主教や聖職になる適任者はだれなのか。主教会が開かれ、聖公会の法憲法規[52]を回復させた。そして主教会は、教会の様々な組織を再建するための特別総会を召集した。合同教会への参加者に、聖公会に戻るようにと招く主教会からの手紙が出された。しかし残留者側は、和解の礼拝として、背教者の復職のための古い英国の儀式を用いるべきだと主張した。合同教会に加わった多くの人は、戦火の下で聖公会の伝統を守り維持するという信念のもとでそうしたのであるとして、背教者として教会に再度受け入れられるということを憤然として拒否した。結局、形式は和解の礼拝として、より受け入れやすいものに修正され、ついには分裂が癒されるだろうとのいくらかの兆候があった。

　同時にアメリカ、イギリス、カナダのアングリカン・コミュニオンとの亀裂を補修する必要があった。関係は一九四一年に、痛ましくも荒々しく断ち切られていた。以前の心の通い合った関係を修復できる、あるいは修復すべきだと思われる理由が何かあるだろうか。アングロサクソン系の宣教師は戦前に日本から急遽排除された。アングロサクソン系の宣教協会は、日本に急ぎ復帰することや、日本の教会への援助を申し出ることを全く望んでいなかった。しかし一九四六年夏に、アングリカンの使節団が日本聖公会を訪れた。カンタベリー大主教の二人の代理者、サミュエル・ヘーズレット主教、ジョン・C・マン（John C. Mann）主教、それとアメリカからのC・S・ライフスナイダー主教、カナダからのH・G・ワッツ（H. G. Watts）司祭であった。一九四六年七月一七日に、使節団メンバーは立教大学で五百人の日本人教会員と会い、復興について話した。使節団の勧告は、日本の教会自体の傷を癒し、世界の教会との交わりを再建する援けとなった。

◉教会再建に尽力するポール

ポールには、彼が最初にすべきことは、異なった教派の日本人と連合国の占領軍メンバーの教会員全員が礼拝で一緒になることだと思われた。一緒に聖歌を歌い共に礼拝し祈れば、きっと癒しという奇蹟が起きるだろう。一九四六年五月に、素晴らしい福音に満たされた礼拝が行われるように彼は精力的に企画運営に携わった。東京の日比谷公会堂が礼拝用に確保され、材木を手に入れて、ステージ上に、階段や聖壇を用意した。彼はジョーゼフ・ローゼンストック（Joseph Rosenstock）博士――後にニューヨークのメトロポリタン・オペラでドイツ音楽のディレクターになった――を説得して日本交響楽団を指揮してもらい、また日本人とアメリカ人の聖歌隊を組織した。それは心沸き立つ礼拝で、ポールたちが準備した甲斐があった。日本聖公会の二つの派の人たちや、進駐軍の人も参加して、しこりはある程度ほぐれ始めた。

次の段階は、東京の聖公会のメンバーを一堂に集めることであり、ポールは一九四六年一〇月に、初めは東京エピスコパル・チャーチクラブ（the Episcopal Church Club of Tokyo）[訳者注⑨]、後にアライドチャーチクラブ（the Allied Church Club = ACC = 連合軍教会クラ

51　信仰の基本を表明し告白する唱文。
52　信仰・典礼・組織などに関する諸規則。

ブ）と呼ばれた会を作った。彼は見込みのあるメンバーに書いた。「皆さんは、この国の教会の開拓者へと繋がる長い霊的な絆を再び取り戻している戦後の教会の気迫を感じとられるでしょう。」最初の会長、ジョーゼフ・ハービンソン（Joseph Harbinson）のもとで、クラブは月に二回会合をもち、聖公会のメンバーは出身地を問わずに一体になろう、そして日本人の教会と馴染みになろうと話し合った。ポールはすべての礼拝や特別行事、会員が興味を持ちそうな集会をリストアップした小冊子を毎月印刷発行した。それには聖公会の会員名簿や教会の歴史も含まれていた。ほどなくACCは日本の主要都市のすべてに作られた。

東京のグループは、毎日ビル六階の立教クラブで集まった。そして彼らの最初の努力の大半は、東京聖三一教会の再建のための資金集めに向けられた。まず、ダンスパーティーを主催したが、これは仕事を始めるのに十分な資金をもたらした。続いて、宝くじやコンサート、他の活動を行った。教会が再建されたときに、ポールは最初の礼拝にマッカーサー元帥夫妻を招いたが、同夫人がそれに応じた。彼女がこのように関心を

東京聖三一教会の再建

示したことは、教会の工事を完成させ支払いを済ませるための婦人補助会の努力を鼓舞した。

しかしこれは始まりに過ぎなかった。日本では、計二四六の教会のうち七一が破壊された。東京だけで、戦前あった二五教会の内一七が壊された。他は軍隊による放置や徴発、蛮行により大修理が必要であった。神学院は閉鎖され、新生日本の教会の聖職になるために訓練中の若い人はいなかった。明らかに聖公会は、日本では得られない援助を必要としていた。しかし米英両国の宣教局は、日本の教会を援ける見通しについて当初は冷淡であった。世界中に援助を必要とする教会があったのである。最終的に、一九四八年一一月に、ジョン・H・ベントレー(John H. Bentley)主教が、現地調査使節としてアメリカの教会から派遣された。[訳者注⑩]

ポールは、同主教来訪に向けての準備にとりかかった。彼の最初の仕事は、日本の教会の実情について事実と数字を集めること、戦争中に起きた事態の本当の姿を明らかにすること、そしてそれを主教に提出することであった。[訳者注⑪] 主教が着くと、ポールは主教の巡回が有益に効果的に進むようにできる限りのことを行った。教会の弱点と戦争で失ったものを考慮した上で、ベントレー主教は、「教会の力」について、次のような報告をした。その力とは、日本人の特性と指導性、戦時中の分裂のあとでの再一致、教育や医療施設が損なわれていないこと、日本の寛大さ、そして最後に、教会が日本と進駐軍の両方に信頼を寄せているという事実、などである。彼は駐留軍の教会人が聖公会の教会の礼拝に参加していることに特に印象づけられた。

駐留軍の士官や兵員は、家族と共に、日本聖公会の聖職や主教が司る教会での洗礼や堅信式、その他の礼拝や式典に参加している。このようなことが歴史上あったことを私は知らない。占領軍の将兵が、教会の礼拝や式典のために、敗戦国の聖職や教会に頼るという他の例を知らない。[53]

一九四八年七月にカンタベリー大主教はランベス会議[訳者注⑫]を招集し、三人の日本人主教を招待した。その三人

53　引用先不詳

は総裁主教のミカエル八代斌助主教、東京教区のテモテ蒔田誠主教、大阪教区のペテロ柳原貞二郎主教であった。当時日本人が外国渡航の許可を受けるのは容易ではなかった。役所の手続きを通過させ、総司令部の規則をかいくぐって旅行を可能にするためにポールは全力を尽くした。この三名は、戦後日本を離れることを許可された最初の日本人に含まれる。離日前に三人は、マッカーサー元帥、天皇・皇后、芦田均首相と面会した。出発の直前に東京聖三一教会で和解の礼拝が行われ、合同に加わったうちの三人の主教と六人の司祭が完全に交わりに受け入れられた。[訳者注⑬] 渡英する三人の主教は最悪の戦争が終わったことの思いと教会は必ずや存続するとの考えを抱き、彼らの耳に鳴っている見送りの人たちの「万歳」の声に送られてランベスに向かった。彼らはカンタベリー大主教に相応しい贈り物を用意した。BSAのメンバーがそうするように配慮したのである。メンバーたちは、日本の主教たちが贈り物なしで出かけるのを望まなかったので、宮内庁のローブを作る店の店主にコープとマイター[54]を作るように説得した。彼らはセントポールクラブの心遣いを思慮深く活かすことと、日本人のプライドを示すことを願って必要な材料を用意した。三人の主教はまずアメリカに行き、それから英国に渡った。ランベス会議には、アングリカン・コミュニオンのすべての国や地域から三三〇人の主教が参加した。

● 戦時中のキリスト者たち

教会にはまだかなりの指導者や毅然とした人たちが残っていて、その人たちの揺るがない信仰は、戦争中に固められ深められた。その中の一人であるアンデレ小川徳治は、BSAの最初の書記であったが、シンガポールの主教の感謝と祝福を受けてイギリスの船で復員した。小川は士官候補生として一九三〇年に軍隊に入り、一九三一年に少尉に任官した。彼は一九四一年に動員され、まず満州に派遣された。日本軍が東南アジアに侵攻したときに彼は[55][訳者注⑪]マラヤに行きクアラルンプールの軍政官となった。その後マラヤやスマトラで各種の管理的職務に携わった。シンガポールに在任中、シンガポール大聖堂を守るために力の及ぶ限りのことを行い、聖職者は捕虜として収容しないこと、そのうえで捕虜収容所と非戦闘員収容者を訪ねることを許可した。彼はシンガポールの主教が堅信式や「捕虜たちの魂を慰める」ために収容所に行くことを認める許証を出した。他の東南アジアの教会では、理不尽な俗化が行われたのである。例えばラングーンでは大聖堂は酒の醸造所に変えられた。戦争が終わりを迎え、イギリスの艦船が捕虜を解放するためにシンガポール港に入港したときに、聖職も捕虜も小川大尉を覚えていて、シンガポール主教の要請で、彼を捜し出すことを求める特別の連絡が南方地域の日本軍の各部隊に送られた。彼はスマトラの捕虜収容所にいることが分かり、主教はその後、彼が早期に送還されたことを知って喜んだ。東京に帰ると小川は、仲間のＢＳＡのメンバーが、神学院の焼けたチャペルのあった場所に臨時の聖卓を作ろうとしているのを助けた。一九四六年一一月三〇日の聖アンデレ日に、彼は、「祈祷と奉仕」というモットーを守るという再宣誓を行った。間もなく小川は、経済学を教えるために立教に復帰することができた。一九四六年のクリスマスイヴには、四三人の若い男女が立教のチャペルで洗礼を受けたが、彼はその内の何人かの教父となった。

戦災を免れ戦争中も開かれていた数少ない教会の内の一つが聖路加病院のチャペルであった。病院は戦時中も診療を続け、四〇人の医師と一三〇人のナースはその職に留まっていた。竹田真二司祭は諸礼拝を守り続け、毎日三〇〇から四〇〇人のために聖餐式を行っていた。軍に徴用され倉庫や工場として使われた教会もあった。軍は聖路加病院を軍用病院に使おうとした。しかし竹田司祭はそれを断った。スクラップの供出だけは譲歩を無理強いされた。ブロンズの装飾板、階段の手すり、ラジエーター、グリル（焼き網）、そしてプロセッション（入退堂）用十字架、聖壇用十字架、ロウソク立てまでも政府に押収され、スクラップの山に放り上げられた。ブロンズ製の記念板に書かれた忠実な日本人教会員への献辞は、木製の板に書き写され、ブロンズ製の板と置き換えられた。

聖路加病院は戦災を免れたが、メディカルセンター

54　礼拝の時に聖職者が用いる祭服。

55　一八世紀から二〇世紀にかけてイギリスの統治下にあった国で、マレー半島南部とシンガポール島を含んでいた。

は一九四五年九月一二日にアメリカ軍に接収され、第四九米軍総合病院（「米軍極東中央病院」）となった。以降一一年間、日本人対象聖路加病院は、東京都から借りた小さなバラックで苦労を重ね、看護学校は日本赤十字看護学校と合併した。竹田司祭は病院のチャペルで聖餐式の執行を続け、日曜日の礼拝と病院で米軍チャプレンを手伝った。

◉子どもキャンプとミス・ウィントン

清泉寮は改装され寝具や食器も整えられたので、ポールは世話好きぶりを発揮して、ホームパーティーや週末に友人を招くことができるようになった。清里への旅は容易なものとは言い難く、宿泊施設も簡素であったが、日本の農山村を知る絶好の機会となった。

彼はまたACCやそのメンバーが支援しているグループがキャンプを利用できるようにした。マーガレット・ウィントン（Margaret Winton）は当時、総司令部の政治部局にいたが、英語圏の子どもたちのために行ったキャンプの指導者の一人となった。不運にも天候は季節外れの雨模様で、指導者たちは濡れた薪を割って煙たい火を燃やさなければならず、混乱なく運営するために室内の楽しみを工夫する必要があった。週末が近づいたときに彼らは悄気てはいなかったが、煙るストーブで料理した最後の食事を子どもたちに食べさせたところで電話が鳴った。それは、大雨で土砂崩れが起き鉄道線路が塞がれたというポールからの知らせだった。一同はどうしても清里に留まらなければならない。マーガレットは電話を切り、ポールが寮にいて、自分は東京の暖かい事務所にいればよかったと頻りに愚痴をこぼした。彼女はこのニュースを伝えたが、子どもたちは山の中に取り残されることを喜んだ。それから彼女が残りの食料品を調べて見積もると、三日間パンケーキでしのげることが分かった。丁度このときに付き添ってきていた神経質な医師が「ミス・ウィントン、本当に嘆かわしいです。子どもたちは、ぬかるみの泥をキャビンの中にもちこんでいます。」彼女の答えは今では分からなくなったが、この経験はポールとその働きに対する彼女の熱意を損ねることは全くなかった。何故ならば彼女は、キープアメリカ後援会の事務所で一五年間忠実に働いたのだから。

◉聖公会の弱点とその克服

清泉寮キャンプ場では、ホームパーティーや子どもたちの泥だらけのキャンプよりも、もっと別のことが進行していた。佐々木主教のヴィジョンはポールを深く揺り動かし、彼はそのヴィジョンをＢＳＡのメンバーや聖公会、進駐軍の人たちと共有しようと決心した。死の迫った主教の厳粛な預言を実現することは、測りがたいほどの難事であった。日本の教会のどれ一つとして、農山漁村の足掛かり以上のものを持ってはいない。ほとんどすべてのクリスチャンは都市部の中産階級であり、中でも聖公会は農民や村落の住民との接触において多分最も疎遠であろう。この弱点にはいくつかのもっともな理由がある。

最初のプロテスタントの宣教師であり、聖公会の最初の宣教師であるジョン・リギンズ（John Liggins）司祭が一八五九年五月二日に中国から日本にやって来たときに、上陸できるかどうか全く分からなかった。幕府は長崎を開港することを認めてはいたが、それは七月以前には実現していなかった。彼は健康上の理由で来日して上陸が許され、間もなく中国以来の親しい友人であるチャニング・ムア・ウィリアムズ主教[訳者注⑭]が合流した。

しかし外国人はかなりの長期間、行動範囲は条約による開港場に制限され、旅行には特別の通行証が必要であった。通行証は健康上の理由がある者と科学的調査を望む者に与えられた。宣教師は、宣教のためにそのような通行証で内陸を訪れることが可能であったろうか。それは各宣教師の判断に関わる課題であった。しかしウィリアムズ主教はそのような通行証を宣教目的で使ったことは決してなく、ミッションの他のメンバーにもそれを許さなかった。主教の死に際して、日本の称賛者はこのことを再三採り上げ、主教の折り目正しい立場を讃えた。宣教師たちがどこであろうと旅行し、宣教活動に携わることが完全に合法となるまで、聖公会の宣教師たちは都市部を離れなかった。このようにして彼らはスタートが遅くなった。この時期までに彼らはいくつもの施設、学校、病院を設立しており、これらは援助を必要としていた。しかし聖公会にとって前進を躓かせる最大の壁は、外国人宣教師が教会のリーダーシップを日本人に代えることを拒否したことである。長年にわたって、聖公会のメンバーは、日本人の主教を望んでいた。しかしその実現は再三先送りされた。一九二三年に二人の日本人、大阪の名出司祭と東京の元田司祭が初めて主教として按手され、一九四一年に外国人は完全に日本人主教と交代した。

今や聖公会は、戦後日本に向けての新しい考察や分析を行うことを課題にし始めていた。総裁主教のミカエル八代主教[訳者注⑮]は、一九四七年一一月一八日に東京の連合国教会クラブ（ＡＣＣ）で講演し、日本人はクリスチャンのリーダーシップに目を向けていると語った。

「戦後、いたる所で、どの年代からも、特に日本のように完全にうち敗かされ、国民が生きる目的を失った国において、預言者が求められています。私たちは無力であり、政治や経済を自由に動かせるわけでもありません。私たちがただ一つ持っている自由は、信仰の世界のものです。今や主の預言者的任務を知り、私たちが教え導きながら前に進むべきであります。」

立教大学総長の佐々木順三博士[訳者注⑯]は、国立学校と教会立学校の両者の弱点を指摘した。「国立学校は青年の霊的次元の必要に無関心であり、その結果、多くの知識は生み出したが宗教性に欠けている。一方、教会立学校は何らかの宗教性との繋がりを生み出しているが知的教育にかけるものがある。」〈ミネソタ　ミッショナリー〈*Minnesota Missionary*〉一九四九年一一月〉

●日本人的思想の特質

指導的なキリスト教神学者である菅円吉博士は、日本人の思考様式を次のように分析した。

日本は戦前、ヨーロッパ的な教育システムを模倣した。その後、そのシステムは完全にアメリカ型に再編され大きな混乱のもととなった。その最悪の状況は占領軍の指令により、初等・中等学校のカリキュラムから道徳的な教育が削除されたことである。……日本人は道徳性というものを、善良な日本人として行動するための知識であると考えている。したがってそれは一種の公民科であり生活科である。

アメリカ的な教育方法に疎い日本の教師は、道徳性を扱う新しい方法を身につけることができなかった。そこでそのような実践は実際のところ、小中高校で完全に姿を消している。

　天皇崇拝の消失によって生まれた空白がコミュニズムによって満たされる危険が大いにある。コミュニズムは宗教否定の立場であるが、ある種の宗教的魅力があった。共産主義者だけが真の民主主義者であるという主張によって、日本人の間にはコミュニズムとデモクラシーを巡って混乱があり、共産主義者の力が強まっている。………もし罪の観念が日本人に全く欠けているのでなければ、日本人は、世界の全人類は罪を負っており矛盾に満ちているということを理解できるであろう。しかし、東洋的思考は常に理想主義的であり、現実における畏れに満ちた矛盾を受け入れることができない。このことが、日本人にとって、何故キリスト教的リアリズムに基づく思考方法を理解することが必要かという理由である。〈菅「原爆以来の日本」『海外ニュース(Overseas News)』二〇八号　一九五九年四月〉

　ポールは日本人が知的な混乱と道徳的な空白をあてもなくさまよっていることを徐々に知るようになった。日本人の、熱意と意思だけによる民主主義の受容は、理解不足と知識の欠如を示していることにほかならない。国内外のコミュニストは共産主義の軌道を日本に敷く努力を続けた。ロシア人は、他の連合国が釈放したにも拘らず、シベリアに抑留している捕虜を釈放しようとせず、彼らに思想注入による教化を図った。捕虜がやっと釈放されたときに、ポールはその第一陣に会いに行った。その中に二人の名づけ子が含まれていたからである。四つのグループに分かれ、隊列を組んで下船してきた日本人退役軍人は「インターナショナル」を歌い、面倒な行動をひき起こして家族や友人にショックを与えた。帰国兵の洗脳の効果は時間が経過するにつれ薄れ、日本の社会に再び溶けこんだが、これは多くの日本人を動揺させる経験となった。

　ジョージ東ヶ崎潔[訳者注⑰]がポールを訪れ、日本向けの教材を入手する手立てを尋ねた。氏は古くからの友人で支援者であり、当時はジャパンタイムズの編集局長で、一九六七年には国際ロータリークラブの会長となった。彼はポールに話した。「この国の近代民主主義の制度、思想、運動に関する知識は干上がっている。人々は公的、私的生活の両面においてのアメリカ的生活のあり方や、仕事の能力や進め方に関する著述や書籍を捜してきた。しかしそれが手に入らず落胆してきた。」戦前の検閲と戦時中の灯火管制によって、日本の研究者は欧米の学者の後塵を拝する状態にあり、彼はそのギャプを埋めることを切望していた。ポールは紙表紙（ペーパーバック）の本を海外から取り寄せること、重要なハードカバーの本は図書館に備えること、学術書は日本で印刷すること、重要な本は翻訳することなどを薦めた。

◉エリザベス・サンダーズ・ホーム

澤田美喜は強い精神力で日本の社会問題の一つに立ち向かった。占領が数年に及び、日本人とアメリカ人の両者は、日米人の間にできた子どもが双方の社会で受け入れられず施設での養護が必要であることを知った。澤田美喜は自分の召命を感じていた。彼女は神奈川県大磯にある家族の別荘を、捨てられた子どもたちの家にした。エリザベス・サンダーズ・ホームという名称は、イギリス人女性で三井財閥の家庭教師を務めたミス・エリザベス・サンダース(Elizabeth Sounders)を記念してつけられた。ミス・サンダースはイギリスに帰ることなく、戦争中は三井家の山の別荘で日本政府の監視つき拘束のもとにおかれた。一九四七年に八〇歳で亡くなったときに、遺産を聖公会が関与する有益なキリスト教的事業のために残した。一九四七年五月七日に、日本の民俗学に関する権威ある学者であるルイス・ブッシュ（Lewis William Bush）訳者注⑱が、サンダーズの遺産を主教たちに託し、主教たちはエリザベス・サンダーズ・ホームの設立を認定した。地割式は一九四七年一〇月二六日に行われ、ポールやＡＣＣのメンバーの多くが参加した。ホームが開かれると澤田美喜は書いた。「主が私にお与えになったこの仕事をお引き受けしたときに、赤ちゃんが日本各地からどっと集まってきました。それを拒むことはできません。私はその子たち一人一人を抱き、この子たちが世界で本当に必要とされるよきクリスチャン市民としてここから送り出せるようにと祈りまた誓いました。」

この子どもたちが成長すると、町の人々は大磯の学校に混血児を受け入れることに難色を示した。そこで澤田美喜は自分の学校を建て、[56]すべての子どもが九年間そこで学び、それから志望者が高校に進み、役に立つ仕事を身につけるように取り計らった。最後に彼女は、人種に関わりなく能力のある移民を歓迎している国、ブラジルのことを知り、アマゾン川流域に原野を取得し、ジャングルに小人数の若き開拓者を住まわせた。ブラジルでの生活は容易ではなかったが、強い意思を持つ者は自由を見出し、自分たちの生活をどのようにでもできるチャンスがあった。

◉「ＫＥＥＰ」の目指すもの

まだ軍役にあったポールは、聖公会やエリザベス・サンダーズ・ホームのようなプロジェクトを支援することに精を出し、清泉寮をベースにした地域発展計画を練った。キャンプ場は、元来は夏の間にやってくる青少年だけのためのものだった。しかしいまや彼は、地域自体のことを考えるようになり、その発展計画を、「清里教育実験計画」(Kiyosato Educational Experiment Project ＝ KEEP ＝キープ）と名づけた。

清泉寮キャンプ場を地域発展計画にするという考えは短期日に生まれたものではなく、確かに多くの議論や意見の相違、遅くまでの自由討論などを経て固められたものであった。教会指導者は、戦後日本の窮状を深く憂いてはいたが、未だショックの状態にあり、どう動いてよいかはっきりしなかった。しかしＢＳＡのメンバーは何か新しいことに取り組みたいと望んでいた。ポールによれば、「彼らはキリスト教に基づく民主主義という課題を深く考え、『日本人は、国家規模の民主主義的原理の基本的な枠組み以上のものを必要としているのだ』との明快な結論を出すに至った。彼らは、小さな地域を第一段階として、民主主義がどのように働くのかという実際的な例示を求めているのである。」

ポールは、現実、たとえそれが不愉快な現実であれ、それに直面し順応するときの日本人の不屈さと忍耐強さを認識していた。日本語には「不幸な結婚に耐える」

56　聖ステパノ学園小学校および中学校。

「困難に耐える」「寒さ、飢え、欠乏に耐える」など、少しずつ意味が違う、「忍耐」を表す言葉がたくさんある。多くの家や商店にはダルマが飾ってあり、それは倒されたときにすぐに自分から起き上がれるように底は丸く重りが入っている。ダルマは「七転び八起き」という誰でもが知っている言葉の実例である。

ポールは、日本人の現実主義と実用主義に対して健全な信頼を寄せるようになった。清泉寮にほど近い大泉村の小さな木造の建物の中に、石器時代の遺物が一つ祀られている。昔、村人が社の手入れを怠ると、いつも災難が降りかかった。社をきちんと手入れすることを怠った罰として、火事や不作が度々起こることに耐えられず、器用な農夫たちが、全く手入れの要らない石の社を一つ祀って木の社の代わりとした。その後、村では災難に遭わなくなった。

彼はまた書いている。「あなたは自分の重要なことはお手本によって示しなさい。もし手本がうまく機能すれば、日本人はそれを採り入れる。」一八五四年にペリー（Matthew Calbraith Perry）提督が来航したときに、多くの贈り物を日本人に贈った。それは農業機械、研磨機、ピストルなどの小火器、様々な器具、種、四分の一サイズの鉄道などであった。鉄道は、長さ数百フィートの環状の線路を走る機関車、給炭車、車輌などで、フィラデルフィアの蒸気機関製造業者ノリス・ブラザーズ（Norris Brothers）から遠征隊への贈り物であった。初めて見る鉄道に対して日本人は一目ぼれした。彼らは全速力で線路の周りを走り回り、アメリカ兵は雰囲気に溶け込んで、小型の車両や炭給車に乗りたがっている客に日本のあちこちの町行きの切符を売るふりをした。ほど遠からぬうちに日本人は世界でも有数の立派な鉄道を敷き、運行させている。

宗教に関しては、ポールは日本人は本来哲学的であるよりも宗教的であり、儀式を伴った宗教だけが彼らにあらゆるものを提供していると感じていた。この結論を引き出すのは難しいことではない。日本には荘重な寺院や神社があり、参詣者は自分たちにとってその意味や中身とは無関係であっても神秘的な儀式に魅せられて、満足げにお参りしている。商店の開業、年の暮れの官庁の御用納め、近所の人への贈りものなど日常生活のすべての行事が儀式的なものを伴っている。

占領中毎日、日本人は第一生命ビルの外側に整列し、マッカーサー元帥がアメリカ大使館の公邸に昼食に向かうのを見送った。彼らは儀仗兵が「気をつけ」をし、元帥が大股でドアから出てきて車に乗るのを敬服して見守った。そして、そのような儀式めいたことを納得して行っている人に守られているので、自分たちの運命が安全だという気持ちを抱いて各自の持ち場に帰るのであった。

ポールには、「着物を着たデモクラシー」という言葉がいつ頭に浮かんだのかを思い出せなかった。しかし彼は当初から、民主主義が根を張り、全体として日本的にならなければ、それは決して真の意義を持つことにならないことを知っていた。とは言え、どのように始めたらよいのか。民主主義の基礎とは何か。彼は母国のことを考え、アメリカンデモクラシーは、州議事堂で花開く前に教会堂で根付いていたことを確信した。そここそがまさに出発点にならねばならない。

◉一人が一人を教会に

植松従爾司祭[訳者注⑲]と宿谷《しくたに》栄司祭[訳者注⑳]は満州の帝国陸軍に従軍していた復員者で、清里で新しい教会を始めたい、せめてその試みをしたいと希望していた。若い二人の司祭は清泉寮に行き、キャビンの一つに移り住んで聖卓を作った。その周囲には刈り取りを待つ霜枯れた原が広がり、合わせて三万九千人の人口をもつ三〇の村があったが、クリスチャンはいなかった。最初の冬は厳しかった。食料はどこでも不足しており、二人はしばしば空腹であった。気候が少し暖かくなるや否や、彼らは庭に作物を植えようと考え、土を耕し始めた。彼らが土を深く掘り起こさないうちに、何か硬いものに当たったが、それは掘り出してみると凍った肉のパックだった！　猟師の誰かが仕留めたシカ肉が手に入ったことから、二人は奇跡的な機会に恵まれたと思ったが、次の機会の経験は奇跡どころか災難であった。彼らはキノコ狩りに出かけたが、キノコは裂いてみれば、毒がなく食用になるかどうかが分かると信じていた。縦に裂ければ食べても安全だと思われていたのである。彼らは用心して集めたものを調べ、無毒のものを米と一緒に料理した。安全であることを願いながら食べ始めたが、ほんの少し噛んだところで舌がしびれたのだった！

最初の厳しい数年間をキープで働いたのは、関口正吾夫妻、ペテロ・茅野《かやの》夫妻、八木立三夫妻、金子忠雄夫妻であった。金子忠雄は、戦争中、ある会社で働いていたが、終戦後はその仕事を辞めてBSAに復帰した。ペテロ・茅野は慶応大学の卒業生だが、その後健康を損なって農業に従事した。田舎での暮らしと労働のおかげで体力を取り戻した。一九四八年以降、清里にBSAの支部ができ、そこでは祈祷と奉仕というモットーを忠実に守り、三年以内に自給の教会を設立することを誓った。彼らは毎朝六時の聖餐式のすぐ後で支部の会合を開いたが、各会員はこの集会に努力して出席することをルールとした。金子忠雄によれば、

「気温計が零下二〇度を示している午前五時に起きるのは辛かった。あるメンバーは早朝聖餐式に遅刻しがちであった。そこでメンバーは遅れたら一〇円を払うことにした。月末に集まったお金の半分は教会に献金し、残りの半分は支部の資金にした。毎回の支部ミーティングの最後に、各メンバーは洗礼をまだ受けていない人の名前を最低一人は挙げなければならず、全メンバーはその未受洗者のために祈るばかりでなく、彼らを教会に招くためにその週の間働きかけを続けなければならなかった。成果は徐々にではあったが確実だった。洗礼の志願者は増えた。一九四九年に教会が建てられた一年後には、ほぼ五〇人の陪餐者が加わった。一九五一年までに三年計画は達成され、一三八人の陪餐者が教会に加わった。教会は自給となった。

教会員には多くの農民がいたので、集会用の費用にいつも困難を抱えていた。清里支部はこの困難を解決する新しい対応を試みた。この教会の牧師を週に一回ずつ順番に昼食か夕食に招き、牧師の生計の大きな部分が賄えるようにした。このアイデアは出費を抑えるのに役立つばかりでなく、クリスチャンの交わりを生み出し、霊的な導きの機会を提供するものであることが分かった。支部のメンバーは教会の他の会員にこのやり方を採り入れることを勧めた。そしてかなり成功した。」〈金子「キープ：日本の山村におけるキリストのための新しい試み」

清里聖アンデレ教会

〈『Japan Missions』一九五三年夏号〉

教会は人々によって成り立ち、そして更に聖卓や建物はその人たちによって作られる。聖アンデレ教会は、周りの原野を整地した石の一つ一つで積み上げられ、高原の荒れ地から掘り起こされた岩は聖壇の壁に据えられた。教会の床は日本の家屋の様式に従って「畳」が敷かれ、窓には陽光を遮る半透明の薄い紙が貼られた「障子」が嵌められた。聖アンデレ教会の、清里の石で造られた聖卓や塔、畳の床、障子窓は、味わいがあり自然の美しさを存分に活かしている。

一つの村は統一体である。何故ならば村の文化を調和のとれた社会全体に織り込ませる伝統や社会的慣習があるからである。もしキリスト教が有効な力を持つようになるとすれば、生活の型を示さなければならない。すなわち信仰生活の方法、農場の方法、病気の治療の方法、青年への希望と教育を提供する方法などである。清泉寮とアンデレ教会は建った。まだ計画途中のこととはいえ、キープのその他の事業も急速に展開していた。教会とキャンプ地の間には他の計画が実現の予定であった。地域の診療所、実験農場、職業学校、保育園、図書館などである。聖アンデレ教会の献堂式がすむと、ポールは地域診療所を開く計画を起した。彼は日本国内の駐留軍関係者やアメリカの友人たちに募金を呼びかけ、聖路加病院にはこの山の診療所にスタッフを送ってくれるように訴えた。

一九四八年六月一三日に行われた診療所の地割式への出席者の中には、ミリアム・ヒューレット(Miriam Hewlett)もおり、彼女は、山梨県の社会福祉を担当している占領軍スタッフを伴っていた。彼女は自分のことを「ただ普通の歳をとったソーシャルワーカー」と述べているが、山梨時事新聞は彼女を「貧しい人たちにとっての天使で、母親たちや子どもたちに愛を注いだ人」と呼んだ。あるホームパーティーでの客の一人として、彼女は「ポールが雄弁で、人々にキープのことを宣伝している」のを聞いていた。そして彼が、五ドル、一〇ドル、一五ドルの寄付を受けながら苦労してキープを始めようとしている様子を注意深く見守った。式典の日は雨で酷いぬかるみとなり、ジープは道を登れなかった。彼女はぬかった道路に靴を取られながらも、靴下姿で病院の場所にたどり着いたのだった。

悪天候をついて参加したゲストの中には、高松宮殿下、山梨県知事吉江勝保、聖路加病院院長橋本寛敏、立教大学総長佐々木順三らがいた。地割式の礼拝の後で、南東京教区の前川真二郎主教が教会までのプロセッションを導き、「聖なる聖なる聖なるかな　三つにいまして一つなる」の聖歌を歌って感謝聖餐式を始めた。同じ週の週末に主教は聖アンデレ教会で最初の準備クラスの男女五人に堅信礼を行った。その五人は、鉄道職員、学校の教師二人、学生、大工であった。そして八月には、戦後初めてのリーダーシップトレーニングキャンプが行われた。立教大学のBSA支部の五〇人の男子学生が、BSA会長ミカエル小川寛一、エドワード・I・中川教授の指導のもとで、清泉寮で四日間過ごした。

日時計は何度か前に進んでいた。

[訳者注]

① ヒゼキヤ王　ユダ王国一三代目の王で、同国の最も傑出した名君の一人とされている。旧約聖書の「歴代誌下」には「彼は、父祖ダビデが行ったように、主の目にかなう正しいことをことごとく行った」（二九章二節）、「ヒゼキヤはユダの全土にこのように行い、自分の神、主の御前に良い事、正しい事、真実な事を行った」（三一章二〇節）と記されている。強国アッシリアとの和平を維持したほか、その治世下で大規模な地下水路の開発を行い、恒常的な飲料水の確保にも成功した。

② ビンステッド主教の言葉　アメリカ聖公会のタッカー総裁主教は、終戦直後の一九四五年一〇月には、早くも在マニラのビンステッド主教を日本聖公会の実情調査のために派遣している。引用されたこの文言は、この調査の際にビンステッド師が述べた言葉か、報告文書から引用されたものと推定される。

③ アハズ王　ユダ王国の一二代目の王で、ヒゼキヤ王の父である。アッシリアの勢力に屈したために偶像崇拝を行い、旧約聖書では愚昧な王とされている。

④ 日時計の影　ヒゼキヤ王が瀕死の病にかかったときに神に祈ると、神はその信仰に応えて、日時計の針を一〇度戻された。つまり一日の時間が四五分相当分長くなり、ヒゼキヤ王の寿命が一五年延びることになったのである。（イザヤ書三八章八節「『見よ、わたしは日時計の影、太陽によってアハズの日時計に落ちた影を、十度後戻りさせる。』太陽は陰の落ちた日時計の中で十度戻った。」）

⑤ 佐々木主教の言葉　一九四五（昭和二〇）年一二月一三日に開かれた「日本聖公会昭和二十年臨時総会の際の佐々木主教による告辞の一部である。（文献⑰〈浦路〉収録の「臨時総会決議録　一九四五年（昭和二〇年）」より再録）。なおこの告辞の一部は、巻末に「関連資料」⑦として掲載されている。

⑥ 使徒的継承の原則　キリスト教の聖職の職制、特に主教職は、イエス・キリストの直接の使徒以来継承されているもので、教会にとって不可欠なものだとする立場。

⑦ 主教の収監　収監された主教は、佐々木鎮次（四五年二月一八日収監。途中三週間仮釈放の後再収監。同年六月一六日釈放）、須貝止（四五年三月一二日から六月一六日まで九七日間収監）両師であり、名出主教は収監されていない。

⑧ 収監者の釈放　佐々木、須貝両主教の釈放は一九四五年六月一六日であり、敗戦日以前である。両主教とも釈放された

ときには立つこともできないほど衰弱しており、それがもとで敗戦後間もなく亡くなった。

⑨　東京エピスコパル・チャーチ・クラブ　駐留連合軍（主として米国）軍人中の聖公会会員によって組織された親睦クラブである。戦争で荒廃した教会堂の修復への支援や、貧窮する牧師家族への援助などを行った。本文にあるように、後、連合国教会クラブ（ＡＣＣ）と名称を変更した。

⑩　現地調査使節　ここに記述されている調査使節に先立って、先述のように、終戦直後の一九四五年一〇月には早くもビンステッド主教が来日している。また翌年には、前述の、英米加聖公会の四代表の日本訪問もあった。したがって、日本の教会に対する援助に関して、英米の教会が冷淡であったとする見解にはやや疑問がある。

⑪　調査報告書　この調査に備えるために、ポール・ラッシュは"THE EPISCOPAL CHURCH IN JAPAN"と題する詳細な報告書を作成した。この報告書は以下により翻訳され出版されている。『日本聖公会　ポール・ラッシュ報告書』飯田徳昭訳　立教大学出版会　二〇〇八年刊。

⑫　ランベス会議　カンタベリー大主教の招集により一〇年ごとに開かれる、全世界の聖公会代表による協議会。聖公会が当面する諸課題を幅広く討議するが、その結果が各国の聖公会に強制的拘束力を持つものではない。ロンドンの、カンタベリー大主教の拠点であるランベス宮で開かれることから、この名がある。

⑬　和解の礼拝　一九四六年五月一二日に東京聖三一教会で行われた。この礼拝を契機に未復帰であった主教、司祭が聖公会に復帰し、これにより合同教会加入者の聖職全員が聖公会に戻った。同日に、三主教はランベス会議に出発した。

⑭　リギンズとウィリアズは共にヴァージニア神学校の同窓生である。なおウィリアムズは最初の来日当時はまだ主教にはなっていない。

⑮　八代主教　八代斌助（やしろ ひんすけ）（一九〇〇～一九七〇年）　北海道函館出身。釧路中学を経て立教大学に入学。中退して中国に渡り入営。除隊後、神戸で宣教活動に従事。一九三七（昭和二）年、英国のケラム神学校に留学。帰国後、神戸聖ミカエル教会などで司牧。戦中から戦後の復興期にかけて神戸教区主教および日本聖公会首座主教を務め、その難局を乗り越え、重責を果たした。スケールの大きな豪放な人柄から、教会関係の枠を超えた国内外の幅広い諸活動に関わった。八代学院創設、立教学院理事長など、教育関係機関でも多くの功績を遺した。

⑯　佐々木順三（一八九〇～一九七六年）　東京帝国大学卒業。第六高等学校、第一高等学校などの教授を経て、一九四三

年九月に都立高等学校校長となる。一九四六年六月、立教大学総長に就任した。彼はその就任にあたって、「大学に真理の源たる神に対する敬虔な心が動いておらぬならば本当の大学ではない。（中略）聖書の言葉に「真理は汝に自由を得さす」というのである。この意味において立教の抱負を高らかに謳って欲しい」と述べて、「建学の精神」の復活を訴えた（一九四六年六月二八日の総長就任式後に、全学院の教職員、学生生徒に対して述べた挨拶）。また、小学校から大学までのキリスト教一貫教育を進めることを企図し、立教小学校を開設した。

⑰東ヶ崎潔　東ヶ崎とラッシュは、ポールが初めて日本に渡った際の太平洋航路で、同じ船に乗り合わせそれ以来親しくなった。彼は父の仕事の関係で、一八九五年カリフォルニア州で生まれる。カリフォルニア大を卒業後、米軍に入隊、一九二〇年復員して外国貿易会社へ勤務。その間、サンフランシスコのキリスト教日曜学校、ＹＭＣＡ、ボーイスカウトなどで活躍。しかし、一九三三年、当時、カリフォルニア州で公布された「排日移民法」による影響で、妻・三寿（熊本バンドの一人、金森通倫の長女）を伴って日本に帰国せざるを得なかった。このような経験は、後の国際関係機関や団体での彼の活動の素地となった。戦後は日経連でアメリカ経済ミッションを補佐、一九四六～五六年、ジャパンタイムズ社長。ほかに国際基督教大学（ＩＣＵ）初代理事長、日米協会理事、日本聖書協会理事、聖ルカ国際病院理事、国際教育協会理事、国際社会福祉事業協会理事など務めた。一九五六年にキープ協会理事長に就任した。

⑱ブッシュ　イギリス出身の著述家。一九三二年に日本史研究のため来日。旧制弘前高等学校などの英語教師を務める。戦時中は日本軍の捕虜になっていたこともある。戦後はＮＨＫの国際局報道部に勤務していた。「日英の架け橋」「はらきり」など日本文化に関する多くの著書を残している。

⑲植松従爾　横浜教区司祭。清里聖アンデレ教会、長坂聖マリヤ教会などを司牧し、後、中部教区主教となる。

⑳宿谷栄　横浜教区司祭。清里聖アンデレ教会、浜松聖アンデレ教会などを司牧。

第一〇章　フロントガラスを通して

キープ入口に立つポール

◉ポールのGHQ退役

国に帰るべき時がきていた。進駐以来四年が過ぎており、その終結も目に見えてきた。ポールは軍での自分の出番は終わっており、日本での本来の仕事を再開すべきだと感じていた。彼は現役からの退任を申告し、一九四九年のいつかに帰国する計画を立て始めるとともに、編集分室の仕事の整理を開始した。二世の通訳者や翻訳者の多くは既に退役し、新しい生活を始めるためにアメリカに帰国していた。その生活は、自分の国に立派に仕えた、アメリカ国民としての居場所を定めたうえでのものであった。ポールの退役の希望は時間がかかったが総司令部の指令系統を通して叶えられ、一九四九年夏に現役からの解放[57]が期待できると告げられた。彼は送別会を計画し実行したが、その招待客のリストには新旧の友人が網羅され、新生日本の一種の人名辞典のようであった。

　ついに出発のときが迫ってきた。彼は謄写刷りのリストを取り上げ、サインを求めてオフィスからオフィスを忙しくまわった。それは軍の転任の際に常に伴う形式張った手続きで、「清算（クリアリング）」と呼ばれていた。総司令部の特別サービス部は、中等学校野球チームのキャプテンに彼が贈った新しい野球のボール代の請求をすることなしにサインをしてくれた。準備が完全に整うと、参謀第二部（G-2）副部長チャールズ・A・ウィロビー（Chales A. Willouby）少将からの彼への賞賛の書状[訳者注①]をもって出発した。それには、

「貴殿は各種の貴重な資料や文書を収集するために大変な努力を果たされました。私の指揮下にあって、編集分室の室長として、貴下は日本の重要な人物や組織に関する資料を集めるという役割を担当しました。その資料には日本の占領統治にあたって、実際にあるいは可能性として影響を与えたすべてが含まれています。広範囲にわたる背景の綴じ込みの収集において、貴殿の、英語と並べて日本語の併用を可能にするという独特の工夫は顕著な手法であり、この方法を発展させ採用した結果、そうしなければ必要になった、翻訳のための人手と時間の著しい節約となりました。

　戦争前に多年にわたり東洋で過ごされた結果、貴

殿はその任務に対して殊のほか優れており、これ以上の貢献を他のアメリカ軍人が果たせるとは到底考えられません。」

と記されていた。

軍からの「よくやった」という賛辞を耳にしながら、ポールはアメリカに旅立った。七年間の軍役によって彼には様々な新しい友人ができ、いつも変わらずに軍人風のスタイルでいるという習性を身につけた。彼は今や新しい目標を抱いていた。それは、清里の一般の人々が必要とするものを、現実的なものとして、アメリカの一般の人々に受け止めてもらうということである。ポールは、アメリカ人たちはその課題に応えてくれるだろうと期待していた。彼は、広報活動のための材料として、二通の手紙をとりあげた。その一つは、マッカーサー元帥からのキープのプログラムを心から推奨するもので、その末尾には次のような言葉が添えられていた。[訳者注②]

「これらの計画から、日本の再出発にあたっての活きたクリスチャンの働きとして、聖徒アンデレ同胞会の大きな可能性が覗えます。私がしばしば述べているように、民主的な考えが日本社会の根本に届いていることを確かめる場合に、我々がまず当てにすべきものは、その社会が支持するグループやキリスト教運動であります。私たちが考えているように、他のすべてのことに優って、民主主義とは、キリスト教の教義の実例なのです。」

日本における最大の権力者からの手紙と並んで、もう一つは日本の巻紙に書かれた手紙であった。

「親愛なるポール・ラッシュ様

平沢に住む高齢者で英語をほとんど話さない高見沢八三翁があなたにプレゼントを届けて欲しいと私に頼みました。その日本語の文字は、『誠実さと親孝行は最も大切な人の道です』という意味です。併せて五〇円が手紙に同封されていましたが、『このお金はアメリカでは一セントの値打ちでしょう。し

57　ポール・ラッシュのGHQ退任は、一九四九年七月である。

かしこれは日本でのあなたの働きに心から感謝する私の気持ちです』と書かれていました。　敬具

アブラハム植松従爾」

この老人の五〇円の寄付は、普通の献金ではなかった。どの紙幣も使い古されてしわになっていた。どのお札も丁寧に折りたたまれ、小さな封筒にきちんと入れて封がされていた。この贈り物のすべてに関すること——大変な倹約がされたに違いないお金のことから、巻紙の、達筆で大胆な筆遣いにいたるまでのこと——はこの老人の気持ちの深さからきているように思われた。

●ワゴンを駆って町から町へ

高官と庶民からの推奨の手紙を携え、日本アンデレ同胞会アメリカ後援会に支えられ、二世の人々の支援や日本で働いていた占領軍関係者からの励ましを受けて、ポールはアメリカ国内に拡がっている友人、知人の訪問を始めた。在日米軍の友人たちは、キープの発足を援助してくれた。しかし彼は、キープの根を下ろさせるためには、支援者として、より広範囲の仲間が必要だと考えていた。このような関心を惹き起こす方法はただ一つ、それは人との繋がりによるものであり、草の根の民主主義は草の根の支援を必要とするのである。

東京で仕事を一緒にしたヤスタケ・シゲオがアメリカに同行し、ステーションワゴン車で町から町を訪ね歩いた。ニューオーリンズ（New Orleans）、レイクチャールズ（Lake Charles）、ボーモント（Beaumont）、コーパスクリスティー（Corpus Christi）、オースチン（Austin）、ブラウンズヴィル（Brownsville）、ウエーコ（Waco）、ノースカロライナのハイポイント（High Point）[58]などは、フロントガラスを通してアメリカという国を見せてくれた。さらにワゴン車は、インディアナ州のミシガンシティー（Michigan City）、ウイスコンシン州のオークレア（Eau Clair）、ブリティシュ・コロンビア州[59]のバンクーバー（Vancouver）などへ一マイル、また一マイルと走破していった。毎夜毎夜、ホテルやモーテルのベッドにもぐり込み、友人の家に泊まった。そして来る朝ごとに早く起きて、広報用の資料——小冊子、ホールダー、申込書などの山——を

車に積み、また出発した。ヤスタケ・シゲオが運転し、ポールは宣伝カードに目を通したり、次の訪問先での予定を練ったりした。

ポールは二世退役軍人協会や、シカゴ再移住者協議会、シカゴの聖パウロ教会、北西デトロイト（North West Detroit）・キワニスクラブ[訳者注③]、デトロイト[60]の聖ヨハネ・エピスコパル・チャーチなどで講演した。この教会では創立九〇周年を祝っており、キープのコミュニティハウスとベルタワーのために五千ドルの募金をする目標を立てた。ポールは、セントポール（St. Paul）[61]のクライスト・エピスコパル・チャーチや、ミネアポリス（Minneapolis）の聖マルコ大聖堂、ミネソタ大学の日本クラブ、ダルース（Duluth）の聖パウロ教会、ミネアポリスの日本人アメリカンセンター、ヒビング（Hibbing）の聖ジェームズ教会、バタヴィア（Batavia）[62]の聖ジェームズ教会に出かけた。またセントラル・ニューヨーク教会員協会、シラキュース（Syracusu）大学[訳者注④]のカンタベリークラブ、オンタリオ州キッチナー（Kitchener）[63]の聖ヨハネ福音教会、マサチューセッツ州ノーサンプトン（Northampton）のスミス（Smith）カレッジ、ヴァージニア州リッチモンド（Richmond）のエピファニー教会、アッパーサウスカロライナの聖公会教区の大会で話をした。

彼は、日本はアメリカにとってイギリスと同じように重要である。言語や文化の障壁にも拘らず、二つの国家は共にアジアの平和と繁栄を保証するという共通の関心を持っており、強く民主的な日本がなければアジアへの展望は成り立たない。古くから援け合ってきた貿易相手として、太平洋をはさんだ両国は、協力と協働活動によって多くのものを得ることができると強調した。

58　ニューオーリンズ、レイクチャールズはルイジアナ州、ボーモント、コーパス・クリスティー、オースチン、ブラウンズヴィル、ウエーコはいずれもテキサス州の都市。ハイポイントはノースカロライナ州に属する。

59　カナダの南西端の州。

60　デトロイトは、ミシガン州の都市。

61　セントポール、ミネアポリス、ダルース、ヒビングはいずれもミネソタ州の都市。ヒビングは鉄鉱石産地として知られる。

62　ニューヨーク州にある都市。

63　カナダのオンタリオ州にある都市。

「私たちは日本を同盟国として必要としています。日本にとってアメリカが必要なのと同じです。しかし、東洋人の心情にとって、民主主義というものは、私たちと同じようには情緒的な関心を惹き起こさないのです。でも日本人はそれを理解したいと願いそれを理解しようと努めているのです。」

ポールは占領について話し、その目的を説明し、それが日本の再生に貢献したことを称え、マッカーサー元帥の統治に敬意を払った。しかし日本の情況はまだ険しいと率直に話した。「公衆道徳の急速な低下や闇市に夢中になるなど、その姿はおぞましい状態です。」日本へのコミュニストの脅威や、敗戦のショックからもたらされた意気消沈、多数の日本人の理想の喪失をよくわきまえながら、ポールは、精神的経済的両面での日本の復興を支援するためのあらゆる努力をしなければならないと力説した。「もし市場《しじょう》が整備され原材料が調達できれば、日本は一九五二年までに経済的に再び自立できます。」

彼は戦後の若年者たちについて気持ちを込めて話した。襤褸《ぼろ》をまとい痩《や》せていて、ポールをいぶかし気な眼つきで見つめる少年たちの姿を聴衆の脳裏に焼き付かせた。言葉だけではない民主主義を生み出せる場としての清里の将来像や、教義だけではないキリスト教という訴えが、どの場所でも彼の話を聞く人に現実味を感じさせた。そして、教会や奉仕団体、青年グループや個人を支援へと駆り立てた。

彼が話をするときにはいつも、戦勝と占領の成功のために果たした二世兵士たちの貢献に心からの敬意を払った。今ではほとんどのアメリカ人が、全員が二世から成る四四二戦闘部隊のイタリア戦線での戦果を知っていた。ダニエル・井上は外科医になることを希望していたが片腕を失った。井上大尉は医者から政治家に転じ、ハワイ州選出のアメリカ上院議員となった。映画「Go For Broke」(徹底抗戦)[64]はこの部隊の活躍をドラマ化したものである。ポールは太平洋の戦場での二世の働きに対する当然の評価が与えられるようにあらゆる機会を捉えた。

日本は未だに多くの救援物資を必要としていた。彼は行く先々で日本に不足している物を示し、アメリカ人に日本の教会や孤児への援助を訴えた。寄贈された衣類は梱包され、日本への船積みのためにサンフランシスコに送られた。お金や物資は不可欠ではあるが、日本にはより以上のものが必要だと再三にわたって訴えた。彼はコロラドの聖公会の総会で話した。

「私は皆さんの祈りを願っています。私は神さまが常に私と共にいますことを信じています。皆さんお一人お一人の支援を求めています。コロラドからの沢山の方々の祈りの力を感じさせていただければと思います。日本は恩着せがましい慈善ではなく、よき隣人を求めています。日本人は私たちの信仰が力を発揮することを知りたがっています。主なる神は皆さんに『汝らは全世界に赴き、わが名において福音を宣べ教え癒せ』[訳者注⑤]と語りかけているのです。だれでも信仰と手段を通じて人を援けることができ、これらを通じて目標に達することができるのです。」〈*The Colorado Episcopalian* 1952.8〉

◉ドレイパー夫妻との再会

ルイジアナでは旧友であるウイリアム・ドレイパー（William Draper）司祭夫妻と再会を果たした。同師は、ルイジアナのマンスフィールド（Mansfield）の教会の牧師であった。一九三四年にまだ神学生であったときに、彼は来日しポールと会った。ポールは、彼が聖職になったら日本に赴任するようにと勧めた。しかしドレイパーは婚約しようとしており、彼の来日中に、日本への献身に関わらないということをフィアンセに約束していたのである。未来のミセス・ドレイパーに送った彼の手紙には、新しくできた友人の話やＢＳＡキャンプの印象がたくさん書かれていた。彼はキャンプに参加した青年が、帰って洗礼を受けようとしていると彼女に知らせた。「このことは彼らの経験の意味を物語っています。」何にも関わらないという約束にも拘らず、ドレイパーは日本に惹かれているのを感じた。ポールは彼が日本に戻り、本州の六つの県がある東北地域で働くことを勧めた。ポールは彼に、彼の承諾は「約束ではない」と話し、ドレイパーは少なくとも「片足を踏み入れた」形で日本を去った。叙任と結

64　邦題「二世部隊」

婚のあと、ドレイパーは本当に日本に戻り、夫妻は戦争の直前まで日本に留まった。ポールがルイジアナの教区に着くと、夫妻でさえも彼が携わっているキャンペーンへのエネルギーと各地への訪問と献身に驚嘆した。彼は教区内を端から端へと移動し、マンスフィールドでの昼食会で話し、一六〇マイル（約二五〇キロメートル）離れたレイクチャールズで同じ日の夜に講演した。ドレイパー夫妻は聞き入り、ミセス・ドレイパーは「彼はあの訴えの粘り強さであなたの心をつかむのね」と囁いた。それに対して夫は付け加えた。「彼は魂に訴えかけるオズの魔法使いさ。」

ポールがドライブを続け、講演し、解説し、熱心に勧誘するにつれ、キープのプロジェクトに対する支援が集まり始めた。というのも、ポールが語り掛けた人々が自分たちの感想を述べているように、「これは意味があることだ」と感じるようになったからである。申込みカードの貴重な束が厚みを増した。

◉無二の友バーバー

しかしその名を他の誰よりも忘れることのできない一人の人物がいた。彼は、二〇年以上にわたる旧友であり支援者であり、ポールへの、日本BSAへの、そしてキープへの彼の信頼は決して揺らぐことがなかった。その名はコートニー・バーバーであり、穏やかで真に誠実な信徒の一人であった。彼は一八七七年六月五日にオンタリオ州のシムコー（Simcoe）[65]で生まれ、一八九二年、一五歳のときにシカゴに移り、包装会社の一つに働きに出た。彼は家畜集積所や食肉パッキングの仕事にあまり熱心ではなく、エクィタブル（Equitable）生命保険会社の求人広告を見て応募した。彼はこの会社の事務員となり、その後外交員、最後に総代理人となった。

しかし教会が彼の副業であった。そして時として、それが彼の天職でもあるように見えた。彼はシカゴの聖ヤコブ教会の聖アンデレ同胞会の設立に参加した。そして同会の全国評議会のメンバーとなり、一九一〇年に副会長になった。彼は三年ごとの米国聖公会総会で代議員会（House of Deputies＝ハウス・オブ・デュプティーズ）[訳者注⑥]の代議員を何回か務めた。そしてシカゴ一円で行われた大斎節正午礼拝を創始し支えた。

キープの計画について話し合うポール・ラッシュとコートニー・バーバー

彼にはもう一つの非常に強い関心があった。それは共和党であった。彼はひたむきな共和党への資金支援者で選挙運動の熱心な担い手であった。一九三二年のアメリカ大統領選挙で、フランクリン・D・ルーズヴェルトが選出されたときに、同氏が聖公会員になるのを神様がどのようにして許したのか理解できないという所見を述べた[66]。しかし彼が一生涯でそのような批判的な意見を言ったことは、ほかにはほとんどなかった。

バーバーとポールは、一九二八年にポールが聖路加病院の募金活動をしているときに会ったが、二人の友情は、バーバーが一九五一年五月四日に亡くなるまで続いた。その間、彼は事務所の場所や銀行手続き上の便宜を与え、常に信仰と生き方の支えとなった。

◉キープの発展

ポールは一〇か月をアメリカで過ごし三六の州を回り、カナダの数都市を訪ねた。キープへの基金は増え、計画への支援は根付き、救援物資は日本への船出を待ってサンフランシスコの倉庫に積み上げられていた。彼の帰還の時が到来し、横浜への渡航を予約した。

日本に帰ってみると、清里は進展していた。清泉寮

65　オンタリオ州はカナダの州の一つ。
66　F・D・ルーズベルトは民主党員であった。

キャンプは夏の間中、スケジュールがつまりキャンプや修養会が行われていた。聖アンデレ教会は成長し、新しい受洗者が次々と会衆に加わった。また聖ルカ地域診療所は聖路加病院からの医師や看護婦がスタッフとなり、診療を始めていた。しかし彼の期待はその進展をはるかに凌いでいた。なぜならば彼は忍耐強いタイプではなく、物事はいつも彼が望むようには進まなかったからであり、彼はアメリカ人でありキープのスタッフは日本人であったからである。彼にはアメリカ人を雇い入れる財政的な余裕はなく、それはむしろ好都合であった。彼は日本人リーダーと協働しなければならず、日本人は彼に協力しなければならなかったからである。

今やキープは順調な機関であった。二つの原則がその独立を保証するために打ち立てられた。一つは、聖アンデレ教会はキープを支配することもキープから支配されることもないということである。教会はその信徒によって支えられ、教区主教の管轄下にあった。しかしキープそれ自体は私的な機関であり、日本聖公会からもアメリカ聖公会からも直接の拘束は受けなかった。簡単なルールに従いさえすれば、他教派の教会や一般のグループがその施設を利用することに全く制限はなかった。そのルールによれば、どのような背景をもつ会合であっても受け入れ可能であった。清泉寮内の図書室は、そこで奨励された閲覧の自由な精神を反映していた。そこには様々な種類の和洋書が多数あり、各種の新聞や雑誌もあった。新しい形の、教会と施設との関係が試行錯誤をしながら進められた。その形は時として困難に見えたが、「教育」と「実験」に対して、ポールが望むところの最大限の自由をもたらすようなものがデザインされた。二つ目に、キープは日本政府やアメリカ政府からの援助を申請したことも受け取ったこともなかった。清里では補助金が使われたことはない。ポールは苦労を重ねて募金を集め、キープはその独立性を守った。

◉日本国内の支援者を訪ねて

日本中に数千人のかつてのポールの学生が散らばり、数百人の名づけ子がいる。彼は日本国内を回りこの人たちと会う企画を立てた。日本人の支援はアメリカ人からの支援や理解と並んで重要であり、ポールはアメリカで話してきたように日本でも話したかった。金子忠雄と名取良三が同伴し、ポールのステーションワゴンで出発した。一九五〇年の日本のほとんどの道路はひどい悪路で、占領軍スタッフが都市間を移動するときには車を列車で運ばなければならなかった。日本人がガソリンスタンドと呼んでいる給油所はほとんど町の外にはなく、長旅をしようとする人は誰でも用心して自分の車にガソリンの缶を積んでいた。高速道路はほとんどなく修理工場もなかった。しかしポールにはアメリカ軍の基地に頼れる友人がいたし、前の山梨県知事で今は新設の国家地方警察本部長官となった齋藤昇氏[訳者注⑦]が、日本語の覚書付きのカードを渡してくれた。それには、ポールが必要とするどのような便宜も図るようにとの地方の警察署長宛ての要請が書かれていた。ポールは、「これがいくつもの奇跡を生んだ」と有り難がった。

ひどい道ではあったが、キープ三人組は、南は九州から北は北海道まで日本の主な町のすべてを旅した。停まる場所ごとに、立教の元学生や、ＢＳＡのメンバー、聖公会関係者と接触を図った。教会で会うこともあったが、もっと多かったのは和式の旅館内の部屋での非公式の集まりであった。ポールが話し金子忠雄が通訳した。ポールは繰り返してクリスチャン・デモクラシーとコミュニズムの違いを話し、キープの計画と、清里で実現したいことを述べた。ワゴン車が最後の疲れ果てた行程で悲鳴をあげて、道路の窪みにはまると、ポールは日本地図に最後の線を引き、東京に帰った時間の記録を書いた。彼は日本中を車で回るとは信じられない懐疑論者に見せるために、行程をマークした地図を取っておいた。今や彼には、「この国には未だしっかりと頼るべき物が必要だ」という確信ができた。

東京に帰ると名取良三は、ミシガン州立大学で施設管理学を学ぶために渡米する準備を進めた。彼は立教大学を卒業したが、留学するために英語を熱心に学んでいた。ポールはもう一度アメリカに行く計画をたてた。キープは順調に推移していたし、日本人の支援体制も固まり、ポールは日本のキープ協会をアメリカ後援会に対応した機関として組織することができそうであった。日本の農山村の水準を上げることの緊急性・重要性について、大きな関心をもつ事業家や政治家、教育的リーダーたちがいた。

◉「忠実なよき僕《しもべ》」小松隆

　こうした事業家の一人が長老派教会信徒の小松隆で、日本のキープ協会の理事長[訳者注⑧]であった。彼は東京から約一一〇キロ離れた小さな町である三島に一八八六年に生まれた。わずか六歳のときに父が破産し、叔父の下に預けられて育った。しかしそこでは薄幸であったので東京に逃げ、メソジスト派の印刷会社で仕事を見つけた。昼は働き、夜は勉強して、彼はいち早くファイリングシステムを学び有能な社員になった。一三歳でアメリカに行き、四年間日本人の店で働き、ＹＭＣＡで暮らし、時間があれば勉強した。ここでミス・ケイト・ショウ（Kate Shaw）に会ったが、彼女は長老派の宣教師として日本で働いたことがあった。彼女の応援で高校を卒業し、イリノイのモンマス・カレッジ（Monmouth College）に進むことができた。ここで彼は雄弁な話し手として議論の達人となり、優等で卒業した。続いてハーヴァード大学に入り、一九一二年に国際法の修士号を取った。卒業にあたっては「平和の夜明け」というスピーチをした。

　帰国後彼は、キリスト教の聖職者か外交官になるか、国際貿易に携わろうと考えた。その間、東洋汽船社長浅野総一郎[訳者注⑨]の孫の家庭教師をしていたが、浅野はこの若き家庭教師に目をとめ、彼を私的な秘書として事業の経験を積ませた。第一次大戦中、小松は船舶を連合軍側に貸し出す業務を担った。一九二〇年には、全権大使加藤友三郎[67]の秘書としてワシントン会議[訳者注⑩]に出席し、それ以来、多くの国際関係、国際通商の会議に参加した。東洋汽船会社のアメリカ支配人であった数年間、彼は夫人のオリコと共にサンフランシスコに住み、子息のウィリアムがそこで生まれた。一九二七年にチャールズ・Ａ・リンドバーグ(Charles A. Lindberg)[訳者注⑪]大佐夫妻が来日した際に公式通訳を務め、彼の声は地球を回った。一九三二年に、樺山愛輔伯爵[訳者注⑫]が満州に関する日本の見解をアメリカに伝えるために渡米した際に同伴し、その夏にはシカゴの世界博覧会での日本の展示のために特別委員長を務めた。モンマス・カレッジは、彼に名誉法学博士の学位を授与し、同窓会の祝宴で彼は、日本とアメリカはその違いを乗り越えられると希望を述べた。「科学の発達により世界は狭くなっているのに、人の心情と精神はその発展について行けていません」と話した。

太平洋戦争が起きると、彼は当局の絶え間ない監視を受けた。彼が戦争に反対しており、日本で拘束されているアメリカ人を援けていることが知られていたからである。東京ロータリークラブは一九四一年に解散を強要されたが、彼はその名前を「東京水曜会」と変え会合を続けた。戦争の終わりが近づくと、彼はアメリカによる占領は好意的であり、日本人は恐れることはないと予測した。そして占領中、彼は日本の経済構造の修復のために働いた。彼の戦争に反対する率直な立場を許せなかった政治的な対立者は、「個人的な友人をもてなすために公金を使った」として彼に責任を負わせ、交際費が問題になることはほとんどない日本で奇妙な告発をした。この事件は五年にわたり尾を引いたが、最終的には彼は完全に赦免された。

日米交流の回復を切望して、彼は日米の大学卒業生が打ち解けて会える機会を作ろうとして、一九四六年三月三日にユニヴァーシティー・クラブの設立を支援した。最初の会合は日本工業クラブで開かれ、小松氏は皆が集まれるようにと熱心に人を招いた。「よき交わりが盛んになり、繋がりが生まれるところには多くの得るものがあります。」

彼は最も名誉ある日本人の一人であり、多数のアメリカ人から慕われた。数年にわたり日米協会の会長もしくは副会長を務め、発言者のテーブルに輝きを添えるように微笑みながら会議を主宰した。丸の内ビルにある彼の事務所は彼の沢山の関心に応じるようにしつらえてあった。五つの小部屋があり、それぞれに秘書がいた。一つは日米協会、そして東京ロータリークラブ、バンクロフト（Bancroft）基金[訳者注⑬]、グルー（Grew）基金[訳者注⑭]、キープ協会であった。一九六二年に彼が逝去した際には宮内庁からの贈花、元首相吉田茂、ライシャワー駐日米国大使、ポール・ラッシュからの追悼の賛辞があった。大使は「彼の熱意と、思いやりと、裏表

67　海軍軍人、政治家。海軍大臣、内閣総理大臣を歴任した。

のない善意がすべて失われたことはとても寂しいことです。しかし、日本とアメリカの友情を育てた彼の貢献は永遠の功績として残り、われわれに対する激励となるでしょう。」と述べて挨拶を終えた。そしてポールは「忠実なよい僕《しもべ》だ。よくやった。[訳者注⑮]」という聖句をもって感話を終えた。

〔訳者注〕

① ウィロビーの讃辞　ポール・ラッシュのアメリカへの募金活動旅行の出発は、GHQ退任後間もない一九四九年九月であった。このときラッシュは、「戦後日本の挑戦――アメリカへの現地報告　一九四九～五〇年」と題する冊子を携え、その中で清里でのこれまでの活動の成果と今後の課題を述べている。本文で引用されている文言は、一九四九年七月一八日付けでウィロビーによって出されたラッシュあての感謝状の中の一文である（文献④〈山日〉三七一頁による）。文献③〈ア史〉三一頁には、ラッシュのGHQ退役記念パーティーで、吉田茂首相、松平恒雄参議院議長、ラッシュと共に写るウィロビーの写真が掲載されている。

ウィロビーはGHQ参謀第二部（G-2）部長（副部長ではない）としてマッカーサー元帥の右腕の一人であり、G-2でのラッシュの上司であった。強烈な反共主義者としても知られ、その観点から戦後日本の進路に影響を与える制度についても提言を行った（警察制度など）。諜報活動の専門家として、アメリカのCIAの設立にも関与した。

② マッカーサー元帥からの手紙　文献②〈PR〉でのポール・ラッシュのコメントによれば、この手紙が書かれたのは以下のような経緯によっている。すなわち、「一九四八年はじめ、米国BSA専務理事ジョン・C・H・リー元中将（優秀な平信徒で、退役後現職）からマッカーサー元帥に、再出発した日本BSAと、キリスト教民主主義の力としての日本BSAの価値を評価してほしいとの依頼が届いた。マッカーサー元帥は連合国軍民間情報教育局の徹底的調査を基に、リー氏に次のように返答している」（文献②〈PR〉四四頁）。この引用は、その返答（回答は四九年五月）の末尾部分（全文は巻末「関係資料」⑧参照）である。

③ キワニス・クラブ　一九一五年にデトロイトで発足した社会奉仕を目的とした団体。

④ シラキュース大学　ニューヨーク州シラキュース市にある私立大学。その設立はメソジスト教会による。

スミス・カレッジ　マサチューセッツ州ノーサンプトンにあるアメリカを代表する女子大学の一つである。

⑤「わが名において福音を宣べ教え癒せ」　復活したキリスト・イエスは、弟子たちに「世に遍く福音を宣べ伝えよ」と命じたことが新約聖書の各福音書に記されている。本書の文言に最も近いのは「マルコによる福音書第一六章一五節の以下の言葉である。「それから、イエスは言われた。『全世界に行って、すべての造られたものに福音を宣べ伝えなさい。』」

⑥米国聖公会総会代議員会　アメリカ聖公会総会での立法機関は、連邦議会における上院、下院のように上下二機関からなっている。上院にあたるのがHouse of Bishops（主教会）であり、下院にあたるのが聖職代議員、信徒代議員によって構成されるHouse of Deputies（代議員会）である。

⑦斎藤昇　東京帝国大学農学部及び法学部を卒業後、内務省に入省。一九四六年に山梨県知事に就任。その後、四七年に警視総監、四八年に国家地方警察本部長官、五四年に初代警察庁長官に就任。五五年に政界に転じ、運輸大臣、厚生大臣などを務めた。

⑧小松隆　キープ協会の理事長は、東ヶ崎潔（一九五六年）、小松隆（五六〜六五年）、福島慎太郎（六五〜七三年）、ポール・ラッシュ（七三〜七七年）、ダグラス・オーバートン（七七〜七八年）氏らが務めている。上のうち福島氏は、一九七八〜八六年にかけてキープ協会会長も務めた。

⑨浅野総一郎　（一八四八〜一九三〇年）　富山県氷見市の医師の家に生まれる。しかし医業は継がず、コークス、セメント、炭鉱、海運、造船などの実業に携わり一代で浅野財閥を築いた。浅野学園（横浜市、中・高校男子校）を創設した。

⑩ワシントン会議　第一次世界大戦後にアメリカ大統領ウォレン・ハーディング（Warren Harding）の提唱によりワシントンで行われた国際軍縮会議。期日は一九二一年一一月一二日から翌二二年二月六日までであった。

⑪リンドバーグ　一九二七年にニューヨーク-パリ間大西洋単独無着陸飛行を達成した。夫妻の来日は一九三一年である。愛児が誘拐・殺害されたことでも知られる。

⑫樺山愛輔　薩摩藩士の家に生まれる。アメリカ、ドイツの大学に留学した後、実業界で活躍。貴族院議員に選出されて国際関係の事案に関わる。日米協会会長も務め、ラッシュの事業への支援も行った。一九三四年には徳川公達、グルー、福井菊三郎とともに、立教学院顧問にも就任している。

⑬バンクロフト基金　戦前の駐日米国大使E・バンクロフト氏の遺産を基にした、アメリカのリベラルアーツの大学に留

学する日本の高校卒業生を対象とした奨学金制度。
⑭ グルー基金　同じく米国大使であったJ・グルー氏の提唱に基づく奨学金制度。二〇〇六年に前者と統合されて「グルー・バンクロフト基金」となった。
⑮「忠実なよい僕だ。よくやった」　マタイによる福音書二五章二一節にある、主人が、その忠実な家来の行動を誉めた言葉。

第一一章　秘められた変革

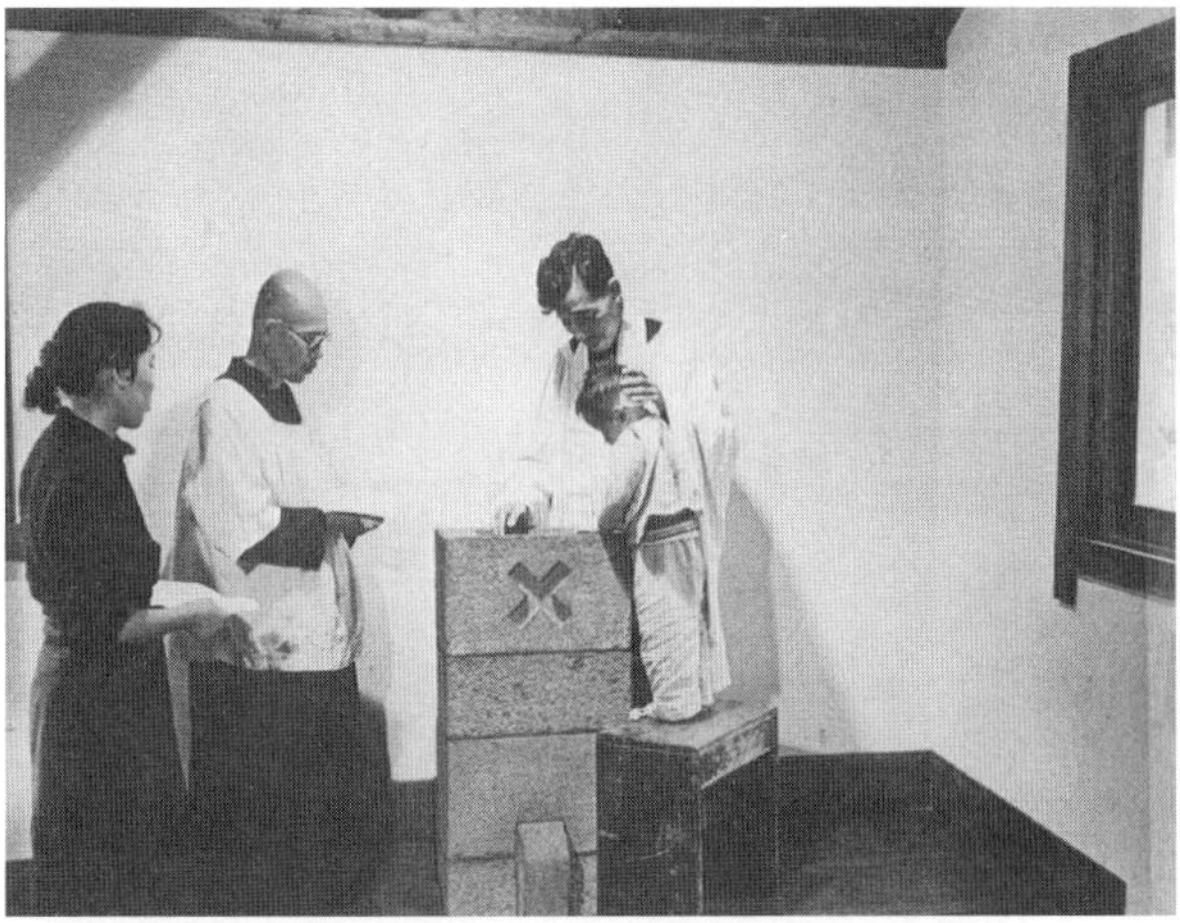

秘かな変革はここから始まる（洗礼を受ける幼児）

◉キープ診療所と村人

清里地域に住むある農家の若い主婦が最初の出産を迎え、家族は彼女にキープの診療所で出産させることを決めていた。それは何度もの慎重な見立てと話し合いを経て出された選択であった。彼女はそのことについてほとんど何も発言しなかった。農家では、まだ子どもがいない妻は家の中で地位が低かったのである。夫と、舅、姑、二人ずつの叔父叔母が事を決めたのだった。お産が近づいて来たようなので、彼女は清里まで列車に乗り、山道をとぼとぼ歩いて、二〇床の新しい診療所に入院した。病室に案内され、入院用の着物を受け取り、検査を受けた。医師と看護婦たちは、お産に備えて自分たちが手を洗う時間だと判断した。しかし看護婦が準備のために病室に行くとそこは空だった。風呂場や病院中を捜したがどこにも見つからなかった。患者は病院からいなくなっていた。病院の見慣れない様子に驚いて、彼女は逃げ出し、列車に乗って自分の家に帰ろうとして山道を歩いて下ったのだった。しかし列車に乗り遅れ、線路沿いに歩き出した。ところが家に帰り着く前に時が満ちて女の子が生まれて、彼女は自分でその子を抱いて家にたどり着いた。その子は鉄子と名付けられた。「鉄道の子」という意味である。

それとは別の産婦は、診療所のことを理解しており、来院を自ら望んでいたが、ぎりぎりまで畑で働きたがっていた。キープの女性職員の一人が彼女を迎えに来て捜し出した。その職員が彼女を見つけたときに彼女はすでに産気づいていたが、まだ畑で働いていた。二人は救急用の車を大急ぎで呼び診療所に向かった。診療所の入口に着いた時に赤ちゃんが生まれた。

近代的な診療所は、キープ周辺の山村に住む人たちには何分にももの珍しく馴染みが薄く、そのやり方は時々患者を驚かせた。これは七〇平方キロの中で唯一の診療所だった。進んだ医療のやり方に恐れをなして病院から逃げ帰るたくましい農家の主婦は、一人二人ではなかった。前記の母と娘は助かった。しかし妊娠中の用心が欠けていたり、農家で未熟な助産婦のもとで出産する多くの女性はそれほど恵まれてはいなかった。農山村では幼児の死亡率は都市部に比べて格段に高かった。それにほかの健康問題もあった。五人のうちの一人が、肺結核ないしは他の胸や肺の疾患にかかり、一〇人のうち九人に回虫がおり、下痢の症状は始終あった。

キープ診療所は訪問医によって月に一回の診療を開始した。[訳者注①]そして一九五三年になってやっと二〇床の病院が開設された。控えめでつましい木造建築ではあったが、清潔でよく整えられており、まもなく清里一帯の病人の診療を始めた。最初の年度の総力をあげた診療活動の結果、受診者数は五千人であった。日本での最初の近代的病院は一八六一年に長崎に建てられた。[訳者注②]しかし長年にわたり西洋医学は東洋医学と張り合い、日本の民間療法と日常常備薬は、より初歩的な処置とともに人々の間で用いられてきた。戦後一九四八年に公布された「医療法」[訳者注③]は病院の質の向上を意図したが、この法律の成立が直ちに病気や怪我の治療のためのベッドを増やしはしなかった。一つの大きな問題は都市部には多く地方には少ないという病院の分布状況であった。医師や看護者は病院のあるところにとどまり、彼らのほとんどはともかく都市部に住むことを好んだ。

東京の聖路加病院の協力なしには、キープ診療所の開設は不可能であったに違いない。しかしその協力があっても、ポールは病院のスタッフを確保するのに苦労した。幸いなことに、ポールは、松本喜久江医師[訳者注④]に病院長になることを説得し、彼女が常駐することを希望したのである。そしてポールは、若き植松従爾司祭が結婚して家庭をもつべきだと考えた。そしてもし彼が病院長と結ばれれば願ってもないことだった。縁を取り持つことは日本では光栄とされることだった。結婚相手を紹介し、お似合いの花嫁、花婿を引き合わせ、結婚式を司る仲人なしでは、結婚はなかなか成立しなかった。時が来て、若き司祭と医師は夫婦となった。

● 村人と教会

教会で洗礼式が行われる際には、ポールはほとんどいつも教父になることを頼まれた。そしてその子に名前を授けるとなると、皆がよく知っている名前をつけて両親を驚かせ植松司祭を仰天させた。彼の選んだ名前の終わりには「太郎」がつけられたが、これは「長男」という意味である。これは日本の男の子にはよくある名前で、例えば、「しんたろう」というように他の語句と結び合わされる。植松司祭が洗礼式を進めている間、男の子は静かに眠っている。しかし司祭がポールに「この幼子に名をつけよ」と告げるとその子は少し身動きする。しばらくの沈黙……。ポールが名前を思い出すまで続く沈黙……。やがて彼ははっきりと答える。「この子の名前は桃太郎です！」。桃太郎は、日本人のだれでもが知っているおとぎ話のヒーローである。桃太郎は桃から生まれ、犬、猿、雉を従えて、村を襲う鬼の住処を征服し降参させた。したがってその名前はそれほど悪いものではなかったが、期待されたものではなかった。[訳者注⑤]

横森孝次郎という老人がいたが、この人は道を少し行った所に住み、戦争中は清泉寮の管理人だった。彼は、デルコ（Delco）[68]の発電装置を誰にも見つからないように隠したり、ポールの所持品のいくつかを自分の家で保管するなどして、寮を守ることに最善を尽くした。善人で立派で忠実である彼は、教会というところは多分良い所だろうと思った。しかしそれは自分には縁遠い場所だと考えていた。少なくとも植松司祭と会うまではそうだった。彼は「ポールさんの天国」に行きたい、だから洗礼を受けたいと言ったが、キセルと煙草は手放せなかった。喫煙は彼の掛け替えのない楽しみであり、これをやめようとは思わなかった。喜んで礼拝に出ている間にちょっとだけ煙草に火を点けられたら……でもそれは許されないことを彼は知っていた。植松司祭は、洗礼を受けるために煙草を止めなければならないとは思わないと説明したが、老人も礼拝中に喫煙することが通例ではないことを納得した。しかし老人はあきらめず、まもなく特別なお許しを得た。このようなことはおそらく教会の歴史上たった一度のことであったろう。この時から死ぬまで、彼は教会に通い続け、説教が始まると満足そうに煙草の火を点けるのだった。この老人の妻は夫と共に教会に来ることはなく、夫の信仰にもほとんど無関心であった。しかし夫の死後、病気がちで苦労も絶えなかった。彼女は、夫は本当にポールさんの天国に行ったに違いないと考え、一緒に生きてきたのと同じように死んでからも一緒にいたいと思うようになった。とうとう彼女は、ポールに司祭と共に来てくれるようにと頼み、洗礼を受けることを願った。そしてポールに、教父になってもらうことを望んだ。九〇歳の回心者は、司祭と自分にとっては年下の「教父」を信頼して見つめ、洗礼を受けた。彼女の顔には安らぎと嬉しさの表情が現れ、喜びの言葉をつぶやいた。そしてその数時間後に亡くなった。

◉武田信玄と甲州

　しかしキープで働く日本人には、時として、自分たちはこの地域の人々を理解しようとして岩の壁を登っているようなものだと思えた。地元の人たちには馴染みのない関係のうすい施設を作っているのではないだろうか。自分たちの都会的背景や大学出だということが、理解し合うことの壁になっているのではないか。山梨県の独特の方言は耳慣れず、最初は理解することが難しい。数世紀前に武田信玄はここに避難してきて、彼の家来に、敵方のスパイを混乱させるために肯定の言葉を否定の表現で言うように命じた。だからある農民が「行くな」と言った場合の本当の意味は「行こう」であり、女性が「お静かに」と言えばそれは「お楽しみ下さい」なのである。よく使う驚きの表現も「ああそう！」が、山梨では「ほうけい！」となる。信玄が敵のスパイを欺けたかどうかはともかく、彼の末裔はキープのスタッフをひどく混乱させている。

　武田信玄は賢い武将であり、多くの戦を経験した天才的な戦術家であったが、領地を厳正に統治し多くの改良を始めた。今日の山梨県のほとんどを含む領地を防御するために、防壁として自然の環境を利用した。山梨県は富士周辺の山々と日本アルプスに囲まれた大盆地である。この盆地にはわずか五つの自然の出口があるだけである。これらを武田は強兵で守った。彼は新潟の武将上杉謙信としばしば戦ったが、自分の領地の境に兵を迅速に動かす必要があった。そこで彼は、盆地を横断して一つの砦から他の砦に通じるまっすぐな道を作った。それには竹が使われ、真っ直ぐに山を越え、坂を下った。道ができると丸竹を交差させて鋪装し、兵を訓練してこの道路を上り下りさせて鍛えた。こうして敵が脅かそうとする場所のどこにでも兵を動

68　電子機器、電気機器を製造販売するアメリカの会社。

かすことができた。彼は長崎に近い島の交易地からライフル銃を買入れ、その銃を使う戦術を編み出した日本で最初の武将である。領国内の村々は主要道路に沿って真っ直ぐに配置されているのではなく、それぞれの町の主な道は鋭い曲がりを繰り返している。そのために馬に乗った者はそこを早脚で駆け抜けることができない。しかし何にもまして彼は智将であった。僧侶たちは旅のために通行手形を持てるので、彼は僧侶を情報収集のために利用することを考えついた。そして家来に僧装束をまとわせ通行手形を与えた。信玄は大月の近くに金鉱を所有していたが、そこで働いていた者がそこを去ることを望むと、彼はその男を殺させた。金鉱の場所の秘密を守るためであった。彼は、前科者の右手の手の平に焼印を押し、見知らぬ者には食べ物を出すときに食器を使わせてはならないと布令した。彼らは食べ物を受け取るときに右手を出さねばならず、前科の印はたやすく見分けられた。一方で彼は領内の農民の重要さを認識しており、平穏な時には木工工事を行った。例えば、韮崎の近くのカヤナタケ[訳者注⑥]では竹の管を使って二〇マイル（約三二キロメートル）の潅漑装置を作った。戦術の柔軟さの利点を固く信じていたので、彼は城を築くことを拒否し、自ら防御しやすい場所に留まった。しかし彼の孫はそれほど賢明ではなく、甲府に城を築いた。そして間もなく武田氏の力は衰えた。

◉地域に根ざす文化・医療・保健活動

清里一帯は一九三八年に鉄道が通るまではほぼ全く孤立状態であり、その後でさえもこの地域の村人の旧態依然とした姿はほとんど変わらなかった。山梨出身の海軍の新兵は、初めて海を見たときにその水が本当に塩辛いかどうかを確かめるために海に入って味わってみたというので笑われた。映画館はなく、キープのスタッフが村々で映画を上映するときはいつでも記録的な数の観客が集まった。ある晩、スタッフたちは、ある町で、人気のある古典映画「明治天皇と日露戦争」を上演した。あまりに沢山の人が集まったので町の担当者は公民館の使用を断った。結局野外で上映されたが、真冬にも拘らず数百人が集まり、暖かい衣類や布団、毛布を持ち込み、多くの人にとっては初めての映画に見入って寒い夜を夢中で過ごした。

清里の女性たちの生活について、名取都留は、医療の問題から指導を始めた。都留は一年間清里で働いたことのある早稲田大学の教授の娘である。初冬の頃、診療所は患者で一杯になり始めた。その患者たちは皆同じ病気――腫れて炎症のある眼疾――を持っていた。診療所の医師は薬を処方し治療を続けた。症状がよくなると患者は治療が効いたと判断した。彼らは、春が来たことによる症状のたまたまの改善であることを見過ごし、次の冬には同じ症状がぶり返した。そこで患者たちは囲炉裏の煙による炎症であることに気がついた。対処は簡単だった。煙突をつけたストーブを据えれば、明らかに、毎冬村人が罹っている目の病気を防げるに違いない。しかし、ストーブと煙突は五ドルの費用がかかり、その出費が可能な家はほんのわずかだった。

都留はその冬、村の女性たちの読書能力を高めるために教えていた。日本の識字者数は九年間の教育を終わった人と新聞を読める人の人数に基づいている。しかし実際は、読み書きについていけない人たちは習った字を忘れ難儀していた。また第二次大戦後多くの漢字が変わり、戦前に教育を受けた人は、最近の雑誌や新聞を読むためには新しい漢字を学ばなければならなかった。都留は新しい型の訓練として、女性たちに新聞を切り抜くことを課した。次の時間に報告を求めると、家が暗すぎて切り抜きを読めないと訴えた。それはもっともだった。ほとんどどの家でも、たった一つの電灯が囲炉裏の上にぶら下がっているだけで、それもすぐに煤がつき薄暗くなるのである。次の時間は電球磨きだった！　次に都留は電灯の周りに笠をつけると効果があることを示し、簡単な紙の笠を作ることを教えた。しかしこれはしばしば焼け焦げた。そこでブリキの缶に替え、やがて素敵な金属の笠を作った。女性たちはそれを近所にも売ったので広まり、やがて煙突付きのストーブを買う資金稼ぎにもなった。清里地区で囲炉裏を使わなくなるにつれ眼疾はほとんどなくなった。

都留が村人と一緒に民家を訪ねるにつけ、徐々に、本当に徐々に、友人として受け入れられるようになった。食事に呼ばれると、食べ物には見る間にハエがたかった。彼女が、異なった村々を訪ねる訪問診療について行くと、人々の心に潜む不安があるのに気づいた。そしてそれが新しいやり方を受け入れにくくしていた。ある村では、診療のために室を貸そうとする人を見つけられなかった。何故ならば、皆が言うには、家に医者が入るのは死神が入るのと同じだからである。過去にこの村では、医者を呼びにやるのは緊急の場合だけだった。そして村人が馬に乗って医者の家に着き、その医者が馬で悪路を辿って村にたどり着くまでには、患者は普通、人の手には負えない状態になっていたのである。

病院は、出産前診断という一つの分野では事がうまく運んでいた。しかし医者は「横取りされた患者」を嘆いていた。妊婦は月々の検診には意識して来院したが、出産時には病院ではなく助産婦の世話になった。彼女らは、出産前の手当は万全に行われているので病院にはもう行く必要がないと考え、事実、乳児死亡率は下がり助産婦の評判は上がった。しかしいつも結果がよいとは限らなかった。ある晩、平沢に住む女性からの必死の救助を頼まれてシノ医師が往診する際に都留が付き添った。出産を済ませた母親は大出血で是非とも輸血が必要だった。しかし村の人は誰も血液型を調べておらず、適合する血液提供者を調べている間に母親も新生児も亡くなってしまった。

しかし、成功事例もあった。その一つは、ある基金から資金を得ての産児制限プログラムであった。このプログラムは、県の公衆衛生部局と協働して実施された。ここでは家庭の重要さ、個々の子どものかけがえのなさ、子どもを育て教育するための出費が強調された。公衆衛生担当の看護婦はこのプログラムの医学的な部分を受け持った。聞き手たちは恥ずかしがったが、内容に興味を持った。夫婦が揃って参加したが、それは子どもを連れてくることを意味した。そのことを企画者ははっきりとは予定していなかった。産児制限プログラムの成功は、妊娠中絶率の低下を意味し、女性の心身の健康増進をもたらした。

◉都留の試みと嫁と姑

同じような成功例は、栄養改善を目指して開かれた料理教室であった。出産後の牝牛から絞った栄養価の高い牛乳を使うために、都留はコテージ・チーズ[69]作りを学び試した。この新しい嗜好品のための用語を訳すのには、英語の意味が取りにくく、また全く日本語にはならないのでひどく苦労した。しかし、日本人は豆腐を必需品として白い凝乳の製品である豆腐を常食として用いており、女性たちは白くて柔らかいコテージ・チーズを味見してみて、「ミルク豆腐」と名づけた。都留は、清里の女性たちが、伝統的な新年のおせち料理の作り方を尋ねたときに、その貧しさを思い知らされた。彼女たちはこれらの料理について聞いてはいたが見たことがなく、どのように取り揃えたらよいか知らなかった。料理の講習が終わると彼女たちは料理をすべて家に持ち帰ったが、姑たちでさえその講習の成果を喜んだ。

しかし姑たちは長年にわたり進歩に対して依然として障壁となっていた。母親がものごとを判断する際に姑に服従するという習性はなくならなかった。ある日、お祖母さんが孫娘を背負って庭で働いていた。女の子はチョコレートをかぶせたピーナッツの袋を持っていたが、お祖母さんが腰を伸ばして子どもをゆすり上げた際に、ピーナッツが子どもの咽喉に入り気管を塞いだ。親切な近所の人が子どもを逆さまにして豆を出させようとした。しかし子どもは呼吸ができず息苦しそうであった。急いでキープ診療所に駆け込んだが、医師はここの設備では対処できないと判断し、母子をタクシーで甲府の病院に送った。この病院の医師は、豆が肺に入る前に直ぐに手術が必要だと説明した。しかしこのことについて、慣習としきたりが立ちふさがり、母親は姑の許しがなければ簡単には決められなかった。そこで母親は女の子を連れてバスに乗って清里に帰り必要な許可を得た。そして再び子どもと共に甲府の病院に戻った。結局、簡単な手術で済むはずであった治療はおおごとになった。何枚ものレントゲン写真を撮り、肺に達したピーナッツは取り出された。しかし女の子の気管は切開され数か月入院した。母は娘を愛し、祖母も孫を可愛がっていた。しかし旧くからのしきたりでは、歳をとった義母の指示がなければ、母親は子どもの幸せに関する決定ができないことが定め

69　脱脂乳を凝固させたままの、非熟成チーズ。

となっているのである。

◉日本の農業――変わったこと、変わらないこと

清里の問題点の分析は簡単なようで実はそうでもなかった。貧困、保守主義、封建制など……。しかしどのようにしてそうなったのだろうか。また考え方を変えさせることは何故それほどに難しいのだろうか。

村々と水田は何世紀もの日本の歴史上、分かちがたく結ばれてきた。数千年をかけて山肌高くまで棚田が作られ、緑なす田畑は平野一帯に拡がっている。米、米、米、それはいつもそこで育てられてきた。それを耕し続けるのは、木村さんや木村さんの奥さんや息子だけではなく、木村家の家族全員である。木村さんの家族や近所の家々は自給用の食糧や木材を確保し、住居や日常用必需品を作って、まず自給自足の村を形成する。

徳川時代（一六〇〇〜一八六八年）になると、村々や田畑には変化が起き、それらのあるものは技術の発展に、またあるものは政治や社会の進展に関わるようになった。徳川幕府により全国に和平と秩序が維持されるようになるにつけ、人口が増え、一部の村では都市化が進んだ。町の市場では自家消費用ではない販売用の農産物を必要とし、一方では行商人が村に手工業製品を持ち込むようになった。木村家の生活はもはや自給自足ではなくなり、次男三男などは他の農家からの賃金を求めて働くようになり、村を出て行く場合もあった。

農業自体も科学的になりつつあった。最初の農業専門書の一つは、一六九八年に刊行された。それは宮崎安貞[訳者注⑦]が書いた本で、彼は四〇年間実際に農耕に携わり、併せてその傍ら四〇年にわたり農業の研究に取り組んだ。この本は優れた農作業の百科事典である。一〇巻の中で一九種類の穀物、五七種の野菜、一一種の草、三六種の樹木、二一種の薬草が綿密に網羅されている。彼は、植え付け、耕作、土壌、肥料、潅漑などについて適切な解説を加えた。彼自身が序文で「この本は本邦で最初の農業書である」と誇らしげに書いているのはもっともなことである。このような本の援けや幕府の支援によって、改革がなされた。商品としての肥料は二毛作を可能にし、作物の種類は多様化し潅漑施設

は改善された。

以上は実際に起きた変化であるが、変わらないこともあった。道具は変わらず、機械は未発達であった。この時代の唯一の重要な機器の発明は、櫛のように歯を備えた木製の枠（脱穀機）で、これは稲の茎から穀物を削ぎ落とすために使われる。技術の進歩は一向に労働を楽にさせなかった。全くのところ、むしろ逆効果をもたらした。二毛作やいろいろの種の使用、新しい潅漑施設は、かえって人手を多く必要とした。仕事が手作業で行われる限り、一家族が耕作できる田畑の広さは限界がある。小作地はむしろ狭くなった。農民たちは、決められた年貢と、手工業製品の価格と、変わりやすい自分の収入の間で縛られていた。その収入は、不安定な天候や市場の変動に左右されたからである。ある者は土地を失い借地は普通のこととなった。一部の者は栄え、他の職業に手を広げ、酒造り、米屋、金貸しなどになった。

他に変わらないものもあった。それは村を取り仕切る年功序列の制度である。深く根づいた日本の社会制度は旧家が支配する点にある。彼ら、いうなれば彼らだけが、村の長役《おさやく》、村の相談事の支配者、村の神社の取り仕切り役などを務めた。山梨県のある村では、家は四つのグループに分けられていた。五七戸が旧家、二六八戸が「新家」（「しんや」または「しんけ」）で、それは旧家の分家、別家である。そして、いくばくかの、旧家とは血縁関係のない家筋、もう一つのグループは新参者で、ほとんどが医者、教師、その他の専門家である。一八八七年まで村の長役は一二の高名な旧家の者に限られていた。その時期以後、理屈の上ではどのグループの家もその役を負うことができた。しかし、一八九〇年から一九四八年までの間、一三人の村長が旧家から選ばれ、一人だけが新家からであった。血縁のない者、新参者にはその機会はなく、村のすべてのことは旧家が仕切った。

家族制度は女性に厳しかった。女性は繁忙期には男性と一緒に働き、更に家事をこなし、子育てもしなければならなかった。しかし家長は年長者の男性、父、長男などであり、その言葉が法であった。もし家長が、娘は賢いから教師になるのがよいと考えれば、彼女は師範学校に入れられた。しかし他方、もし家長が勉強を好まずそれは時間の無駄だと考えれば、娘は大人になるまで新聞を読むことさえなく結婚させられる。

●農地改革

日本の農夫の生活を変える二つのことが第二次世界大戦の後に起こった。第一は、一時は朝鮮、台湾、満州を含んでいた日本帝国が、日本列島だけに縮小したことである。朝鮮の米、満州の大豆は国内で代わりに栽培するか、輸入して交換可能通貨[70]で支払いをしなければならなくなった。第二の重要事項は、占領軍の命令により一九四八年に行われた農地改革[訳者注⑧]である。この法律は不在地主の土地を取り上げ、その小作地を、耕作していた小作人が格安の価格で買うことを認めた。土地所有は狭い面積に限定され、相続人限定は禁止され、相続権はすべての子どもに認められ、皆が平等に分け合うようになった。農地改革は成功した。小作人は過去には困窮し、返済不能な借金を抱えていた。地主と小作の関係は民主的ではなくむしろ封建的であったから、彼らには政治的な力はなかった。しかし、世界中どこの農地改革法も、入手可能な土地の総量を変えることはできない。批評家たちは、この改革の唯一の成果は「欠乏の平等化」だと冷笑している。新しい土地所有者はほんの狭い稲田から別の離れた狭い稲田へと慌ただしく行き来し、またそこから日本人が「荒地」と呼んでいる場所の何平方フィートかの土地へと急ぐのである。その荒地は本来、米のとれる田畑ではないのである。田畑は依然として畦道によって細分化されている。分割による均分化は、所有地の細分化を進めているようである。しかし日本人の常識が働き、多くの年下の兄弟姉妹は、土地が細切れになるよりも長男のもとにその利益を委ねるのである。

平野で収穫の多い肥沃な土地を耕作する農民は二毛作ができる。米を収穫した後、同じ土地から野菜や果物、穀物を育てることができるのである。しかし山間とか北の寒冷地にある土地の農民はそううまくはいかない。清里の農民は勝ち目のうすい戦に挑んでいる。彼らがどんなに一生懸命に働いても、米の収穫はわずかで貧しさからは抜け出せない。手の空いた時間にわずかな甘薯を植えたり下駄を作ったりしても暮らしは好転しない。

◉ポールの高冷地農業への挑戦

ポールは、長い時間をかけて地図を熱心に眺めた。東京の周りには平野が広がるが、列島にはどこも山が連なっている。戦争前に帝国主義者は、耕作可能な土地はすでに利用中であり、だから海外に土地と食糧を求めることは正当だと主張した。しかしそれは、それが神話であるときにだけ可能だろう。キープは日本の米作可能高度限界の少し上部に位置している。山裾の傾斜した丘陵の頂上部分にあり、近くには、何かが育ちそうな谷と草地があった。ポールはそのことについて農業の専門家と相談し、山梨県の役人と話し合った。県の役人は明確な関心を示し、教育と調査という目的のために喜んで貸与地を拡げることを望んだ。そこで彼は従来からの土地にさらに八〇〇エーカー（三二〇ヘクタール＝約一〇〇万坪）を加え、この高地で何が育つかを見つけ出す作業を始めた。

しかし何を植えるにしてもその前に、今までのところこの地の最大の「産物」である岩石や何トンもの巨岩を取り除く必要があった。地理学的には日本は、新しい土壌をもった新しい国土であり、その土壌は浅く岩石が入り混じり、特に高地ではそれが顕著である。日本の農民は、有用な産物が寒冷な高地で育つとは考えないので、トラブルに巻き込まれただの実験のために土地を整地する出費をするのは無駄だと考えた。何としてもまず初めにキープから岩を撤去しなければならなかった。結局一九五〇年に半エーカーの整地した土地に最初の種が蒔かれた。別の半エーカーには、より多くの労働や汗が注がれた。この土地や、働いている人や、この土に岩石を詰め込んだ運命に、沢山の悪口が向けられたが、次の年に整地され、クローバー、果樹、野菜が植えられた。一風変わったアメリカ人と、同じように変わった都会の青年が価値のない一エーカーの土地を整備しているのを見守っていた近隣の農家は、自分の小さな地所でテストするために種を配られた。そしてより積極的な何人かは、試しに新しい作物を作ってみることを希望した。このような試験的な小規模な栽培のおかげで、異なった作物や種の成長と

70　金または金の裏づけのある貨幣と交換可能な通貨。

収穫の状況を場所ごとに検証することができた。こうしてスタートは切られたが、しかし実験と教育には長い時間がかかる。結局、毎年一種類の作物を育てることができただけであった。新しい農業技術の導入はどの国でも時間がかかる過程なのである。しかしポールは、もし彼が、高地農業が可能であり有益であることを示すことができれば、日本人のリアリズムは、過去の技術への執着を克服するだろうと確信していた。彼のキープや日本人に対する夢は青空のかなたへと飛翔した。いざそれを実行に移すとなれば、彼は判断にそつがなくなり行動的で、自分にできる最善の助言と援助を見つけ出そうとするのである。

◉清泉寮の火事

この時期はポールにとってまたキープのスタッフにとって厳しい数年間であった。彼は皆を鼓舞し、自分自身を誰よりも強く奮起させた。彼は一年の半分を日本で過ごし、残りの半分をアメリカで過ごし各地を回り、講演し、人に訴えかけ、キープ建設の資金協力を懇願した。ポールは、日本人がキープを真に受け入れ理解するか否かに疑念を抱いたときには、それを自分の胸に秘めておいた。村人の保守主義を鋭く見抜いている他の日本人もいた。彼らは言葉遣いのニュアンスを捉え、表に出さない考えや、無言の言葉の重要さを理解していた。彼らは、農民がこの計画に対してあまり関心がなく、最悪であれば反目しているということを知っていた。それでも彼らが最初のクリスマスパーティーを催したときには八〇〇人の子どもたちが集まった。教会は自給体制を整え、その献堂の二年後には、聖公会の農山漁村で最大の教会となった。しかしそれは本当に農民に浸透しているのだろうか。彼らはその疑問を夜の時間に閉じ込め、昼は疑いなどないかのように働き通した。

キープのスタッフ同士が結婚することは、ポールにとって無上の喜びだった。日本の田舎では、個人よりも家族が重視され、村の生活に定着しようとする施設や組織は、支配的な社会通念を考慮しなければならなかった。ところが彼は、終生独身を通し、根っからのロマンチストで、片手間の縁結び役であった。二人のキープの従業員が結婚を決意し、ポールと名取良三、それに金子忠雄が結婚式に出席するために喜んで東京に車を走らせた。若いカップルは一九五五年一一月一一日に聖婚式をあげ、披露宴に友を招いた。それは幸せの絶頂であった。二人はハネムーンをキープで過ごすことにし、披露宴もそこそこに出発した。彼らは東京から回り道をし、山越えをして甲府への道を辿った。峠を越え、八ヶ岳に繋がる山裾にさしかかった。長澤村に近づいたときに、夜空にオレンジ色の輝きを見てびっくり仰天した。それは火事に違いなかった。

他の一人も真っ赤な空を見た。それは死の病で寝ている農夫の老人で、清泉寮が火事だと分かった。彼はやっとのことで起き出し、電話のある一番近い家に辿りつき、清泉寮が燃えていることを告げようとポールを呼び出した。電話が鳴り、ポールと金子と名取は直ちに出発した。彼らは暗い東京の街を抜け、農村部に入り、暗くなった家々を過ぎ、静まり返った甲府や戸の閉まった韮崎の街を通過した。七時間かかる道をなんとかして四時間で走破した。清里にさしかかり静まりかえったキープへの道を急いだ。誰もそこを見たいとは思わなかった。誰も信じたくなかった。進んでいる道の先に、木々の間に佇むロッジの大きな姿を見たいというはかない望みの代わりに彼らが見たのは、赤い残り火とくすぶる煙であった。明け方となり、陽の光が煙っている清泉寮の燃え残りを静かに照らした。ポールは若い同僚たちの先頭に立ち突然片づけに取り掛かった。彼は振り返り、金子と名取に何かを叫んだが、二人には彼の言ったことが聞き取れなかった。怒りは悲しみへと変わり、ポールは清泉寮の灰にまみれて泣いた。

朝になると同僚たちはポールをロッジの焼け跡から離れさせ、彼が精神的ショックで押しつぶされそうになるのを、手をこまねいて見守っていた。このキャンプこそ、戦前にあってはポールの不変の忍耐強さのシンボルであり、戦争中は彼を鼓舞する思い出であり、戦後は新生日本への賭けであった。それが消えてしまったのである。彼は悲しみに呆然とし、誰も彼に話しかけようとはしなかった。一人の人間の人生のうちの二〇年が今や灰塵に帰してしまった。当初彼はすべての努力を諦めキープを廃止する瀬戸際にあった。ポールはキャビンの一つに籠りきり、誰も慰めることができず、彼にキープの将来へのはかない望みを抱かせようとする者はだれもいなかった。火事は清泉寮だけではなく、ポール・ラッシュの夢も消滅させたように思えた。

◉村人たちの心遣い

しかし、火事から五日が過ぎたときに、村人のグループがキープへの岩だらけの道を登って来た。たしかにそれは公式の代表であった。というのも外交上の儀礼を果たすきちんとした地位にある村の長老たちが来訪したからである。名取良三がキープの敷地のはずれで会うと、一同はポール・ラッシュのところに連れてゆくようにと頼んだ。彼は危惧を感じたが、ポールのいるキャビンに来訪者を案内した。

客が入って来たときにポールは椅子に座りむっつりと虚空を見つめていた。長老の一人が新聞紙で覆った包みを持っていた。彼は無言のまま会釈をしてキャビンに入り、ポールの前のテーブルに包みを置いた。その包みは破けて寄付の硬貨や札がこぼれ出た。良三はポールを見つめた。「彼は立ち上がり静かに有難うと言った。私は彼が泣き出すのではと思った。彼は一同に頭を下げ、一同は出て行った。小学校の子どもたちは各自が一円ずつ出した。農民や、商店主や、勤め人はそれぞれに幾何かを拠出した。キープは訴えたり頼み込んだりしてはこなかった。村人たちは自発的に寄付してくれたのである。」

数えてみると金額は一五〇万円にのぼっていた。しかし肝心なのは金銭ではなく、誠意が示されたことである。良三は思い返している。「私たちは、以前は、村人たちが我々に好意を持ってくれているのか、そうでないかが分からなかった。しかしこのことが私たちにその答えを教えてくれた。」

［訳者注］

① 診療活動　文献③〈ア史〉によれば、一九四〇（昭和一五）年夏の、指導者訓練キャンプ中に、聖路加国際病院医師や

看護婦の協力により地元村民の無料健康診断を清泉寮で実施した。また、戦後の清里での医療活動は一九四六年七月から開始された。

② 日本での最初の近代的病院　長崎の西小島に開設された「長崎養生所」である。一八六一（文久元）年に長崎奉行・岡部駿河守の助力により、幕府医官・松本良順がオランダ商館付き医師・海軍軍医ポンペ（ヨハネス・ポンペ・ファン・メールデルフォールト（滞日一八五七〜一八六二年）とともに開設した。現在の長崎大学医学部の前身である。

③ 医療法　昭和二三年七月三〇日に公布された、医療体制全体の在り方を定めた法律。その第一章総則第一条で「（略）（この法律は）医療を受ける者の利益の保護及び良質かつ適切な医療を効率的に提供する体制の確保を図り、もつて国民の健康の保持に寄与することを目的とする」と謳っている。

④ 松本喜久江医師　市川マリア教会司祭・松本正師の息女。同教会に隣接した地域診療所での医療活動に携わったあと、清里に赴任した。

⑤ 桃太郎　洗礼式で授けられる名前は、いわゆるクリスチャン・ネームであるから、このエピソードは著者の創作であろう。

⑥ カヤナタケ　北杜市と甲斐市にまたがる茅ケ岳（かやがたけ）のことか。ここは利水の便が悪く、江戸時代になって、楯無堰（たてなしぜき）や大生堰（おおぬたぜき）などの堰が開削され、新田開発が行われた。

⑦ 宮崎安貞（みやざき やすさだ）　江戸時代前期の農学者。福岡藩の山林奉行であったが、三〇歳過ぎに職を辞し、以後、農耕、研究、各地の古老からの聞き取り調査などに従事。一六九七年『農業全書』を刊行した。

⑧ 農地改革　GHQの指示のもとで、「数世紀にわたる封建的圧制の下、日本農民を奴隷化してきた経済的桎梏を打破する」ことを目指して行われた農地改革。この農地改革法は一九四六年一〇月に成立した。これに基づき、不在地主の小作地のすべてのほか、一定以上の広さの小作地を政府が強制的に安値で買い上げ、実際に耕作していた小作人に売り渡された。小作料の物納が禁止（金納化）され、農地の移動には農地委員会の承認が必要とされた。その結果、延べ二三七万人の地主から農地が買収され、延べ四七五万人の小作人に売り渡された。当時の急激なインフレーションと相まって実質的にタダ同然で譲渡されたに等しかったと言われている。農地に占める小作地の割合は四六%から一〇%に激減し、戦前日本の農村を特徴づけていた地主制度は完全に崩壊し、戦後日本の農村は自作農がほとんどとなった。このため、農地改革はG

ＨＱによる戦後改革のうち最も成功したと評価されることが多い。

第一二章　聖アンデレへの貢ぎもの

農業機械のモデルを調べるポール・ラッシュ（右）とJ. E. ホワイリー（J. E. Whaley）ジョン・ディアー・インターナショナル社極東支配人

◉ブルの奮闘

ある静かな日に、一頭のおびえたヘレフォード種の若い牝牛が、ストライキで閉鎖されたサンフランシスコ港のドックを横切って海に向かって急に暴走しだした。牛と港の海際との間には、一本の細いロープが張られているだけだった。ポールははらはらしながら大声をあげて、動物を扱うために所々にいる二〇人の港湾労働者を見つめていた。清里の農家のための牝牛とポールの願いは、海の藻屑となりそうに見えた。幸いなことに、他の仲間よりも勇敢で体重が約一二〇kgもある労働者が牛に飛びかかり押さえつけた。ポールはほっとして、牛が不承不承に宙づりの牛小屋に押し込められるのを見ていた。牛はクレーンによって吊り上げられ、日本に向かう太平洋極東ライン（Pacific Far East Line）[71]のサプライズ（M/V Surprise）[訳者注①]号に乗せられた。暴走したヘレフォード種の後には、北テキサスからの八頭の純血ジャージー種の若い牝牛と他のヘレフォード種が続いた。ポールとトム・コブチ（Tom Kobuchi）——彼はカリフォルニアからのキープ用の海運輸送を担当するのだが——は、最後の牛が安全に積まれたのを見て感謝した。それから二人は、二週間にわたる長い間、ドック脇の動物小屋で受けた牛の世話と給餌に対する支払いをするために出かけた。

アメリカとカナダを一〇か月にわたって回った後、ポールは牛をサンフランシスコに集めたが、六〇隻の汎太平洋の貨物船が結束したストライキにぶつかってしまった。キープ用の牛は、二週間にわたって外国貿易ゾーンの船着き場にある囲いの中で出港を待った。フィッシャーマンズ・ワーフ（Fisherman's Wharf）[72]沿いのレストランで夕食をとる人は、そこの鄙びた光景を眺めることができた。それは旅行者には楽しみであったが、ポールには金銭的に災難であった。キープ用の動物たちは、日本に搬送するために前もって用意したもののほとんどを食べつくした。一〇か月の遊説と船着き場での腹を空かせた動物の二週間の世話はポールにとってでさえも身にこたえた。彼は衰弱し、心配した友人たちが、彼をミネソタ州ロチェスター（Rochester）のメイヨー（Mayo）クリニックに差し向けた。彼は、「静かにし、ゆっくりすれば回復できる」

という忠告に従って一週間静養した結果、回復することができた。

清里一帯に適した換金作物の調査は終わった。酪農が最も有望な可能性をもっていた。実験区画で蒔かれた各種の種は、食糧または飼料作物として生育が見込まれることが分かった。まず鶏が導入されたが、それはニューハンプシャー・レッド種だった。これは、餌が安く手に入り、町の市場に近い海抜の低い地域の農民の現金収入源となった。放牧による酪農をしているヨーロッパや北アメリカの高地と日本の高地が似ていることは、清里での酪農が可能であることを示していた。ポールは家畜を導入しこの計画を試そうと決意した。

ポールはテネシー州のノックスビル（Knoxville）を手始めに、酪農家のグループと話し合った。彼らは共感を示し、ポールがどのような牛を念頭においているのかを尋ねた。彼はボーデン（Borden）ミルクのブランド[訳者注②]のような牛、黒白のホルスタイン種の乳牛だと答えた。

「ホルスタインとは、とんでもない」と、農民の一人が言った。「あんたが捜しているのは、ジャージー種だ。脂肪分が多い乳を出すからね。」彼は一息ついて如才なく付け加えた。「ミスター・ポール、牧畜用の牛の群れが欲しいなら、雄牛から始めるんだね。」一同は爆笑したが、農夫たちは純血種のジャージー牛の種牛を一頭寄贈することを決めた。

ポールはその雄牛（bull＝ブル）を日本に持ち帰った。しかしキープの職員たちは、彼が税関で支払いをしているのを見てがっかりした。彼らは乳牛を期待していたのである。ブルはもっとがっかりした。彼はキープ家畜団のただ一頭のメンバーとして、キープの家畜小屋で冬を過ごす運命を背負っていたからである。寒さがつのると、ブルのコートは重く厚くなり、一時しのぎの小屋から連れ出されると、極寒の空気の中で白い息を吐き、凍った土を前脚で蹴った。清里の農民たちは、品質のよい家畜が冬にも耐えられるという確信を全く持てなかった。しかし勇ましく本当に健康なこ

71　アメリカの海運会社。

72　サンフランシスコの港湾に面した観光地。魚介類料理のレストランが多い。

の牛には、Designed for St. Andrew号（「聖アンデレへの貢ぎもの号＝以下、D・アンデレ号と記す）という名がつけられ、この牛は、村人たちに、当地の気候は自分たちが考えるほどには悪くないという自信を持たせた。D・アンデレ号は、一九五二年にM／Vサプライズ号に乗った牝牛たちがやっと到着するのを無事に迎えた。

一年後にポールは再びアメリカに戻り、一八頭の牛を集めた。彼は一人で世話をしながら太平洋を渡った。牛が船酔いすると、船倉に降りて面倒を見た。横浜に着くとポールは船を引き払って下船し、若くてスマートな日本人の税関職員のところに出頭した。その職員は慎重にリストをチェックした。ポールは一八頭と申告していた。「正しくないのでは？」「そう、正しくはないんだ。一九頭と申告したかったのだが」と、ポールはうんざりして説明した。航海の途中で仔牛が一頭生まれていたのである。日本のお役所仕事では、基本的なルールの突然の変更への準備がおろそかであった。そこでキープの牛が多産であることは役所を驚かせ、獣医が牛の群れの健康状態を繰り返してチェックするために一か月以上留め置くという、お役所流の形式主義を引き起こすことになった。結局は、牛が増えたのは自然の成り行きであるとして、申告書に記載された頭数の牛と、新しく加わった仔牛は入国を認められ、キープの牧場へと送られた。

現在、キープで「オハイオ実験農場」と呼ばれているものは、経済的支援者であるオハイオ州の人々にちなんでその名がつけられたものであるが、当時の施設は、崩れ落ちそうな納屋を家畜小屋にしたものと、飼料保存用の二基のサイロだけであった。このような小屋に高価なアメリカ産の繁殖用家畜を収容し、輸入した飼料と地元の牧草を与え、成長を期待するのは一種の賭けであった。しかし牛は確かに育ち、清里の農民たちは、秋にやってきた牛たちが冬を越しただけでなく、春には数頭の仔牛を生んだことを認めないわけにはいかなかった。

ポールはアメリカで、日本に牛を運んだ際に経験した冒険を面白がって聞く聴衆を前にして詳しく話した。そして寂しく孤独なD・アンデレ号が清里の山麓をのっそりと歩き鼻息を荒立てているという苦境に立つ話は男性の聴衆の大笑いを誘った。ホノルルの奉仕団体の一つで話したときに、一人の友人が「若い雄牛がそんな遠くに行ったことはないよ」と書いたメモを彼にそっと渡した。

◉日本人と肉食・牛乳

アジアの牛は牧草地で草を食べることはなく、飼い主によって草が刈られて牛たちに運ばれるという話を聞くと、アメリカ人の関係者たちは誰もがとても驚く。日本では、家畜飼料は輸入に頼る割合が高く、それは非常に高くつくので、農場経営者が非常に目先のきく人であるか、政府が補助金を出すかしないと採算が合う仕事になりにくい。キープの牛のためにより多くの牧草を得るには、土地をさらに整地すること、そして農産物の収穫をあげるための実験を積み重ねることが必要である。一つの難題は農家を説得して草地に化学肥料をほどこすことだった。なぜならば、何世紀にもわたり勤勉な農夫たちは、忍び込む雑草を稲作の田畑から抜き取ってきた。それなのに、草地に高価な化学肥料を与えることが良い考えだとはとうてい信じられなかった。

昔から仏教徒たちは牛に対して複雑な思いを抱いてきた。牛は役牛として頼りにされ価値あるものとされてきた。そしてしばしば家族の一員のようにみなされた。一方、肉や牛乳は口にすることを禁止され、その意味では牛は不浄であった。本来の正統な仏教徒は菜食主義者で、肉、牛乳、卵、鶏肉、魚を食べない。

犬、狐、猿、猫、穴熊その他の動物が日本の民話に多く現れ、動物が人間になり、人間が動物に戻る様々な物語がある。ところが謙虚な牛はそのような話にあまり出てこない。しかし信濃に住んでいた老婆の伝説が一つある。[訳者注③]

ある所に一人のお婆さんがおりました。このお婆さんはまめで大変な働き者だったのです。でも少々我儘で欲張りでした。お寺にお参りに行ったこともなく、お寺の供養があるときでさえも知らんふりでした。ある年のこと、お釈迦様のお誕生を祝う花祭りの日の朝に、お婆さんはいつものように早起きして、洗濯や洗った着物に糊をつける仕事にとりかかりました。ほかの村の衆は皆一張羅の着物を着てお寺に出かけました。すると間もなく牛がのたりのたりと歩いてやってきて、お婆さんが働いているのに気がつきました。牛はびっくりして、洗濯物の一枚を角に引っ掛けてお寺に向かって駆け出しました。お婆さんも驚いて自分の洗濯物を追いかけて行きました。お婆さんが境内に着くと牛の姿は見えなくなりました。お婆さんはお灯明を見つめ、お参りをしました。お婆さんはそれからというもの信心深くなり、供養の日を忘れることはなくなりましたとさ。

初代の駐日アメリカ総領事タウンゼント・ハリス(Townsent Harris)訳者注④が下田に居を定めた際に、近所の牛の飼い主たちは、ハリスの野蛮な食事から牛を守るために高い塀を建てた。彼が牛肉として使うために牛を買ったときに、日本人はその牛を繋いだ木でお堂を作った。彼らは大理石の塀で囲んで木の切り株を納め、それをブロンズの蓮の葉で覆った。後に念入りに作った大理石とブロンズの記念碑が下田の精肉組合によって建てられ、欧米人の食生活のために最初の犠牲となった家畜を追悼した。

日本に住む外国人は肉を食べることを望んだだけでなく、牛乳を飲み、パンのためにバターやチーズを必要とした。牛乳は食品としてよりも薬として知られ、バターやチーズは実際のところ知られていなかった。もちろん、西欧化につれ日本人もこれらの食品に馴れ、訓練を受けた栄養士たちは、米や野菜の通常の日本食を補ってこれを使うことを勧めた。第二次世界大戦後、政府は積極的にバランスの取れた食事を奨励し、牛乳や他のタンパク質の食品の摂取を奨励した。このことは牧畜の拡大を後押しし、農民に畜産を勧めた。

ポールは開戦直前の時期に鶏肉が二束三文で市場に出回っていたことを思い出した。飼料用穀物は姿を消し、農民はできるだけ早く家畜を処分した。時を追って事態は悪化し、北海道をベースにする牧畜用牛馬や、徴収用や軍用の馬でさえ難を受けた。戦争が終わったときに、家畜の頭数は減っていた。したがって畜産の回復があり、牛乳の増産があったとしても、輸入による備蓄の必要性は明らかであった。D・アンデレ号は、日本の牧畜の発展と再備蓄に力を貸そうというアメリカの牧畜業者の快諾のシンボルであった。そしてもし、D・アンデレ号と、オハイオ実験農場の牛舎で出会ったジャージー牛とヘレフォード牛が元気でいれば、そしてもしキープ農場の地所で飼料や牧草を生産できれば、高地での牧畜のこの事例は、近隣の農家、県当局、政府への提案とすることができるだろう。

◉学校給食と牛乳

日本の赤ちゃんのトレーには、ご飯茶碗、汁椀、お茶のみ茶碗がのっているが、ミルク用のマグカップはない。誰も買おうとしなければ牛乳の生産は上がらず、事実戦前は牛乳の消費は少なかった。占領中、アメリカ兵たちは多くの牛乳やアイスクリームを消費したが、そのすべてはアメリカから、ほとんどが粉末ミルクの形態で持ち込まれた。日本の学童の食生活を変えるのを援けたのもこれと同じ粉末牛乳であった。学校給食制度は戦後導入され、アメリカの救済団体が粉末ミルクと小麦を日本の子どものために提供した。非常事態期間が過ぎた後でも学校給食は続けられ、昼に子どもが牛乳を飲むことが社会的に受け入れられるようになった。第二の進展は工場や大会社の社員食堂で起こり、ここでは多量の牛乳を従業員のために購入するようになった。このような大量購入は牛乳の価格を、肉体労働者やホワイトカラーが買える範囲に収め、牛乳は広く受け入れられる飲み物になった。

社会的な予言に熱意をもつ細心なプロシャの学者が、一世紀前に経済的進歩を計る方法を考案した。それはエルネスト・エンゲル（Ernest Engel　一八二一～九六年）で、彼は、先進社会においては使える金銭に余裕があり、それをどう使うかの自由を持っていると指摘した。食費の割合は下がり、より多くを教育費や娯楽に使う。そして購入する食品の質は、ぎりぎりの生活から裕福になるにつれ変化する。日本では一九六〇年代に、畜産品の消費は毎年一〇％ずつ安定して増加した。エンゲル係数――家計に占める食費の割合――は、一〇年間で五〇％から三〇％に低下した。日本人は以前よりも多くのそして良質の食べ物を食べている。

日本で生産される（脂肪を取り除かない）全乳は粉末牛乳よりも美味しく、学校給食では徐々にドライミルクに替えられている。しかし価格は相も変わらず高い。それは牧畜業者が飼料を輸入に頼っているからであり、飼料作物の不足のために牛乳生産が上がらないからである。農家では狭い面積の場合には、大規模の牧畜に乗り出すよりも稲作の方が効率がよいと割り切っていた。日本の牛は、各戸ごとに小さな牛小屋で、一農家あたり五～六頭が飼育されている。このような状況の下では、集乳は多くの場から数缶ずつを集め、それを小規模の加工工場に送るという仕事になる。これは相も変わらず驚くほどの非効率である。

●トラクターの導入

キープの発展のためには、第一に良質な家畜が必要であるものの、続いて、同じように重機も不可欠であることが、ポールにははっきりしてきた。D・アンデレ号や牝牛たちは食べなければならず、輸入飼料を食べたいだけ食べてポールの貯えも食べ尽くしそうであった。牧草を育てる土地はあり、試験の結果牧草が育つ見通しはついている。しかし、より多くの土地の整地を進めなければならない。それを手作業で行う苦しさをポールは繰り返して訴えた。アイオワ州ウォータールー（Waterloo）のラッセル・O・ラムソン（Russell O. Lumson）の援助により、農業用機械が確保できた。氏は、一九五二年から五三年にかけてのキープアメリカ後援会の会長であった。この最初のトラクターに誰も名前をつけなかったが、「ジョン・ディア社からの贈り物＝Designed by John Deere」[訳者注⑤]号と名づけることができたかもしれない（以下、D・ジョン・ディア号と記す）。どこでもこんなに歓迎を受けたトラクターはほかにはない。横浜税関の吏員はそのまわりに集まり、二週間にわたり東京の野外展示会で公開された。清里に着くと山梨県知事が公式参観に訪れ、トラクターの試乗運転をした。その後数か月に三千人の日本人が見学し、広く荒れた土地を耕す、手作業を遥かに凌ぐ頑丈な重機の働きを目の当たりにしたのだった。

ポールが高地での牧畜をどのように始めるかの実践的デモンストレーションに没頭している間に、農林省は開発に利用できる土地の調査を行い、約一五〇万ヘクタールが活用できることを見出した。世界銀行は四三〇万ドルの融資を認め、政府は一九五六年に国内の生産地面積を拡げる構想によるいくつかのプロジェクトを始めた。政府は同時に、生産と価格の安定化を図るための農業管理システムの導入を行った。牧畜もこのシステムに組み込まれ、牧畜保険制度は事業の不安定さの度合いを減少させた。

一方、清里農地では、トラクターが整地の厳しい作業を進めるにつれ、岩石を取り除き平らにすることがより容易になった。ポールは、D・ジョン・ディア号は作業をしないときには高価な食べ物を食べず、日本に来る途中で船酔いもせず、予期しない出産もしないことを安堵して思い返していた。それに逃げ出すことも驚いて海に飛び込もうとすることも絶えてなかった。

◉清里の開拓農家と酪農

戦後の世の中で、ある一つの農民のグループでは、牧畜に取り組んで成功する者もあれば、失敗に帰する者もあった。その人たちは、小淵沢から清里に通じている鉄道線路沿いに新しく土地を整地した引揚者たちであった。彼らは海外の植民地で成功し多くの輝かしい経歴を持った後に帰国した人々である。敗戦と共に彼らは得たものをすべて失い、貧窮した日本の土を踏んだ。政府はできることとして、彼らが最初の数週間をもちこたえられるほどのわずかな金額を給与し、彼らが利用できるように戦時支給品の余剰分を分配した。その結果、例えば、一一月に頼みもしない蚊帳が支給されるということが起こったりした。出身地で開拓農業に取り組もうという人には、より実際的な支給として二五エーカーの入植地が提供された。しかしそれは未利用の土地で、北海道の湿地や、岩手県や山梨県の山地、その他の不毛な土地であった。清里の開拓農家には、牧畜に取り組み成功した人もあれば、一方、他の仕事に従事したり、パートタイムの牧畜を試みて失敗した人たちもあった。

ある一人の開拓農家の妻にとっては、牧畜は生きるか死ぬかの瀬戸際を意味した。彼女とその夫は広島から清里に来て住み着いた。五人の子どもがおり、この新しい地でわずかな牧畜用家畜を手に入れた。しかし夫は間もなく健康を害し、やがて彼は放射能障害に罹っていることがはっきりした。彼は清里診療所で手当てを受け、それから東京の聖路加病院に移った。そして入院中に洗礼を受けた。しかし医学上の手の施しようがなく、彼は最期の日々を送るために退院して家に帰った。ある日、キープの職員が彼の家を訪ねると、彼の病状は大変悪かった。しかしその妻はそこに付き添ってはいなかった。彼女は一頭の牛と一緒に外にいて、キープ農場長であるペテロ・茅野が書いた手引き書を苦労して読んでいた。彼女は説明した。「もしこの牛を失ったら、私たちは誰も生きていけません。」夫は天に召されたが、彼女は、牧畜を成功させ五人の子どもと姑の面倒を見続けた。

◉名取良三と中谷都留

名取良三は立教大学を卒業した後、キープの専任スタッフとなり、その後一九五四年にミシガン州立大学で経営管理を学ぶために留学した。その当時、彼はその大学ではただ一人の日本人男子学生であった。大学で国際フェスティバルが開催されたときに、彼は日本の展示ブースを立派なものにするために最善を尽くした。アーウィン・C・ジョンソン（Irwin C. Johnson）博士夫妻や他の人が、展示のために日本の工芸美術品を貸してくれた。フェスティバルがオープンして、彼が他の国のブースを見てみると、掛け値なしに日本の展示が一番優れていると思われた。しかしホールの国旗掲揚を見てみると日本の旗はなかった。ホール中を注意深く見て回ったが、やはり見つけられなかった。彼は大変傷ついて、留学生アドバイザーのところに行き、何故日本の旗がないのかを尋ねた。アドバイザーは驚き、主催者に確かめたところ、彼らは国連の加盟国の旗だけが入手できたのだと答え、良三にそのように軽視したことを詫びた。彼は日本がまだ国連のメンバーでないことを理解したが、キープではこのようなことがないようにと心にとめた。もし国旗を掲げるならば、客が自国の旗がなくて空しい思いをすることのないように、すべての国旗を掲げようと。

早稲田大学のドイツ文学の教授の娘である中谷都留は一九五四年に早稲田大学を卒業し、大学院に進学した。そして最初のフルブライト奨学生の一人として選ばれ、成人教育、地域社会学を勉強するためにミシガン州立大学に留学した。フルブライトの学生は皆英語ができた。しかしアメリカに着くと、日常用語としての英語を知らないことが分かり、それを苦心して学んだ。彼らの最初の経験は、対面式注文カウンターでホットドッグを買うときのことであった。彼らはカウンターの人が用いるスラングを知らないので、質問のすべてに明るくうなずいて肯定した。そうしてホットドッグを受け取ると、驚いたことにケチャップ、香料、辛子、ピクルス、玉ねぎがはみ出て落ちそうであった。都留は旅の初めに三人の若い日本人の教授とアメリカを横断した。列車の食堂車は大変高くつくと注意されていたので、彼らはスーパーマーケットに行き、三日分の列車の旅のために十分な食料を手に入れ、パン、バター、サンドイッチにはさむものを買い込んで列車に乗った。三日間、彼らはサンドイッチで空腹を満たしたが、三日目に誰かが食品の缶の一つのラベルに猫の顔があるのに気づき、他の缶に犬の顔を見つけた。値段にお構いなく、彼らは次の朝は食堂車に行き、都留はその後長いことコンビーフ料理の味が分からなくなった。都留はアイオワ州のアメス（Ames）で他の学者と別れ、単身、シカゴで乗り換えてミシガン州のランシング（Lansing）に向かうことになった。彼女はシカゴで、髪の毛のカールの途中で列車を降りなければならなかった。彼女は乗り換えの時間を計算に入れておらず、シカゴに着くまでに二時間あると思っていたからである。そこで次には、ランシングに近づいたときに到着予定時刻の午前五時までに降りる準備をしておこうと心に決めた。彼女は、列車は待避線で待ち、ランシングには七時に入線するというポーターの説明が、何回聞いても理解できなかった。そのために午前四時には起き出して真っ暗闇の中で座って待ち、列車がやっとランシング駅に停車するまで心配だった。

　彼女のミシガン大学での研究は大変優秀で、Ｐｈ・Ｄ論文を提出する資格を取得した。しかし彼女は学資をヨーロッパへの渡航に振り当てることにした。北欧の民族学校に関心があったのである。日本での農民と都会人の間のギャップは、一九世紀のデンマークでの状況と共通していた。N・F・S・グルントヴィ（Nasan F. S. Grundtvig 1783～1872）[訳者注⑥]は、英雄的な詩人で独自性に富む聖職者であったが、デンマークの農民のために民族学校を建て、若い成人に三～五か月間の学期中に、歴史、文学、問題解決法などの一般教養を教え

名取良三・都留夫妻

た。

都留がヨーロッパに着いたときに、完璧なアメリカ英語をあやつり、特にイギリスでは、列車の旅で以前のような戸惑いはきっとないものと予想していた。彼女が最初の列車の駅で、往復キップ(round-trip ticket)[73]を下さいと言うと、切符売りは「ここの切符は全部四角形です。お客さんがお求めなのはリターン・チケットでしょう」と答えた。彼女は「いえ、私が買いたいのは、行き帰り両用キップです」と説明すると、彼はリターン切符だと言い張った。彼女はイギリスでは往復切符をリターン・チケットと言うことがやっと分かった。

彼女はヨーロッパから日本に帰り、早稲田大学で修士課程を修了した。その後キープに行き、一年間だけそこで働くつもりだった。ここで図書館の開設準備を手伝い、看護婦が赴任するまで公衆衛生に関わり、村々への出張プログラムを開始した。彼女は一日に八～九件の訪問を行って医療的対応が必要な人たちを捜し出し、地域の問題に適した方法を適切に提案した。一年間に彼女が訪問した女性は二千人を数えた。

名取良三は帰国すると、キープの財務管理を担当し、正式な財務責任者となった。ハンサムな青年と美しくて若い女性はごく自然にほとんど毎日会うようになり愛し合うようになった。ポールはベテランの取り持ち役であったが、二人の結婚に太鼓判を押し、良三は恥ずかしがり屋なので、後押ししてやらないとプロポーズもしないとこぼした。ともかく名取良三と中谷都留は一九五九年に、小松隆夫妻の媒酌で結婚した。ポールは二人を心から信頼し、新婚の二人は自分たちの方針に基づく生活を始めた。

●キープの運営と展開

一九六〇年代までは、来訪者は歩いて山道を登りさえすれば、キープの当初のスローガンである「信仰」「健康」「食料」「青年の希望」が実現しているのを目の当たりにできた。

信仰。聖アンデレ教会は、キープへの入口のすぐ内側に建っている。その十字架は遠くからでも見える。教会には地域図書館が付設されていて、そこから村々に本が巡回されている。

健康。聖ルカ診療所は、病気や怪我の治療と並んで、ルドルフ・トイスラー博士が先鞭をつけた公衆衛生と予防医学という方針に則っている。

食料。オハイオ実験農場では、牛は搾乳時間に小屋のまわりで我慢強く辛抱し、近所の農場には牛乳缶があり、地域で牧畜業を受け入れていることを示すサイロが建っている。

若者の希望。清里の幼児たちのために聖ヨハネ保育園があり、道路を上れば清泉寮ロッジと聖アンデレ・ユースキャンプがある。そこでは一年中、キャンプや研修会が行われ多数の青年男女が集まってくる。

しかし、それらが十分な成果をあげたとしても、同時に克服が難しい困難もある。いつもいつも資金こそ問題なのだ。ポールは手持ち資金が貯まるまで建築工事を待つことはどうしてもできなかった。したがって常に請負業者の請求書の影に追い立てられていた。毎年、年の半分を国外に行くポールにはプロジェクトの運営管理に関わることは難しかった。諸施設のうちの五つ六つは時として異なった方向に活動を拡げた。そしてそれはプログラム全体の出費をいとも簡単に押し上げた。キープに関心を持つ大勢の人がいた。そのことは好ましく健全なことであったが、運営に口をはさむ人も多かった。キープの日本人スタッフ、聖徒アンデレ同胞会、キープアメリカ後援会、日本のキープ協会などは直接の関与者であった。直接の関与者には含

73　ラウンドには丸いという意味もある。

まれないが、日本聖公会、アメリカ聖公会、聖路加国際メディカルセンターはプログラムに関心を寄せた。何時も万人を満足させることは不可能である。ポールは基本的には、情にもろく、センチメンタルで、シャイであるが、軍隊で命令をする習性に慣れ、時として要求が多すぎ、ぶっきらぼうに見えた。彼はいつもひたむきでアイデアマンであった。時には夜中の二時にアイデアが浮かびそれを誰かに話さないではいられなかった。しかし彼も人間であり、アイデアのすべてが良いものとは限らず、そのことを彼に伝えることも容易ではなかった。日本人はしばしば、彼がつまらないアイデアを考えついたときに、彼をがっかりさせないようにうまく対処することができなかった。

　多くの役人たちがキープの活動に感銘を受け、それを普及させる価値があることに気づき、また多くの人がやってきて、よいと思うアイデアを持ち帰ったが、それにも拘らず、ポールはもっと多くの日本人のために働きかける方法を探し続けていた。誰もが遠大だと思うことだが、彼は、日本全国の戦術的拠点に同じようなセンターを作ることを当初から構想していた。そして彼は北海道の新冠（にいかっぷ）でその一つを始めることを思い立ち、そこに希望を託してＮＥＰ（ニープ）と名づけた。しかし一度に多くのことに関わり過ぎ、あまりに遠い所に乏しい資源を拡げたので、ニープにはスタッフを置くことができず、日本中にモデル農場を作るというアイデアを諦めた。しかし、新冠に建てられた教会と図書館はどうにか存続した。結局、彼はより現実的な解決をみつけた。それは日本各地からの青年を訓練するための農業学校である。

　農業学校のための募金活動を始めるためにポールがアメリカに滞在中、キープは再び火事に見舞われた。今回は診療所が焼けたが人命は無事で、建物は駄目になったが、施設設備はある程度残った。再建基金が必要であったが、ポールは、日本で何かを建てるのであれば、再建――多分何回かあるだろうが――のための用意も自分でしなければならないということを苦渋のうちに納得した。火事の後の一九六五年二月二七日に、彼は農業学校の青写真を取り下げた。

　東京では、日本人、アメリカ人の友人が故・小松隆に捧げる新しい診療所の資金集めを始めた。そして今度も清里の住民が真摯に応じた。平沢村の高見沢八三翁は一九五四年に寮が燃えた時には自分の葬儀費用を寄付した。今回は寄付するお金がなかったが、狭い土地を所有しているので、樹齢一五〇年の木を一本寄付した。「私は無一文で、木が数本あるだけです。ですからこれを病院用に使ってください。」全部で二千人の人が寄付をした。ある人は早朝にジャガ芋やカボチャを置いていき、あるものは葬式と墓石のために貯めていたお金を差し出した。正式な礼状が、全寄付者に送られ、数か月後にポールはある農家でその手紙が枠付きで天皇の写真の隣に飾られているのを見た。

一九六五年の爽やかな一一月のある日、病院建設の訴えに応じた日米のメイソン（Mason）訳者注⑦のグループによって新しい建物が捧げられた。部屋には紅白の幕が張られ、中央のテーブルには九谷焼の鉢が置かれ、その周りに松の枝と三本の薬瓶が置かれていた。簡素で印象的な式典には、建物の道具類の移動と、象徴的な要素を混ぜ合わせるという意味が含まれていた。つまり、三本の瓶に入れられた、豊かな実りのための穀物の種、喜びのワイン、平和の油を鉢の中で混ぜるという意味である。式の終わりにこの建物が小松隆の記念であることが宣言され、写真が除幕された。小松氏の妻、娘さん、孫が式に参加していた。部屋は寒く、むき出しのコンクリートの床は冷えるので、ポールは夫人にコートやスカーフを付けたままでと勧めた。彼女は逆らわなかったが、彼が後ろを向くと、日本の礼儀に従って敬意の印にそれらを脱いだ。

式の後、清泉寮のホールでレセプションが開かれ、そこでは暖炉の火がうなるように燃え、心を込めた食卓がゲストを歓迎した。一人の女性客が食べ物と飲み物を楽しみ、タバコに火を点け、沈む太陽と富士山のシルエットを眺めていた。すると突然、彼女は灰皿をすすめられた。それをすすめたのはキープ協会の新しく理事長になった福島慎太郎であった。同氏は、自分で防ぐことができるなら、キープにはもう火事がないようにと望んでいた！

[訳者注]

① サプライズ号　M/Vは艦船名の先頭につけられる記号で、内燃機船（Motor Vessel）または商船（Merchant Vessel）を表す。

② ボーデンミルクのブランド　テキサス州ダラスで設立された乳製品メーカー。特にアイスクリームは、日本でもよく知られている。

③ 牛の民話　全国の民話の中には、牛が登場するものも必ずしも少なくはない。一例として、信州地方の民話「牛方と山姥」などはよく知られている。

④ タウンゼント・ハリス　初代駐日領事として、下田玉泉寺に領事館を開設した。幕府と折衝を重ね、一八五八年に日米修好通商条約を締結する。これを折に駐日アメリカ合衆国弁理公使となり、江戸元麻布の善福寺に公使館を設置した。アメリカ聖公会の信徒であったハリスは滞日中も毎日の礼拝を欠かさなかったと言われている。玉泉寺には、ハリスの牛乳愛用にちなみ「牛乳の碑」が建てられている。なお弁理公使とは、特命全権公使と代理公使の中間に位する常駐外交使節である。一九六一年の「外交関係に関するウイーン条約」で廃止された。

⑤ ジョン・ディア社　アメリカ・イリノイ州モリーン市に本社を置く、農業・建築機械を作るメーカー。

⑥ グルントヴィ　デンマークの哲学者、ルーテル教会牧師、聖歌作家、教育者である。

⑦ メイソン　「自由」、「平等」、「友愛」、「寛容」、「人道」の五つの基本理念をもつ友愛結社。イギリスに統括本部がある。「フリーメイソン」は、厳密には各個人会員のことを指している。秘密結社的な側面が注目されることもある。

第一三章　フェアに来たれ

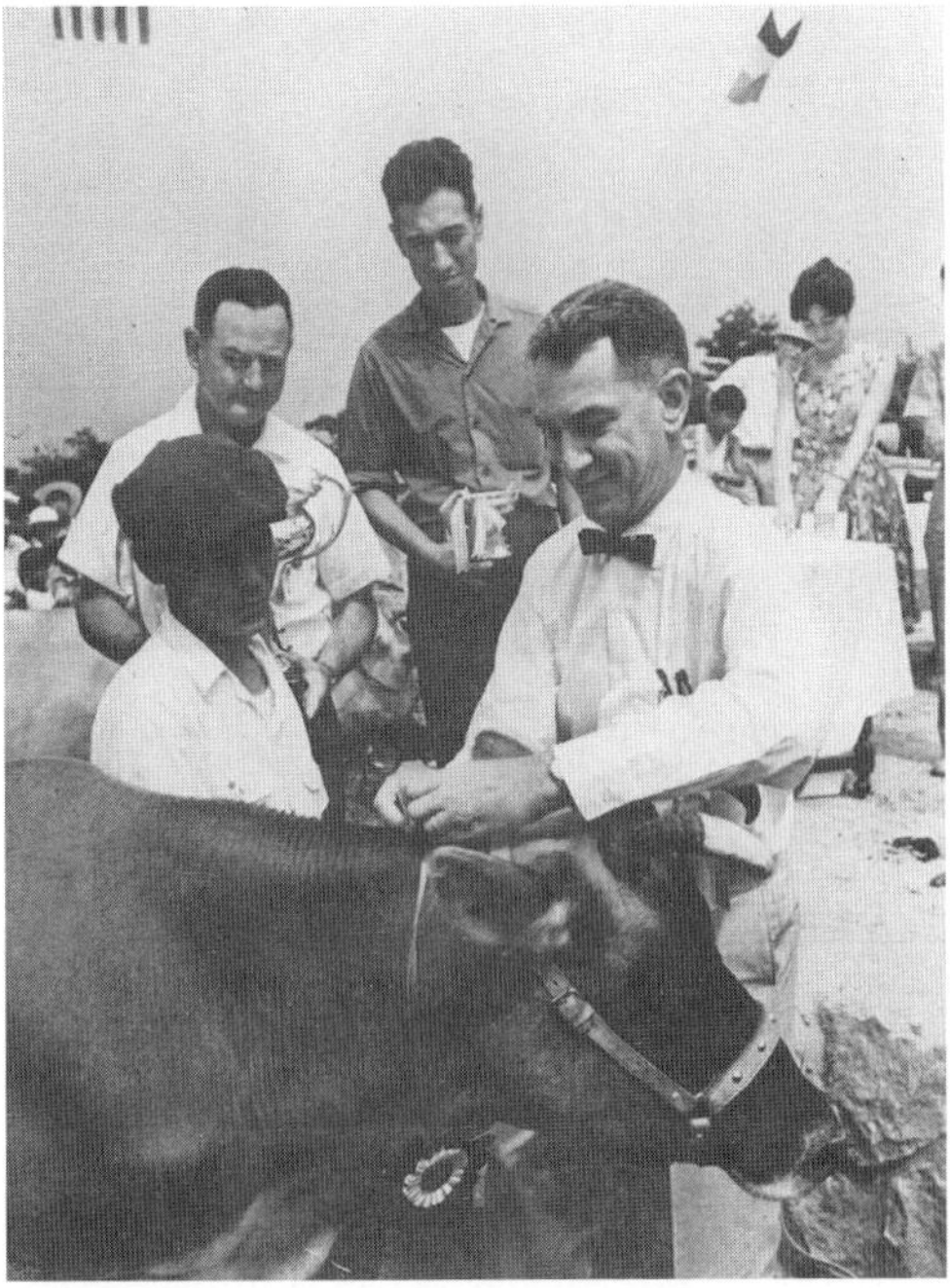

優勝したジャージー牛にブルーリボンを結ぶライシャワー米国大使。それを見守るアメリカンジャージー牛クラブ事務局長J・F・キャヴァノー（J. F. Cavanaugh）および茅野農場長。
1961年8月15日のカウンティーフェアで

◉カウンティーフェアのスタート

一九五三年に、日本4Hクラブ[訳者注①]の農村男女のグループがキープに集まり、トラクターを見学し、牛に感嘆し、自分たちの生活の向上について学び、楽しいひと時を過ごした。占領軍が4Hクラブの結成を支援し、ポールの古くからの友人であるデイヴィッド・Y・タカハラ氏がこのプログラムを担当した。日本での運動は4Kであった。「head」は「Kangae ＝考え」、「hand」は「Kinro ＝勤労」、「heart」は「Kokoro ＝こころ」、「health」は「Kenko ＝健康」である。大会は大成功であった。男女の参加者はワゴン車でトラクターの後を追い、搾乳の時間を見学し、これらすべてを記録し大いに楽しんだ。

翌年ポールは、すっかり再度の4Hクラブの大会を開催する積りになっていた。しかし名取良三がどれほどの費用がかかるかを示すと、彼はもう一度大会を開くほどの余裕はないと悟った。しかしながら、キープは実験機関であると同時に教育機関であり、人々に現地に来てもらい実際に見てもらわないで、どうしてその働きの成果を知ってもらえるだろうか。カーニバルと品評会が合わさったアメリカのカウンティーフェア[74]（County Fair）の記憶が、良三の頭に突如ひらめいた。品評会と展示会とカーニバルの性格をもったものを日本に持ち込み、それを日本の風習と一体化させるのが、カウンティーフェアだろう。本当にそうだ。これこそマトを射た解決策だ。学校の八月の短い夏休みの間にこの行事を行うことが決まった。この時期は、日本の田舎では家族が集まり、村祭りが行われるなどの伝統が根づいている時である。

第一回目のフェアのような例は前代未聞であった。スタッフは少人数で、カウンティーフェアを運営したことのある人は皆無であるばかりでなく、ほとんどの人は見たことさえなかった。金子忠雄が、大泉、甲《かぶと》、小泉、野辺山を回って村議会と協議し、フェアのアイデアや計画の内容、達成目標などを説明した。牧牛コンテストの審査員が協力を約束し、牧畜農家が家畜の参加を請け合った。ポールは予定された行事の日程を丁寧に見直し、審査員やその他のお客たちへの接待の手配をし、午後四時に最終点検を行った。準備は完了した。散在するキャビンは清潔でさっぱりとしており、本館ロッジは暖かく居心地がよかった。豆類、ポテトサラダ、パン、バター、ミルクなどの食べ物も用意された。道路は、普通は春の雨で洗い流されてしまうのだが、補修されて良い状態になり、ポールはその状態を保つために「進入禁止」の大きな標識を設置してホッと一息ついた。ちょうどそのとき、手に負えないバスが道路を上ってきて、進入禁止の標識を通り越して直進した。バスが道路の表面を削りながら登って来るのを見たポールがそれを目がけて突進し、困り切った声で叫び、石を投げた。あせった運転手はコントロールを失い停まることができなかった。そこで方向を変えようとするとバスは路肩をよろめいて進み、ロッジの前のしっかりした白い防御壁にのめりこんだ。

フェアは大成功であった。聖路加病院と清里からの六人の審査員が七十七人の赤ちゃんを審査し、ウチボリ・キヨミ、ヨシザワ・キミヒロ、フクザワ・マサトちゃんの三人をこの地域の最優秀健康優良児に選んだ。ジャージー牛は四人の畜産専門家によって審査され優秀賞が飼い主に贈られた。

◉賑わう山麓

これは控え目なスタートに過ぎなかった。次の年には文字通りのカウンティーフェアとなった。行事は三日間にわたって行われ、多様な内容が盛られた。一九五五年のフェアには千人の村人がやってきた。

フェアは聖アンデレ教会での日曜日の礼拝から始まった。午後には弁論大会が開かれ、四人の青年が「地方の青年の生き方」というテーマで意見を述べた。同時に並行して、家畜品評会の予選が行われた。この年は予選が必要なほどの多数の家畜が応募したからである。夜には、提灯の光の下で、牧場での日本の踊り大会が開かれた。二五人の訪問看護婦が診療所に集まり、次の三つのテーマについて話し合った。「体重不足の乳児のケアについて」「乳幼児が固形食を食べられるようになっても、母親が田畑で働かねばならない場合にはどうすればよいか」「訪問看護婦はどの程度医療活動をすべきか」。農民のグループは、家畜に生草を

74　郡品評会。カウンティーは日本の郡にあたる行政単位。

元気な幼児を祝福するポール・ラッシュ

食べさせる方法の改善についてアメリカの農業専門家と話し合った。

二日目には午前九時から、一五五人の赤ちゃんが診療所に集まり賑やかな審査が始まった。応募者は芝生に架けられたテントに集まり、母親たちが離れている間、そこで眠ったり這いまわったりした。診療所内に入ると裸にされ、測定のために体重計に乗せられた。赤ちゃんたちはとても嫌がり、一人が泣くとそれにつられて部屋中の赤ちゃんが泣くという魔法のような現象を引き起こした。聖路加病院小児科の副医長である山本高治郎博士が委員長を務める審査委員会の委員たちが、小児の体重を計り慎重に審査し優良児を決めた。このコンテストは医師たちに、地方の子どもたちの典型を示す機会となった。報告によれば、この地域の赤ちゃんの死亡率は低いが格別に健康だとは言えない。大きな問題は栄養であるが、それは母乳による養育が長過ぎることによる。皮膚疾患が多いがそれは普通、石鹸の不足と水が原因となっている。また胸が扁平であったり足が弱い子どもが見られるが、これは母親、祖母、年上のきょうだいが赤ちゃんをおんぶする日本

ジャージー牛共進会

の風習のためである。山本博士は「お母さんたちがこれらの点に気をつければ、来年のフェアにはもっと多くの健康な赤ちゃんが参加するでしょう」と、報告を締めくくった。

牛舎は診療所と本館ロッジの中間に位置しているが、ここではもっと静かなコンテストが行われた。ジャージー牛とホルスタイン牛が、心配気な飼い主と好奇の目で農民が見守る中で静かに審査を受けた。今年はより多くの牛が参加し飼育状態も良くなっていた。この地域は、一九五三年に集中的酪農地区に指定され、政府は農家に酪農産業を興すための経済的支援を行っていた。カラサワ・ススム氏が牛の品評会の審査委員長で、委員たちは二九頭のジャージー牛と四頭のホルスタイン牛を審査した。牛の世話と給餌が特に念入りにチェックされ、No. 13 のジャージー牛が「わずかな弱点はあるが」、しかし「飼い主は適正な給餌と適切な世話によって立派な牛に育てた」として栄冠を勝ち得た。審査員の全般的なコメントとして、ほとんどの牛は順調に育っているが、若干の牛は運動不足のために脚が弱く、また飼い主の何人かはきちんとした世話を怠り、ある牛のひづめは手入れがなされていない、と指摘した。そして何よりも重要なことは十分な草を食べていないことである。牛乳生産に失望している農家は、「良い草と牛乳生産の割合はきちんと比例しており、世界中のどんな優れたジャージー牛でも適切な給餌がなければ豊富な牛乳を出すことはない」ということに留意するべきである、とのコメントがあった。

さらに胸躍る行事は、山越え一〇キロのクロスカントリーであった。一九五二年のボストンマラソン大会に優勝した世界チャンピオンの田中茂樹選手がレースに参加した。彼は見物人の注目の的であったが、富士見村のゴミ・カズトがスタートから四一分後にテープを切り、地方の山地で生まれ育った青年に勝を譲った。

一九五五年の新企画は牧草地コンテストであった。これはクロスカントリーほどエキサイティングではなく、赤ちゃんコンテストほど賑やかではなかったが農家にとっては重要であった。ケンタッキーから来た牧草の専門家であるB・W・フォーテンベリー（B. W. Fortenberry）教授は三か月間キープに滞在し、審査

北巨摩郡の1万頭の牛の中の2頭を視察

の助言者を務めた。農林省長野家畜飼育研究所のアリマ・セイゴ氏が審査委員長であった。委員たちは各農場を回り生産状況と牧草の状態をチェックした。種と土壌の適合性、マメ科植物と他の草の種の混ぜ具合の適切さを考慮し、種の量と蒔き方の密度を記録した。また草の種類、背丈、色、柔らかさを調べ、土壌テストを行い、雑草と害虫の被害を捜した。長野県のタカミザワ・タケゾウ氏が、牧草改良コンテストの優勝者になった。

純血種のヘレフォード種の牝牛がコンテストで受賞すると、飼い主の大泉の農夫たちは、その牛をつれて帰途に就いた。彼らは品評会で最高点をあげたのである。優勝した健康優良児は五千円の賞金を受け、No. 13のジャージー牛の飼い主は一万円を与えられた。カウンティフェアは成功を収めたばかりでなく今や恒例となった。

◉フェアにようこそ

しかし一九五五年の秋に清泉寮が焼失し、ポールは失意の日々を送っていた。信仰と隣人たちの善意が彼を絶望の淵から引き上げると、彼は前に進むことを決意し、持ち前のエネルギーで清泉寮を単に再建するのではなく、すべての面でより大きくより立派な建物を作ることを考えた。しかし日本人の友人たちが組織する委員会やアメリカ人支援者の応援があったとしても、資金を集めるためには時間がかかる。彼は、調理場も食堂もロッジの施設もなければ、おそらくカウンティーフェアは開けないだろうと判断した。しかし清里以外の人はそれぞれに、彼がいようといまいとフェアを実施するために計画を進めていた。

キープ協会の理事長である小松隆は、同時に日米協会の会長であったが、火災のすぐ後に日米協会で話をするようにとポールを東京に招いた。ポールは会員たちに、村人たちの犠牲的な寄付のこと、そしてそれが彼の心を癒し信仰と決意を取り戻させたことについて心を込めて話した。そして、施設は整わないが会員の諸氏がフェアに来て下さるようにと熱心に誘った。多くの会員がその招きに応じ、八月に新宿で早朝の列車に乗り込んだ。キープのもてなし方は伝説的によく知られていたが、今回、そのスタッフは殊のほか努力した。列車には指定席がなかったので、立教大学の学生が列車の入線する前に駅に召集された。学生たちは列車のドアが開くと直ぐに乗り込み、協会員のために座席を確保した。乗車したゲストの一人に農林省の役人がいた。地方の役人たちは表敬のために、列車が来るたびに彼を待ち構えた。会って挨拶が済むと各地の産物のサンプルが贈られた。列車が甲府盆地にさしかかると、各駅で葡萄の籠が手渡された。そこでその役人は、自分がもらった豊かな贈り物を他のゲストに喜んでおすそ分けした。

フェアの最終日に、ゲストは清泉寮の新しい建設予定地に集まった。高松宮殿下が他の著名な賓客と共に出席した。南東京教区の野瀬秀敏主教がその場所を祝福し、浅川勝平清里村長[75]と小松隆氏が鍬入れを行った。

新しい清泉寮は正に八ヶ岳山麓の正面に建っている。石のテラスを進むと、ロッジの中央に位置してA字型をした玄関があり、そのドアの上には目立つ赤いアンデレクロス[76]が掲げられている。二重ドアを入ると、客は広い石敷きの玄関ホールで靴を脱ぎ、ホールの脇にある靴箱に入れる。この中央の建物には、寮の事務

新清泉寮献納式に出席された高松宮夫妻．ご案内するポール・ラッシュと名取良三
1957 年 8 月

室、土産物店、小さなコーヒーショップなどがある。この建物には左右両翼がついている。一方には図書室があり、新聞、書籍、定期刊行物が備えられていて隣のホールにまであふれている。そのホールにはグランドピアノや卓球台がおかれ、窓からは富士山や甲府盆地が額縁の絵のように眺められる。そこから続く長い廊下に沿って客室と風呂場がある。客室のほとんどは畳敷きの和室で、数室の洋間がある。風呂は完全に日本式で、疲れた客は熱いお湯につかれる。中央A型部分のもう一方の翼には、倉庫、ボイラー室、調理場があり二階は食堂である。食堂の周りをポーチが囲んでおり、周囲の山々のパノラマが開けている。室内にはアメリカ先住民の美術工芸品が飾られ、その産地にあるような感じがする。階を接した調理場では美味しい各種の和洋食が用意される。新しい寮舎は戦前の清寮に比べ大きな利点がある。それはスチーム暖房である。今もって一番人気は夏ではあるが、スチームは一年中使うことができるので、雪に覆われた山々の冬の美しさも、夏のツツジや秋の紅葉と並んで楽しめるようになった。

◉フェアの多様なプログラム

一九六六年のカウンティーフェアは、新しいものと旧いものが入り混じったこの年の日本を反映しており、来客は各種の催しに楽しんで参加したり見物したりした。女性ドライバーのための運転競技会や、トラクター操縦競争、日本の代表的な騎手による馬術競技会があり、これが本当にキープのカウンティーフェアなのかと思わせた。飛越《ひえつ》をする馬を見てポールは頭を振りながらつぶやいた。「キープでこれほどのもの見るとは思いもかけなかった。」

ロッジに向かう山の広場でブースが開かれていた。一番目のブースでは、聖アンデレ教会の婦人補助会が手づくりのプラスチックの籠やこの地域の小鳥の小さな羽根飾りやポップコーンを売っていた。これには目指す目標があったが、それは教会の屋根が雨漏りするのでその修繕のための資金を集めることであった。訪

75　原著では、アサカワ・カツコイとなっているが、誤記と思われる。

76　アンデレが磔にされたというエックス型（X）の十字架。

トラクター操縦コンテスト

れている何人かのアメリカ人が婦人会に手を貸した。ミリアム・ヒューレットは、「貧しい人々の中の天使」を退いていたが、山梨の旧友を訪ねキープで夏を過ごし、ブースで手伝った。ウィスコンシンから来た大学生は声の限りを尽くしてポプコーンを売り歩き、東京からきた十代の若者は一人でバンジョーを弾き事務的な仕事もした。次のブースでは日本製の農業機械の展示が行われていた。それは小さなハンドトラクター、トラクター用円盤耕作器、馬鍬（牛馬に引かせる耕耘機）などである。牛乳店の実演では、見物者は、牝牛から搾乳する自動装置――これも日本製だが、ただし牛乳缶への自動化はまだである――を見ることができた。陸上自衛隊の若い隊員はぴっちりしたグリーンの制服を身につけ、軍事通信装置と小火器の展示を行った。近くのフィールドでは少年たちが手製の模型飛行機を飛ばし、少女たちは周りの景色を一生懸命に写生していた。

表彰された牛が数台のトラックに乗って登場し、めかしこんだ飼い主たちが妻と子どもたちを同伴してきてフェアを楽しんだ。昨年よりも大きくて健康な赤

陸上自衛隊の隊員もダンスに参加

ちゃんは相変わらず賑やかに集まり、体重を計られ、計測され、医者からつついたり押されたりする無礼を蒙った。診療所のロビーでは、日本製のビタミン剤や乳児用粉ミルクの展示があった。

二日間にわたり、ヒズメの響きが、新しくできたフィールドでの馬術ショーの見物人を惹きつけた。キープは日本馬術連盟から、一九六八年オリンピックの馬術選手のトレーニングサイトに指定された。メキシコシティとここの海抜高度がほぼ同じだからである。初日の午後、騎乗した若き騎手たちは周回コースを回って耐久力を競った。二つ目の競技は高等馬術で、三つ目は飛越であった。大学の馬術部所属の一〇人の選手がこのオープン競技のために自分たちの馬をキープに連れてきた。白い乗馬ズボン、大学のユニフォームの上着と帽子を身につけた選手たちが各自のペースで騎乗し、審判の「減点なし」の声に聴き耳をたてた。

陸上自衛隊の東部方面部隊音楽隊のバンド演奏と甲府湯田高校の素敵なバトンガールの行進が毎日あり、この人たちはポールの周りに集まってプラムハット（羽根のついた帽子）とバトンをプレゼントした。音楽隊は日本の本土防衛のために維持される当面の小規模な軍事力を象徴している。地域連携における活動や自然災害の際の救助用常設組織として、自衛隊は日本の独立を支えるものとして徐々に受け入れられている。

◉キープと国際交流

会場のあちらこちらから聞きなれないアクセントが聞こえてきた。三人の若い女性が若いてきぱきした聖職と話しており、流暢ではあるがイントネーションは独特だった。三人の男性は農夫のように見えるが、言葉は英語でも日本語でもなかった。カウンティーフェアはいつも国際色豊かな集まりであった。これまでにE・O・ライシャワー・アメリカ大使夫妻、ウイリアム・ブル（William Bull）カナダ大使夫妻がフェアを訪れ、他の外交官や旅行者が随時参加していた。しかし今やその国際色はアジアからの来訪者によって一段と強められるようになった。三人の女性はフィリピン政府の公衆衛生官庁の吏員である医師で、日本での公衆衛生施策と教育プログラムを学ぶために訪日中であった。てきぱきした聖職者は同じくフィリピンからであり、横浜教区の岩井主教のゲストであった。三人の男性は韓国の地方の教会指導者で、日本で展開されている教会の支援による農山村訓練プログラムの視察中であった。

若き芸術家に話しかけるライシャワー大使夫妻

◉お神楽とその物語

樫山町からやって来た男性グループは、牧場にしつらえた簡素な舞台上で、古くからの演舞であるお神楽を演じた。この言葉を音節に分けると、(o) は「聖い」、

(ka) は「神」、(gura) は「音楽と踊り」を意味する。英語に訳せば、「聖なる歌劇」が近いであろう。話は日本の神話の伝統的な創世物語に由来している。すべてに先立って二人の神、イザナミノミコトとイザナギノミコトがおり、日本のユートピアである高天ヶ原《たかまがはら》からやって来た。天空の橋（天浮橋《あめのうきはし》）の上に立ち、イザナギノミコトが三叉の矛を海に投げ込みそれを引き上げると、滴が日本の島々となった。太陽神である天照《あまてらす》大御神《おおみかみ》が日本の主神となり、彼女の統治は思いやりが深かった。彼女は稲の栽培を奨励し機織りの技を教えた。しかし彼女にはスサノオノミコトという、日本の伝説では英雄でもあり悪神でもある手の焼ける弟がいた。彼は米つくりの農夫の畦道を壊し、布を織る女性たちの邪魔をした。このことは気高い姉である天照大御神には耐えられないことであったので彼女は岩屋に隠れ、そのために世の中は暗闇のまま放っておかれた。すべてが闇で困り果てたので、他の神々はスサノオを朝鮮に封じ込めた。後に彼はそこから脱出した。神々は暗闇の中で集まり、太陽のない世の中の困難について思案を巡らせた。彼らは自分たちが歌を歌い、舞を踊れば、憤慨した天照を誘い出すことができるかも知れないと思いついた。天照が楽しい集いに加わり損ねると考えるかも知れなかったからである。話がまとまるとすぐに決行となった。岩屋の外で歌舞が演じられ笑いが満ちた。思惑どおりで、女性の好奇心といらだちが、女神を岩屋から外に誘い出し、再び世界は陽の光に満ち溢れた。

　樫山からの人たちは物語の展開を語り、土の上に敷いた緑の畳で踊った。踊り手たちはきらびやかな錦の衣装をまとい、一人を除いて全員が仮面をつけていた。

お神楽ではドラマチックな面をかぶり、凝った衣装を身につける

舞台の袖では、白い着物、黒い帯、黒い馬の毛の帽子をつけた楽師たちが詠唱や和鼓や笛で物語を進めた。それぞれの神は、天照を岩屋から呼び出したいという望みをもって全力で踊った。クライマックスになると赤い錦、仮面、赤い輪がついたキラキラする頭飾りをつけた女神が岩屋からおどり出た。彼女がちょうど舞台に現れたときに、谷にかかっていた濃い雲が晴れ、夕日に輝く富士が姿を表した。

山の麓で踊る村々からの女性たち

◉お盆と盆踊り

盆踊りは毎年カウンティーフェアの呼び物だった。毎年八月になると日本の各地でお盆の行事が行われる。その行事はある地域では簡素であり、また複雑な土地もある。踊り手たちは薄い木綿の夏着で、普通は青・白に染められた浴衣を着ている。フェアの初日の夜に皆が踊りに参加するが、浴衣のない人はロッジの事務所で借りる。踊り方は簡単だが楽しい。日本人も外国人もやさしい炭坑節を踊り、この地方の武田節を知っている人はほとんどいない。次の日には異なった村々から婦人たちのグループがやってきて、その踊りの達人たちが似合いの着物を着て山の麓で踊った。

お盆の季節には日本人にとっていろいろなことがある。そもそもこの時期は収穫の時期を挟んで村人たちがお祭りと息抜きをする時である。学校は休み中で、普段別れ別れになっている家族が、混み合う列車や宿やバスを使って里帰りをして集まる機会となる。伝統的には、あの世にいる先祖の魂との三日間の再会の時である。マウドウガリヤ（Maudgalya）——日本語では目連《訳者注②》だが――は、仏陀の高弟の一人で献身的な内弟子であった。彼は死者と再会する力を獲得した。そして何と、彼は自分の母親が飢えの地獄であえいでいるのを見たのだった。彼女が食べようとする物はすべて焔になった。目連が仏陀に相談すると、七月の一五日に食べ物を備えれば、母親は地獄から救われると教えてくれた。これがお盆の起源である。

日本で広く信じられている考えによれば、死人の魂は死後四九日の間は家の周りに留まり、埋葬された後、霊魂は毎年三日間の訪問をする。風習には差異があるが、昔から家は掃除され手入れがされ、家の仏壇が開かれ、野菜で作られた供え物が飾られる。普通、牛や馬は茄子や白瓜で作られ、乾燥させた麻の茎で足がつけられる。再会のために家に帰ってくる魂を案内するために各家の門先で迎え火がたかれ、人々は墓参りをして掃除と手入れをして食べ物と花の供え物をする。死を身近に感じることは、日本の宗教では自然なことなので、この行事は悲しみの時ではない。この時期の終わりに寺や神社の境内で人々の踊りが行われるが、これは元来「地獄の苦しみから極楽へと解き放たれた魂の喜びの踊り」と呼ばれていた。

◉「茶の湯」の作法と伝統

ポプコーン売りの呼び声や、トラクターや軍用通信設備の展示、馬の飛越や表彰された牛から離れたキープのグラウンドの静かな木立で、五人ずつの女性がお茶席のために集まった。彼女らは畳に座って、お茶の師匠が鉄瓶から竹の柄杓《ひしゃく》でお湯を汲んで簡素な茶碗に注ぎ、かき混ぜて泡立つ輝く緑の液体にするのを見守っていた。各客は順番に、まず甘味を味わい、茶碗を受け取り、それを左回りに三回まわして、三口で茶をすする。飲み干すと茶碗を眺め、師匠はその美しさが褒められるのを穏やかに聞き入れる。深いお辞儀とお礼の言葉を述べて客は引き下がり、次の五人が畳に座り、作法が繰り返される。

茶の湯は、日本で生まれた。いつの時代にも、多くの日本人男女が茶席に加わっていることは確かだと言える。客は「待合」に集まり、時として彼らはそこですべてを着替え、少なくともきれいな白足袋に履き替える。そして質素な門をくぐり抜け、不規則な石が敷

お茶の作法の練習

かれた短い園内の径である「露地」を通り、象徴的な清めの儀礼として石の水盤で手を洗い、口を濯ぐ。五打か七打の木板の音の合図で茶室に入る。主人は甘味とお茶のあとで軽い食事を出すこともあり食事がないこともある。いずれの場合でも、主人の動作とそれに応える客人の所作にはきっちりとした型がある。主人と客はこの儀式の決まりを知っているようだが、細かい決まりに完全に従うことが、茶席の成功の鍵である。初心者も六年でおおよその熟達に至るが、道を究めるには一生をかけての修練が必要である。簡素な鉢、鉄瓶、茶筅《ちゃせん》、柄杓は大変な美術品であり、しばしば大変高価である。

しかし茶の儀式は、単に控え目な飲食の際立った一例であるというわけではない。何世紀にもわたり日本は中国の文化文明の深い影響を受けてきたが、特に唐時代（六一八〜九〇六年）に顕著で、その時期は中国で仏教が盛んであった。言語、文学、技術、美術工芸、哲学など中国から伝わったものは枚挙に暇がないが、一四世紀までには独特の趣のある日本独自のものが発展してきた。一六世紀の後半から一七世紀初頭にかけて三人の傑出した武将である信長、秀吉、家康が国を治めた。家康は徳川幕府の初代の将軍である。この時期は日本が初めて西洋の国々と交流をもった時代でもあり、フランシスコ・ザビエル（Francis Zavier）とイエズス会の宣教師によってキリスト教がもたらされた時でもあった。これと同じ時期に、茶の湯は、日本文化の代表的な表現の形となった。

◉利休の奥義

偉大な茶匠である千利休は、秀吉の庇護のもとで日本の重要人物の一人となった。茶席の決まりはきちんと定められ書き表されたが、利休は、それが指し示しているのは綱領ではなく心であることを主張した最初の人と言えるだろう。岡倉覚三は述べている。「永劫はこれただ瞬時――涅槃は常に掌握のうち、不朽は永遠の変化に存すという道教の考えが彼らのあらゆる考え方にしみ込んでいた。興味あるところはその過程であって行為ではなかった。真に肝要なるは完成することであって完成ではなかった。かくのごとくして人は直ちに天に直面するようになった。」〈Okakura, *The Book of Tea*, pp.28-29（＝岡倉「茶の本」二八～二九頁）〉[訳者注③]

利休は、茶室の奥意は古い和歌から得たと強調している。

見渡せば花も紅葉もなかりけり浦の苫屋（とまや）の秋の夕暮れ

（Okakura, *The Book of Tea*, p.61）[訳者注④]

当初利休は、茶の宗匠として、武将としての独裁者秀吉に対して良好な関係を築いた。秀吉は利休に毎年十分な報酬を与え、自分や武将たちがその日の血みどろの戦のあとで休息し精神を蘇生させるために彼を戦場に伴った。貴人たちは教えを乞うために、弟子たちは彼を崇めるために、そして他の茶匠は厳しい修行を共にするために彼を訪れた。秀吉もしばしば訪れた。朝顔が最初に日本に持ち込まれた際に、利休はそれを庭中に植え丁寧に育てたと言われている。秀吉はこの新しい花のことを聞きそれを見たいと所望した。そこで利休は自宅での朝の茶席に彼を招いた。約束の日に秀吉はやって来て庭を通ったが、そこには草も花も一本もなく、庭はかたどった小石と砂で覆われていた。秀吉は腹を立てて茶室に入り薄暗い室内を見回した。床の間の青銅の壷にたった一輪の朝顔が挿してあった。それは庭中で最も見事な花であった。

しかし茶匠とその庇護者はやがて道を違えることになった。利休には一人の娘[訳者注⑤]がいたが、美しい女性で夫を亡くし子どもたちとひっそりと暮らしていた。秀吉は彼女を一目見て思いを掛けた。まず彼女に使者を立て城に来るようにと招いた。しかし彼女は、まだ喪に服しており息子たちを立派に育てることに尽力していると答えた。次に秀吉は利休に圧力をかけるために使者を送った。しかし茶匠は独裁者の要求に娘を従わせるつもりは毛頭なかった。彼が秀吉に送った返答には狡猾さも不確かさもなかった。「自分の娘を売って殿の歓心を買い自分の身を立てようとは利休は思いませぬ。」これ以来二人の関係は緊張を孕んだ。大徳寺に利休の像が建てられた際に、秀吉は、像が草履を履いていたので礼を失すると見做した。[訳者注⑥]終いには、利休は自宅での蟄居を強いられ、秀吉は家来を送って切腹を命じた。利休は最も親しい友人たちと最後の茶席を設け、一人一人に彼が珍重する茶器を贈った。茶器の入った箱の蓋の内側に彼は書いた。

　この憂き世に在りて
　煩い多き己が一期の彼方に
　時にふれ思い描きしことを
　思うらくは今、
　このまことの現世《うつしよ》に成し遂げむ

〈Sandler、*Cha-no-yu* p.119）（＝サンドラー『茶の湯』[訳者注⑦]〉

利休は衣の下に白い死装束をまとっていた。客は別れを告げ、彼がその庇護者の最後の命令に従うままにした。

しかし、利休が秀吉の怒りをかったのは別の理由があったのではないだろうか。彼は禁じられたキリシタンの活動に関わっていたのではないだろうか。キリスト教は一六世紀の後半に大いに広まり、支配者を驚かせ、禁止令が下され、宣教師と改宗者は追放され始めた。ミサはしばしば茶室で秘かに行われ、利休の七人の高弟の内の三人は改宗者であったことが知られている。[訳者注⑧]菓子と茶による茶席と、パンと葡萄酒による礼拝とは関係があるのではないか。利休はその生き方そのままに潔く死んでいった。彼の生涯は語り継がれ、彼が重視した調和、敬愛、清浄、静謐などの原則は、日本人の生き方の指針となった。

◉花を活ける

利休の、青銅の花瓶に挿した一輪の朝顔は、茶匠が花に託した重要なことの典型である。しかし繰り返すが、大切なのは心である。地面が雪で覆われているときに白い花を使ってはいけないと利休は言う。季節はずれの花も用いるべきではない。しかし間もなく生け花は、茶匠の簡素を旨とする規範を離れそれ独自の芸道となった。

伝説によれば一人の仏僧が、すべての生あるものを慈しむことを教えていたが、嵐に吹き散らされた花をみて悲しんだ。散った花を丁寧に集めて水に挿し、寺の須弥壇に飾った。七世紀の日本の仏教の擁護者であった聖徳太子は花を壇に飾ることを愛で、寺で花を使うことを奨励した。敬愛していた聖徳太子が亡くなったときに、彼の縁者であった専務[訳者注⑨]はある寺の境内に建つ小さな庵に移り住み、芸術的な修業、特に須弥壇に活ける花の活け方に打ち込んだ。彼と共に修業した門徒や弟子は、自分たちは「池の畔に住む僧」から技法を学んだと告げた。このことから、生け花の最初の流派は「池坊」と呼ばれるようになった。これは「池の傍」という意味である。池坊の師匠たちは彼らの元祖を専務にまで遡っており、専務は生涯を通じて池の畔に住んだ。

伝統的な様式として、「花」には咲く花と同時に、葉や枝も含むと広義に解釈されている。活け方は三角形で、天、地、人の三要素を含み、多くは三種の植物のグループをまとめて表現される。線が色よりも大切である。

池坊の独占は遠州派[訳者注⑩]によって破られた。遠州派では装飾的な活け方をし、枝や花を劇的な効果を出すように扱う。その後二〇世紀の初めに小原流[訳者注⑪]が青銅の花瓶に代わって様々な花器を用いるようになり、一九二六年に草月流[訳者注⑫]が伝統を破り、植物や花に加えてそれ以外の材料を使う、自由で抽象的な活け方を教えるようになった。どの派であれ、生け花はほとんどの日本の女性が身につける技芸であり、男女とも一生を通じて学んでいる。国会には、その身分がいく分、桂冠詩人[訳者注⑬]と似ている公式の花活けをする人が一人いるほどである。

したがってキープのカウンティーフェアで生け花の催しがあるのは驚くにあたらない。ここではロッジの建物の近くで、その石の壁とそこに突き出ている屋根に囲まれた場所で展示されている。しかし使われているのがこの地方に咲いている自然の花であることは特筆に値する。というのも、今日の華道は茶道と同じように技巧的になり、商業化し、商品として育てられた花が普通は使われるからである。しかし野の花は清里の牧場や山々に沢山咲いており、子どもも母親もそれを素敵に活けている。ここの調和、敬愛、清浄、静謐を千利休は頷いて認めるであろう。

●福島・北川両氏とカウンティーフェア

今や、キープの「カウンティーフェア」は「八ヶ岳カウンティーフェア」と呼ばれており、多くの賛助団体がある。新聞社、政府機関、村の首脳陣、商社がこの行事を地域のプロジェクトにするために結集している。一九六六年のフェアで、ポールが、馬や牛、赤ちゃん、踊りなどを眺めているときには、傍らにキープの理事長である福島慎太郎が立っていた。福島は傑出した外交官で国連総会日本政府代表を務め、ジャパンタイムズの発行人であり、共同通信の社長でもある。彼は小松隆の逝去の後を受けてキープ協会の理事長の務めを果たすことになった。彼は惜しみなく時間を割き、表彰式や盆踊りに参加し、馬術競技を楽しんだ。

北川台輔博士は、前には陸軍情報部語学学校の二世のためのチャプレンであったが、第二次世界大戦の後、世界教会協議会（ＷＣＣ）のために働き、それからアメリカ聖公会の幹部役員会（Executive Council）メンバーであると同時に、アメリカ内務省の大学教育部門の長およびキープアメリカ後援会の副会長として活躍した。一九五八年に日本を訪問し、キープのプログラムを調査した。この報告書で彼は、フェアが多くの目的に貢献したことを指摘した。それによれば、フェアは多数の地域民がキープを訪れる機会となり、そこで行われていることを自分の目で確かめるチャンスと

U. アレックシス・ジョンソン（U. Alexis Johnson）アメリカ大使、ポール・ラッシュ、キープ協会会長 福島慎太郎、地域行政家たち

なった。またこの行事によって地域社会の様々な機関が力を合わせることになった。例えば農家、農業技術者、地方行政に関わる役人が、非公式な場において、それぞれの抱えている問題について議論した。コンテストを通じて、審査者が表彰の際に述べるコメントは示唆に富んでおり、子どもの養育、公衆衛生、牛の飼育、農作業に関して、実際的学習のまたとない機会となった。報告書はまた、村々がフェアに参加することによって、狭い縄張り意識の解消に役立っていると述べている。しかし最も大きな人間的価値はおそらく、

キープのカウンティーフェアは地域の新しい休日となった。しかし、キープのスタッフは別である。

赤ちゃん、家畜の牛などフェアに来ることができる家族全員に、清潔で楽しみと寛ぎに満ちた一両日を提供できることであろう。北川博士は、「私は、キープの毎年のカウンティーフェアは、日本の農山漁村の新しい祭りの形態として、一つの革命的な進展を見せていることを確信している。」と結論を述べた。

［訳者注］

① 4Hクラブ　元来は、米国農務省の主導で始められたアメリカの農業従事青年の活動団体。日本では農林省所管の事業として導入され、一九四九年に「日本4H協会」として発足した。一九七三年、「全国農業青年クラブ連絡協議会」に名称を変更し現在に至っている。農業の担い手不足が深刻化する中、二〇代・三〇代の農業青年を中心に一万名以上のメンバーが加盟し活動を行っている。

② 目連　正式には、目犍連（もっけんれん）という。釈迦の十大弟子の一人で、その筆頭にあげられている。神通力は弟子中第一であった。

③ 『茶の本』　岡倉覚三の別名は岡倉天心で、明治期に思想家、美術史家、美術評論家として活躍した。『茶の本』は英語で執筆され、ニューヨークで出版された。ここで引用した訳文は、村岡博訳・岩波文庫版によるもので、同書第二章「茶の諸流」の一部である。

④ 古い和歌　新古今和歌集に収められている藤原定家の作品。

⑤ 利休の娘　利休は二度結婚しているが、最初の妻・宝心妙樹との間には四人の娘がいた。そのうちの二女は、利休の弟子である万代屋宗安に嫁いだ。その娘を秀吉が気に入り、自分の側室として仕えるように命じたものの、利休がそれを拒否したため、怒った秀吉が切腹を命じたと言われている。利休が切腹を命じられた原因には諸説があるようだが、これはそのうちの一説である。

⑥ 大徳寺の事件　大徳寺三門（金毛閣）の改修に当たって、利休が自分自身の雪駄履きの木像を楼門の二階に設置し、その下を秀吉が通った、とする一説が知られている。

⑦ 利休の最後の句　利休が死の前日に残したといわれる辞世の句として、次の言葉が残されている。

人生七十《じんせいしちじゅう》　力囲希咄《りきいっとき》　吾這寶剣《わがこのほうけん》　祖佛共殺《そぶつともにころす》
提《ひっさぐ》ル我得具足《わがえぐそく》ノ一《ひと》ッ太刀《たち》　今此時《いまこのとき》ゾ天《てん》ニ抛《なげうつ》

⑧　利休の七人の高弟　利休七哲といわれた蒲生氏郷《がもううじさと》、細川忠興《ほそかわただおき》（三斎《さんさい》）、古田重然《ふるたしげなり》（織部《おりべ》）、芝山宗綱《しばやまむねつな》（監物《けんもつ》）、瀬田正忠《せたまさただ》（掃部《かもん》）、高山長房《たかやまながふさ》（右近《うこん》）、牧村利貞《まきむらとしさだ》（兵部《ひょうぶ》）のうち、蒲生氏郷、高山右近、牧村貞利の三名が洗礼を受けている。

⑨　専務　聖徳太子を慕っていた小野妹子は、出家して京都にある頂法寺の六角堂に住んだ。専務は小野妹子のことで、彼が池坊華道の道祖であると言われている。

⑩　遠州派　江戸時代初期の大名茶人・小堀遠州を流祖とする。「綺麗さび」を強調し、「わび・さび」の精神に、美しさ、明るさ、豊かさを加味した点が特徴とされる。

⑪　小原流　一九世紀末に小原雲心が「盛花」という新形式を創始したことを源流とする。「盛花」は口の広い器に材料を盛るように活ける。水盤と剣山を用いる方法が導入された。

⑫　草月流　勅使河原蒼風によって拓かれた。

⑬　桂冠詩人　古代ギリシャで、名誉ある詩人が月桂樹の冠を被っていた故事に由来する。イギリスでは、宮内官に列する名誉ある詩人を指し、この人は国事の際に、人物、行事などの賛美の詩を作り朗誦することもある。

第一四章　キープを越える道

荒地を墾《ひら》く

◉新生日本の成功と危惧

日本晴れ――その日はまさにそのような一日であった。日本では秋の空だけがそのように晴れて青く澄み、その青空に浮かぶ雲だけが際立って白い。英語では私たちは「一〇月の輝く青い天気」という。そよ風はほどよく多数の旗をはためかせ、競技場の観客には心地よかった。緑の芝生では様々な色彩の見事な海が広がり、ブルーのブレザーとカウボーイハットのアメリカ人、赤いブレザーと白いズボンの日本人、オレンジと白のドイツ人、カラフルなショーツのバーミューダからの競技者、ターバンを巻き髭をつけたインド人などの男女が一団となって立っていた。これまでに見た中で最多の世界のアスリートが集まっている。

一九六四年一〇月一〇日のオリンピック開会式のことである。海上自衛隊音楽隊の曲が、オリンピック旗を掲揚する人たちの名誉ある見守り役として会場に響き渡った。やがてもう一つの曲、日本の古謡の調べが爽やかな秋の空気の中に流れた。静まりかえった会場に、聖火を掲げた走者が一人で入ってきた。彼はトラックを回り、観衆は彼が目の前を通り過ぎるのを声援した。ストライドを崩すことなく、走者はスタンドの階段を駆け上がり、楽隊の脇を過ぎ、数千のスポーツ愛好家の間を抜け、スタジアムの頂上の大きな黒い聖火台のところに登り詰めた。彼の姿はその台の後ろに隠れたが、すぐに聖火台の火が燃え上がった。三週間後に同じ選手たちが広い国立競技場を満たした。大会期間中に走者たちは全力で走り、競技が展開され、バーベルが持ち上げられた。そして競技は終わった。同じランナーが聖火を消すと、スコアボードに「メキシコでまた会いましょう」という言葉が浮かび上がった。多数の選手や観客たちは、閉会式や予想外の敗戦や新記録のことを記憶に留めた。誰もが、日本は大会の主催者としての大役を果たしたことを認めた。

他国からの認承と賞賛、行事の成功に対するプライドが日本人に深い満足を与えた。戦争終結後初めて、国民の誰でもが知り、誰でもが受け容れ、誰でもが誇りに思えることが行われた。大会を組織し運営したばかりでなく、選手たちは勝利を収めてメダルを獲得し、国民は競技場に行ったかテレビの前に集まったかのいずれにしろ、日本選手が表彰台に上がり、国旗が揚がり、君が代が演奏されるのを、感動をもって見つめた。国民は、多くの善意を持った人々が語ることを信じたいと願っていた。新生日本は現実のものとなった。

こうして日本は商業や工業の面で成功を収めたということは疑いの余地がない。多数の人々がメイドインジャパンのトランジスタラジオからニュースを聞き、日本製のカメラで写真を撮り、日本で建造されたタンカーが世界中で原油を運んでいる。日本車はサイゴン、サラワク、シアトル、セヴィリヤ[77]の道を走り回っている。日本国内でも「マイカーブーム」が巻き起こり、旧来の交通手段との調整が図られ、東京のすべての区域は首都として変貌し、道路は改修され、高架の高速道路が建設された。

新日本は文化的にも成果を収めた。戦後の数十年間に多くのアメリカ人が日本に住み、あるいは旅をして回り、その内の文化的に疎い者でさえ、ある日本的なものの知識を身につけた。もし彼らが日本の家が冬にはひどく寒いと感じた場合でも、彼らは建築の簡素さを気に入った。かなり違和感のある日本食を食べられないと感じた場合にも、すき焼きや天ぷら、そばの味を覚えた。芸道では、生け花が最大の人気で、数千のアメリカ人女性が忍耐強い日本人の先生の教えを受けた。あるアメリカ軍将官の妻は、日本式活け方を学び展示することを支援するための国際的な組織を創設した。世界各国を広く旅する人が、ストックホルムの空港に日本の生け花が飾られているのを見ても驚くにあたらないし、ナポリのレストランのメニューにすき焼きがあることも同様である。

新生日本は政治的にも成功している。日本は自主的統治の非凡な制度を備えており、それはアメリカの立憲主義、イギリスの議会主義、漸進的社会福祉主義、日本的封建主義の要素を併せ持っている。自治的統治には三つの基本が必要とされる。それは見識のある有権者、最低限度の経済的公正、愛国の気持ちであり、日本人はそれらの基本を備えている。国際的には日本

77　サイゴンはベトナムの商業都市、ホーチミン市の旧称。サラワクはボルネオ島のマレーシアの州、シアトルはアメリカ西海岸の都市、セヴィリヤはスペイン　アンダルシア地方の文化、経済、観光の中心地。

はまずユネスコの活動に参画し、一九五六年に国連の正式メンバーとなって、ニューヨークの国連本部ビルに平和の鐘と呼ばれる青銅の鐘を送った。同時に澤田廉三や福島慎太郎[訳者注①]のような一連の優れた外交官を国連や他の国際機関に送った。

　しかし新しい日本はイデオロギーの面で疑問符がつく。九千万人の、不安を抱いた行動的な人々が前進している。彼らはどこに向かうのだろうか。彼らは日本人のプライドによって考えを変え、日本人の自意識によって自らを苦しめている。彼らは平和に貢献しているが、平和を守るために大胆な行動を起こすことは意図していない。経済学者は時代遅れのマルクス主義を教え、勤労者は世界三位の自由主義経済を動かしている。学生たちは過激なデモからスリルを味わうが、しかし彼らは、旧態依然とした学生服を着たときには、過激な言動を自ら閉じ込める。日本の伝統に対する愛着に基づく涙もろさや感傷を、彼らは、外国からの新しい流行に馴染むように混ぜ合わせている。日本人は無宗教だと言うが、ある新興宗教や宗派はどんな新しい預言者の呼びかけにもすぐに踊らされる。しかし日本人は仏教や神道を支持し続けることで、その危うさを防いでいる。今日の日本について間違えなく言えるただ一つのことは、それはもはや旧い日本ではないということである。

◉英語に挑む

　民主主義は巧みに日本人の衣服を身につけ始めていた。ある時は優雅な着物であり、ある時はぴったりとしたビジネススーツであり、また別の時にはオーバーオールでありレインコートでもある。ストレッチパンツ、ダウンボタン襟のYシャツ、セーター、スキー靴の場合もある。清泉寮では、牛やトラクターが充実しても学生たちを決して排除しない。ある人たちは夏の忙しい時にロッジの仕事の手助けのためにやって来る。ハイキングやスケート、スキーなどをするために休暇でやってくる人もいる。霊的修養や話し合い、骨の折れる英語習得のために利用されることもある。戦前に、英語クラブ、演劇サークル、ディベートチームなどが、ポールやその友人である英語教師たちによって立ち上げられたが、それらが戦後復活し、英語が第二言語になったので盛んになった。メンバーに強いて英語を話させるために、あらゆる方法が使われた。弁論大会はよく行われたし、英語だけを話すならばコーヒー代が無料になるというコーヒーショップも多く現れた。

春休み期間中の三日間、立教大学の英語会（ＥＳＳ）がキープを満員にした。メンバーは英語だけを話すことになっていた。最初の数時間はうまくいったが、夕食時に、一人のメンバーが箸のことを英語で「chopsticks」と言うことを思い出せず、意地の悪い友だちは彼に食べる道具を与えなかった。数分考えた後で、彼は冷静にナイフとフォークを頼み晴れて食事を終えることができた。

プログラムの一部はその年のインターカレッジ大会の課題である「日本は陪審員制度を採用すべきか」についての長時間ディベイトであった。六人の発言者からなる各チームは、この問題への賛否のどちらかを選ぶために調整される。ディベイト開始の直前に、司会者は、どちらのチームが否定側か肯定側かを決めるためにコインを弾いた。ほとんどの日本のやり方では、かなりの数の運営委員、一人の司会者、二人の審判、二人のタイムキーパー、各種のヘルパーがいる。

肯定側発言者は、陪審手続きの新しいシステムにその主張の根拠をおいた。彼らが強調するところによれば、そのシステムはあらゆる長所を持ち、欠点がないアングロサクソン型システムである。鍵となる改革は、陪審員たちがその裁決の正当性を主張し説明しながらなすべき報告のあり方である。それはすなわち、陪審員による評議が常に特権を与えられてきたシステムの、新しい手続きに関わるものである。肯定グループの主眼は、現在の日本は民主国家であり、陪審制度の採用は、法廷の民主化を進めるに違いないと主張することだった。否定側の発言者は、アメリカ人陪審員の法律に関する理解能力の不足を批判している専門家の意見を引用した。そしてプライドをもって日本の裁判官・大岡越前守のことを指摘した。徳川時代に行われた彼の賢い裁きは、経験に基づく裁判の見本である。生死の決定は法律の専門家によってなされるべきだ、そしてそのことによってのみ国民は法廷に信頼をおけると結論した。

冒頭の立論と各論述でのロジックが様々に展開された。四〇分の質問と回答の時間もすべて英語で行われ、現今の日本人の心情に、多くの喜ばしい洞察が加えられた。否定側発言者は、法律の訓練こそがこの人間のもろさを防ぐに違いないと推論しながら、陪審員は感情に支配されることもあるだろうと批判した。肯定側は、幸せよりも公正が裁判における望ましい成果であるというアングロサクソン型の前提を臆することなく概観しつつ、陪審員は被告人の幸せに、より大きな関心を寄せるべきだと主張した。第一ラウンドでは肯定側が勝ち、次の日の否定側に立つための準備に入った。

メンバーたちは就寝前に、ある者は伸縮性のスキーズボンをはいたり、綿入れの着物を着てコーヒーショップに集まり暖炉を囲んだ。コーヒー、日本茶、人気のある甘いヨーグルトであるカルピスを飲む者や、アイスクリームを食べる人もいた。それから「し～ユウトモロウ（Shee you tomorrow）」とか「ぐっどナイト（Goodo nighto）」などと呼びかわしながら寝室に入り、やがて静かになった。

◉聖ヨハネ保育園

その翌日は、名取夫妻の長女である六歳の名取良子《ながこ》と、聖ヨハネ保育園の一四人のクラス友だちにとっての大きな行事の日であった。小学校入学を目前にした卒園式の日である。四歳の名取彰は保育園の年少クラスの園児で卒園式に参加するが、二歳の淳ちゃんはまだ小さすぎた。この保育園は九時に始まるが、それまでにスクールバスが園児たちを家から乗せてきて、四時には送り返す。農山村では保育園は幼稚園の役割も果たす。卒園式の日には早く着いた人は保育室の周りをうろうろして、他の子どもたちや親たちが道を上ってくるのを見つめている。園児、先生、お母さん、招待客、それに武藤司祭までが、園につくとすぐに手洗い場に行き消毒液で手を洗った。最近の赤痢の発生で学んだことが、皆の記憶に新しいのである。子どもたちは皆ブルーかグレイのスモックを着ているが、卒園する児童は小さなバラのつぼみの花飾りを付けている。卒園生は在園生と向き合って部屋の一方に着席し、部屋の後ろには誇らしげなお母さんたちが席についた。武藤司祭が園児に挨拶し、子どもたちは声をそろえて習い覚えたお祈りの言葉を唱えた。保育園長の金子忠雄が卒園式の言葉を述べ、子どもたちに卒園証書を贈った。次に母の会の代表が挨拶し、「一年生になったら、先生方が教えて下さったことを守りましょう」と子どもたちに促した。園児たちが歌い暗誦し、それから卒園児たちはみんなでゾロゾロ並んで親たちに証書を見せに行った。式が終わると床に畳が敷かれ、皆が会食に加わった。

◉日本農業の近代化

聖ヨハネ保育園の階段には、昼食用の牛乳が入った缶が一つ置かれていた。そして毎日三缶が、併合された小学校に届けられた。同校は高根町に合併した村々のために設けられた学校である。日本中でバター、チーズ、粉ミルクなど乳製品の消費量は着実に増え続けた。しかし日本はまだ依然として日本であり、乳児用混合粉ミルクの生産は一九六六年には、出生率の低下のためにほとんど伸びなかった。この年は日本式の暦では午年《うま》で、この年に生まれた女の子は気性が荒い女性になり、誰も結婚したがらないと信じられている。訳者注②

一九五六年と一九六六年の間に日本の農家で小型のハンドトラクターが普及し、その使用と牛肉の高値から畜牛の数は四〇%減少した。かつて精米と耕作で力を発揮した牽引力のある黒い巨体の牛は、機械化によって千頭単位で処分され、残っている場合は力仕事に使われるよりも食肉用に飼育されていた。食肉用の需要とそれがもたらす市場での高値は、肉牛と真の飼育事業への関心を増大させた。そのことがまた生産効率の悪い牛を排除することになり、酪農業が強化されることになった。牛を飼う農家が激減し、一農場当たりの牛の頭数が増えた。五頭を飼っていた飼育者が今では一〇から二〇頭を飼うようになり効率が増した。

一九六〇年代の終わりに、日本政府は、国の農業部門を、企業化した農業へと調整するための一歩を踏み出した。近代化の施策は農林漁業委員会――一九六六年五月に組織され、一九六七年二月にその任務を終えて解散した諮問委員会――によって主導された。この委員会は、長期にわたる経済政策について、首相に助言を行う「経済審議会」のもとにある九つの小委員会のうちの一つであった。委員長・東畑《とうばた》四郎氏[訳者注③]のもとで、二七人の学者、ジャーナリスト、農業団体の代表者が、農業の国際化に直面した競争に立ち向かえる農業の近代化と、日本人の嗜好の拡大と変化に対応する計画を協議した。その見通しによれば、一九七一年には農業人口は八五七万人、全労働人口中一六％となるであろうが、一九六五年のそれは一、一〇八万人、二二％であった。労働者と土地生産性はずっと増大し、農家と他の企業労働者の所得差は縮まるであろう。委員会は、農林省が大規模な機械化を進めること、そのことによって農業を離れようとする農民への補償制度の創設、農地法の改定などを提言した。その改定の一つのステップは、小規模農地を大規模化することによる所得の効率性の向上である。具体的な提言の一つは、政府が高地の国有地を放牧と牧草用地として貸し出すことであった。

　企業としての農業は日本で現実的なものになりつつあったが、企業家としての農業者を見出すことは困難そうに思えた。日本の地方はどこも同じように見える。道の状態は依然として悪く、緑に輝く米つくりの田畑は広がり、テレビのアンテナが茅葺の屋根から伸びてはいても、農村の家は何世紀にもわたって変わっていない。しかし多くの若い男女が田畑に留まっているわけではなく、都市部に出て生産ラインに並んだり、溶接用のバーナーをもって船の上部構造の上に登ったりしている。貧しい地域では頑丈な身体の人は揃って農村を離れ、日本の農業は「三ちゃん農業」と言われている。「おばあちゃん」「おじいちゃん」「かあちゃん」によって支えられているからである。しかし間もなく「ワン（one）ちゃん農業」になるのは目に見えている。仕事がすべて農家の主婦の肩にかかるのだから。

　しかし誰もが都市部へと移るわけではない。ある農家では年長の息子は家に残らねばならず、田畑を耕し親の面倒を見る。彼は、自分が地域の学校に通っている間に、役人や商店主の息子たちが上級学校の入学試験に合格するために教師たちの指導を受けるのを目にする。また賢く美しい娘たちが村を出てゆくのを見守る。すべてが悪いわけではない。生協に借金して手に入れたハンドトラクターを使うことは嬉しいし、仕事を終えて夜テレビを見ることも好きだ。父親がいつも言う通り、生活は自分たちが若かった時分よりも確かに良くなっているし楽にもなっている。しかしやはり町の明かりはずっと明るいし、町に住む弟は仕事の辛さは半分にしか過ぎないのに、自分の収入ははるかに少ない。

◉清里農業学校

キープには非公式な農業訓練システムがずっとあった。しかしポールは今、長いこと夢見てきた農業学校を開く決心をした。彼はアメリカでの例年通りの旅で支援を訴え、インディアナ州インディアナポリス（Indianapolis）のリッリー基金（Lilly Endowment）から最初の課程のための資金を受け、ジョン・ディア社からは機械の提供を受けた。オハイオ州コロンバスのアメリカン・ジャージー牛クラブは、毎年優秀な卒業生の中から二人を外国人給費生として認めると約束した。ニューヨークの教会定期刊行物クラブは、図書室のために三〇点のアメリカの農業雑誌の購読ができるよう請け合った。一九六三年四月一四日の清里農業学校の開校日には、七つの県から二〇人の学生が入学した。九年間の義務教育を終えた一五か一六歳の中学校卒業生である。

最初の建物は、教室棟、食堂、寮舎で、一九六七年一〇月一四日に、横浜教区の岩井主教[78]の司式、長坂聖マリヤ教会の植松司祭と清里聖アンデレ教会の武藤司祭の補式によって聖別された。木々の間を漂う朝の霧の中で主教の聖職者用式服はひときわ浮き立って見えた。建物の中では、ポール、福島慎太郎キープ協会理事長、村や県の役人、他の来賓や友人、それに三〇人の若い男子が待っていた。彼らはオーバーオールとゴム長靴を、学校の制服であるグレイのズボンと青いブレザーに替えていた。主教と司祭たちが建物に入り聖別礼拝が始まると、数人の生徒は感動して涙が出そうになった。主教は教室や事務室を回って祝福を行い、その声が通路に厳かに響いた。式の終わりに数人の来賓の代表は、紅白のリボンが結ばれた光る新しいシャベルを渡され、外に出て建物に沿って花水木を植えた。ドアの上には、学校のシンボルである花水木の花と、

78　岩井克彦主教（在位）一九六五〜一九八三年。

「清里農業学校」のイニシアルである「ＫＦＳ」(Kiyosato Farm School)の文字が描かれた紋章が掲げられていた。

一同はレセプションのために食堂に移った。ここでは福島氏がホスト役を務めたが、彼は開会の挨拶で、小規模な特別な学校がいくたびも果たしてきた貢献について触れた。一八七六年にアメリカ人教育家Ｗ・Ｓ・クラーク(Clark)博士の指導の下で北海道大学[79]が設立されたときに、生徒はわずか一六人であった。しかしその中には文筆家で国際人であった新渡戸稲造博士、日本で影響力の大きい「無教会派」の創立者・内村鑑三が含まれている。クラーク博士が別れに際して生徒たちに告げた「Boys, be ambitious(ボーイズビーアンビシャス＝少年よ大志を抱け)」という言葉は、日本の学校の生徒は誰でも知っている。

高根町町長の白倉元徳は、建物の完成について祝辞を述べた。彼は記憶を呼び起こしながら次のように話した。「一九四七年にキープが県から土地を借りたときに、私は安都玉(あつたま)村の村長でした。この土地が自分の村にあったので、私は不動産証書にサインしなければなりませんでした。そのとき私は甚だ不満で、アメリカとは何の関わりを持つことも望まず、この村にアメリカ人が来ることも全く望みませんでした。しかし山梨県知事がサインを強く求めたので渋々それに応じたのです。二〇年経って、サインをしてよかったと心から思いますし、高根町におけるキープの影響を喜んでおります。」

最後に、内藤工業[80]の社長であり、建築工事の請負人である内藤半二郎が福島から感謝状を受け、彼も感慨を込めて思い出話をした。なぜなら彼は最初の清泉寮のロッジを建てたからである。彼は荒い地形、貧弱な道路、悪天候が工事を妨げ、建築資材を山地の斜面を引き上げるために利用した牡牛が数頭死んだことで苦労したことなどを話した。

スピーチが終わると、参列者は立派に整えられたテーブルに移って昼食となった。ビュッフェテーブルには、小豆ともち米で作られた赤飯が大盛りで用意されていたが、これは祝い事があるときの慣わしである。食後、ポールが学校のために万歳を提案すると、参会者は気持ちよくこれに応えて万歳を三唱し、次にポールのために唱和した。最後の催しは、出席していた一〇人の卒業生（OB）の非公式な集まりであった。彼らは皆でポールや福島氏に会い、新しいスローガンである「Do your best（最善を尽くせ）」を心に銘じた。

生徒たちは彼らが利用するために牛舎に確保された一頭の特別の乳牛の世話をし、交代で午前四時には搾乳のために起床した。彼らは週の四八時間を作業と勉強に等分に振り分けた。カリキュラムは倫理から簿記、農業技術から日本文学に及んだ。彼らは、優秀な農業者を育てることを願っている教師たちの幅広い関心を受け継いだ。初年度の修学期間は二年であったが、一九六八年に三年間に延長され、ゆくゆくは五年になるだろう。卒業生は短大卒と同程度になり、近代農業の技術、機械のノウハウを身につけることになる。また、牧牛の飼育法を学ぶ傍ら、農業機械の操作と管理法やトラックや車輛の運転技術を身につける。そして卒業までに、一つの運転免許と人工授精免許を取らなければならない。キープの理事会の事務員の一人が「妊娠できなければここを出られませんよ」と冗談を飛ばした。

◉キープの国際的役割

新生日本はそれぞれの開発計画をもつアジア諸国に協力する歩みを進み始めていた。これら諸国は用心深く、躊躇しがちであった。何故ならば日本の占領による横暴や政治的な制圧を忘れてはおらず、経済的な支配を心配しているからであった。しかし同時に日本人の統治のもとでの発展や、南満州鉄道の高速列車や青島（チンタオ）の紡績工場を記憶していた。岸信介前首相は、東南アジア諸国への日本の貢献は、議会制民主主義の運営、農業技術、常備薬の生産と普及に関するノウハウの提供だろうと示唆した。

キープの国際的な役割は、私的な教育機能と実地訓練センターである。自国の発展にアンテナを張っているアジアからの人はいつでも歓迎されている。しかしキープのことは、一九六六年に東京で開かれた第一一回太平洋学術会議〔訳者注④〕でわずかながらより広範囲に広がっ

79　北海道大学の前身となる札幌農学校である。
80　甲府市の内藤工業所。

ぬかるみでの奮闘

種を播く

穀物の収穫

草を食む牧牛

た。この会議では、太平洋地域の科学者が、農業、森林、動物学、資源保護などについて報告し合った。信州大学の兼松満造博士、K・キベ博士、K・セキガワ博士、東京大学のS・ノムラ博士、H・サワザキ博士が「牧草による飼育牧牛に関する生態学的生理学的研究――日本で新しく開発された高山地帯の放牧地における事例から」と題する報告を行った。この研究は、キープと近くの長野県酪農センターでの研究に基づくものであった。この報告は、高々度山地での牧草による飼育に対する科学的データーを得るために行った三年がかりの研究の要約であり、気候状況、土壌、飼料の割合および行動パターンや心拍数、心電図に基づく牧牛の状況などを勘案している。

キープ農業学校の方針は、専業の「日本人の」農業専門家を育成することである。そしてこの方針は、決して謙遜して隠しておくことではない。一九六七年に二人の韓国人男子学生、チョン・ワン・キム（Chong Whan Kim）とウー・ヘイム・アン（Woo Heum Ahn）が、テジョン（Taejon 大田）のユニオン・クリスチャンセンター（Union Christian Center）から入学した。二人とも韓国クリスチャン農山村生活学校（The Christian Rural Life Institution of Korea）の卒業生であり、チョンはチュンジュ（Chungju 忠州）出身の牧畜農家であり、ウーは一九六七年のパク（朴）大統領韓国模範農業家国家章（President Park's Medal for the Model Farmer of Korea）の受章者である。両人とも三〇歳代で、自分の生活地域と類似している日本の地域を訪ね、様々な成功した農業事例を学ぶ予定である。

気象観測をする農業学校の生徒たち

◉聖路加地域診療所

聖路加地域診療所は二〇年の経験を経て、つつましいが頼りになる様相を呈している。清里レンタカー・タクシー・サーヴィスの店主は、油まみれのオーバーオールに火がつき、慌ててこの診療所に駆け込んでから苦痛の数週間をここで過ごした。しかし冷静な治療のお陰で命拾いをし、健康を回復した。ある障害を負った少年は松葉杖が氷で滑るので冬は家にいたが、今は冬でも学校に通っている。解決策？　松葉杖にスキーのストックをつけることは、効果的であるばかりではなくスマートでさえある。

日本の大学生は兵役に対する道徳的な代用を登山に求め、休みになると無鉄砲にアルプスの峰々にアタックする。また日曜ドライバーは険しく滑りやすい道路に不慣れだが、晴天の週末には町から繰り出す。事故を起こしそうなこの二つのグループは、農業機械に巻き込まれる農民や蛇に噛まれる人と並んで、聖路加地域診療所の患者の中での事故の割合を上げ続けてきた。

キープが協力してきた公衆衛生プログラムは、インターンシップで一年間勤務する公衆衛生看護婦によって進められている。キープは看護婦に寮を用意し、また交通の便を図ったり、初期の注意を心掛け予防薬を使うことを人々に勧めることによって、地域の健康を増進させるあらゆるサービスを提供している。

子どもの健康に対するルドルフ・トイスラー博士の関心は、診療所の活動に意識され続けてきた。村の子どもたちは家で搾る牛乳を毎日飲むことはできなかった。搾った牛乳は収支が合うようにすべて売らなければならなかったからである。推定によれば七〇％の子どもには寄生虫がおり、成人の一〇％が同様であった。一九六六年には赤痢の発生が聖ヨハネ保育園を襲い春の学期の閉鎖を余儀なくさせた。死者はなかったが診療所は病気の子どもと心配する母親で溢れ、その子どもの家からは、伝染が収まるまで牛乳を出荷することが禁止された。園が再開されたときに、厳しいルールが定められ、母親たちにはそのルールを守ること、それができなければ園は閉鎖されるだろうと告げられた。子どもたちは一日六回消毒液で手を洗っている。母親たちはルールに従うことを約束して言った。「貴重な経験をしました。あんな酷いことからも色々学べるものだとは思いもしませんでした。これからは手が汚れていたり、子どもの具合が悪い時にはもっと注意します。何故これが前に起きなかったのか不思議です。私たちは人のせいにしょうとしてきました。そういうことを止めるためにもっと時間を使いましょう。」

東京の聖路加病院の日野原医師〔訳者注⑤〕の指揮のもとに行われた一二二人の女性の検診の結果、村の女性の健康について興味深い事実が明らかになった。受診した人の中で三六人が高血圧、七人が心臓疾患、一〇人が気管支炎または喘息、一三人が貧血、七四人が歯科医の治療が必要であり、五人が皮膚病に罹っていた。他にはビタミンC不足、トラコーマ、蟯虫《ぎょうちゅう》、および種々の健康上の問題があった。健康証明書をもらえる人はほとんどいなかった。新鮮な魚、生鮮野菜、ミルクを摂ることが必要である。ほとんどが睡眠不足であり、雨天や祭りの日以外は休日もなかった。健康上の新たな問題は殺虫剤の使用の拡大であり、その害を防ぐために人々は注意深く指示に従い手袋やゴーグルを使い、強い化学薬品を使った後は念入りに身体を洗うことが勧められている。日野原医師はまた、妊婦はトラクターに乗ることを控えるようにと注意した。

◉弘道所の展開

ポールにとって、キープの現状は決して満足できるものではなかった。彼は、キープの影響は容易く各戸の門前には行くが、そこに留まっていることを知っており、村々の内部に浸透させる必要があると考えていた。彼は当初には各教区に一つずつのセンターを夢見ていたが、北海道での経験から、それは不可能であると悟っていた。しかし出先機関計画によってキープ近在の村々に働きを広める道があると気づいた。そして山梨県内の一〇の村に一〇か所のアウトリーチ・ステーション（弘道所）を作るという戦術を立てた。

弘道所は伝道所ではなく、その用語の違いは重要である。伝道のためのステーションである「伝道所」は、交わりと何かを告げるための場所であるが、「弘道所」は拡張のための場所である。この名称は金子忠雄のアイデアによるもので、その意味を明確にするためにこの漢字を選んだ。これがスタートするに先立って慎重にプログラムが練られたのにはいくつかの理由があった。過去には宣教師によって多くの伝道所が創られた。北海道では町々に伝道所が創られそれが教会になったが続かなかった。他の地方でも同じように小さな教会が発足したが消滅した。これらは基盤のない温室育ちの教会であった。この失敗を繰り返すことは策がなさすぎる。加えて、「アウトリーチ」（「弘道」＝活動を拡げる）という言葉は教会にも受け入れやすかった。弘道所はパリッシュ（教会区）[81]のためのものであり、教会員だけのためのものではない。クリスチャンでない人が自由に出入りして利用することができる。もしこれが伝道所と呼ばれるものであれば、ここをインフルエンザの予防注射や、料理教室や、託児所として使えるものかどうか危ぶまれるだろう。

樫山弘道所は板張りの床のしっかりした日本家屋に設置されている。そこには大きな部屋が一つと小さな台所、事務室がある。ここは託児所として使われているので、子どもが描いたポスターや絵が飾られている。部屋の前には平仮名の表が貼られ、子どもたちは自分やなじみのあるものの名前を書くことを学ぶ。折り紙で作った犬や猫の顔、歯ブラシと歯磨きのチューブを貼ったポスターもある。部屋の四方の壁には、平仮名で東西南北の方角が示されている。壁の一つには食事を楽しむ二人の子どもを描いた大きな栄養表が貼られている。それには、乳製品などのタンパク質、果物や野菜、デンプンや炭水化物など三種の食品群が描かれている。掲示板には、旅行を楽しむ皇太子と皇太子妃の写真が貼ってある。樫山村の幼い子どもたちは、農繁期に母親が田畑で働く時期には、ここで楽しく過ごす。普段庭がぬかるみになっていても、子どもたちは泥だらけには慣れっこで、明るい色のゴム靴をはき、上り棒や滑り台で遊ぶ。

しかし弘道所は単に託児所であるばかりではない。ここは同時に婦人クラブや青年グループの会合の場所であり、月に一度は元気の良い公衆衛生担当看護婦の指揮のもとで公衆健康診断が行われる。厚いセーター、ウールのズボン、ゴム長靴は地方の看護婦のユニフォームである。日曜日の午後に彼女が来ると、村人

81　一つの教会がカヴァーする一定範囲の地域。

は検診のために立ち寄り、体重や身長を測り血圧をチェックしてもらう。普段とは違うどんな徴候も看護婦と話し合い、それ以上の医学的措置が必要か否かは看護婦が判断する。

　樫山はこの地域では古い村の一つで、五百年前から人が住みついた。元来は馬の飼育地で定住者も農民もいなかった。しかし一五世紀に、打ち続く戦乱からの避難民が山々に避難し棚田を拓き始めた。棚田は完全に水平で、巧みに組み合わされた石垣に囲まれている。時代が進むと良い木材の産地となり農民は木炭を作った。しかし現在は木材生産も製炭も下火となった。樫山の農業協同組合では、お金を貸し付け、種を買い、脱穀機と縄綯機《なわないき》の二台の機械を所有している。

　弘道所は地域町村からの要望があったときにだけ開かれる。その町村は経費の一部を負担し、その運営を民主的に行い、その他のいくつかの簡単な条件を受け入れなければならない。樫山は最初の弘道所で、今は北巨摩郡に他に九つの弘道所がある。それぞれの町の要望は異なっているので、各弘道所は少しずつ異なったプログラムを持っている。一年の内に、キリスト教関係の集会が四七回開かれ、参加者の平均は九人であった。聖徒アンデレ同胞会は小川徳治の指揮のもとで、会合を開くためのメンバーを派遣した。聖アンデレ教会の司祭は会合と礼拝のために車で巡回し、聖餐式には信徒が集まった。

　蔵原村にできた一〇番目の弘道所は一九六四年の九月に聖別された。聖マリヤ教会の植松従爾司祭、聖アンデレ教会の武藤六治司祭[訳者注⑥]が礼拝の司式を行い、キープアメリカ後援会副会長のI・C・ジョンソン（I. C. Johnson）司祭が主賓であった。蔵原弘道所は特徴があって、蚕の飼育室が一部屋あった。養蚕の初期段階で蚕の幼虫は行き届いた世話と気温管理が必要である。今、村の蚕はそのために作られた飼育室で重要な時期を過ごしており、もう少し成長すると各農家に配られる。

　箕輪村のセンターはウエスタン・ミシガン・ハウス（Western Michigan House）と呼ばれているが、これは主に同教区の信徒からの献金によって創られたからである。カリフォルニア州サンタバーバラ（Santa Barbara）の聖三一教会は大泉のセンターを用意し、

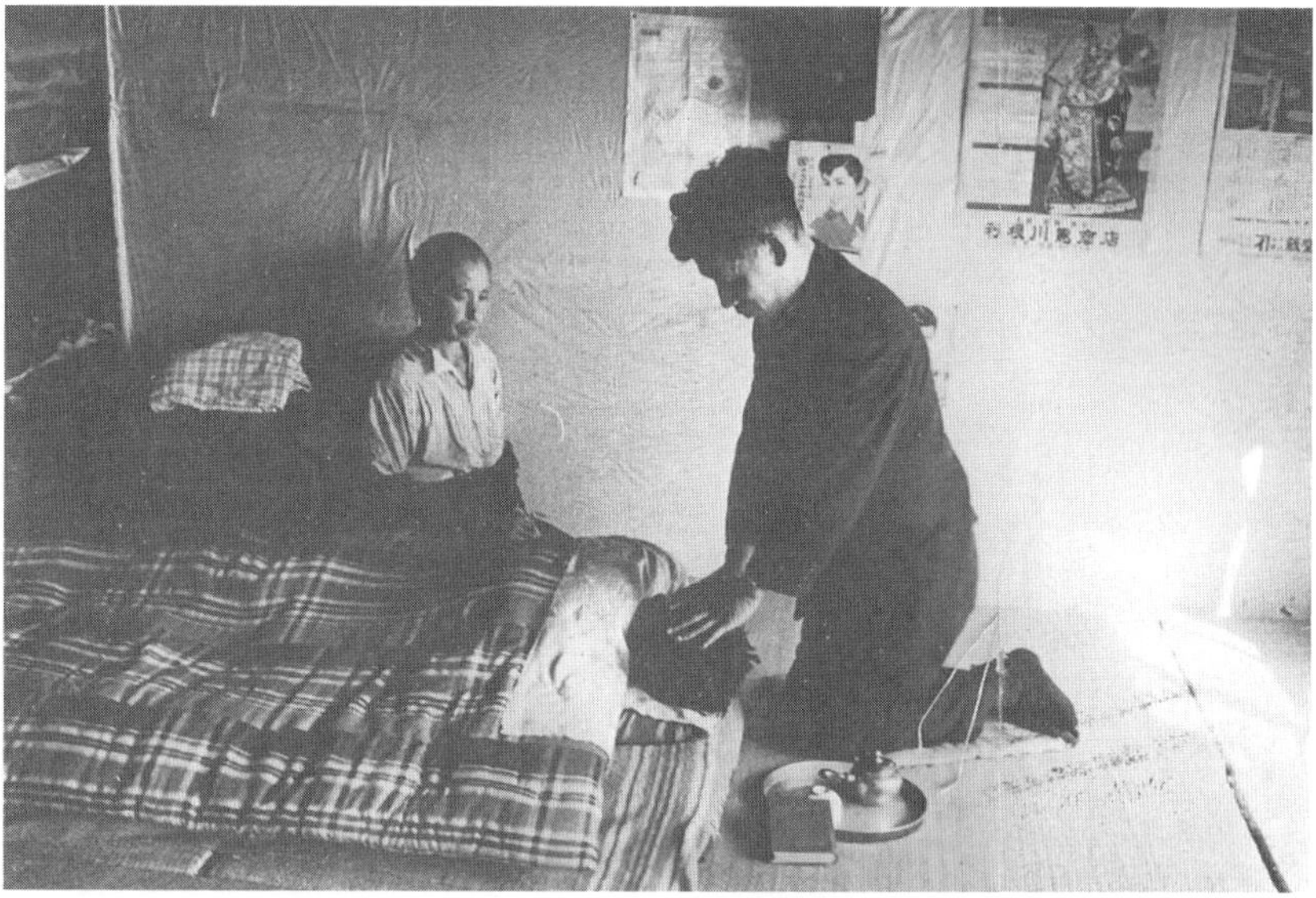

病人を訪ねる植松従爾司祭

地域社会で役立ち、よく利用されている長坂聖マリヤ教会

アラバマ（Alabama）州の教会員は樫山センターを提供した。オハイオ州コロンバス（Columbus）の故アルバート・ミラー（Albert Miller）氏とミセス・ミラーは泉センターを建て、野辺山センターはカリフォルニア州ビヴァリーヒルズ（Beverly Hills）の諸聖徒教会の教会員が贈った。西井出のジョージ・ワシントンハウス（George Washington House）はワシントンDCの人たちから、ウイスコンシン州ホワイトフィッシュベイ（White Fish Bay）のクライストチャーチは長沢センター、ミルウオーキー（Milwaukee）の聖パウロ教会は北割《きたのわり》ハウスを提供した。ルイジアナ州シュリーヴポート（Shreveport）の聖マルコ教会は平沢センターを、ハリスバーグ（Harrisburg）教区の信徒は蔵原のジョン・C・H・リー（Lee）ハウスの基金の大部分を担った。

◉地域に根づいた聖アンデレ教会

植松従爾師は長坂の新しい聖マリヤ教会の司祭になり、地方出身の若い武藤六治師は聖アンデレ教会の司祭になった。当初は司祭らしい威厳を保つのが難しく

子どもたちと武藤六治司祭

思えた。なぜならば、彼はこの教会の信徒と共に育ってきた親しい仲間のような存在であり、信徒は「むーちゃん」と思っていたからである。しかし経験を積み、色々な機会にしっかりした信仰的対応がなされていることが示されて、教会員からの信頼が固まった。

牛の頭数を数えることや、搾乳量の計測、扱った患者数や保育園の卒園者数を数え上げることは可能であるが、教会の及ぼす影響は人間が測り知ることではない。しかしその活動の最初の二〇年間において、聖アンデレ教会は当初の姿をすっかり変えた。長い間の使用と天候に痛めつけられてきたからである。畳は擦り切れ、屋根の水漏れは増え、祈祷書はしみができ手垢でよごれていた。教会は地域の役に立ち、その一部となっている。司祭のキャソック（聖職用着衣）はもはや奇異でも珍しいものでもなくなった。毎日の礼拝である朝の祈りや夕の祈りが捧げられ、毎週、日曜日の礼拝が行われている。新しい人が教会にやってきて求道者になり、時が来てその内の何人かが洗礼を受ける。事実、最初の二〇年間で、清里の聖アンデレ教会か長坂の聖マリヤ教会のいずれかで合わせて千人以上が洗礼を受けた。多くの人が都市部に出るので、そのすべてが地元に残っているわけではないが、その半数は定住者であり、かつては信徒が一人もいなかった地域に五〇〇人の教会員がいる。この新しい二つの教会は、日本の教会に加えられている。

［訳者注］

① 福島慎太郎　東京帝国大学卒業後、外務省に入り、内閣官房次長、調達庁（後の防衛施設庁）長官、国際連合総会政府代表などを務めた。その後は、ジャパンタイムズ、共同通信社社長などとして活躍。

② ひのえうま　一九六六（昭和四一）年は、丙午（ひのえうま）に当たっていた。

③ 東畑四郎　農林省の吏員で、戦後の農地改革に携わり、また食糧庁長官、農林事務次官などを務めた。農政理論のリーダー的存在であった。

④　太平洋学術会議　太平洋学術協会（PSA：the Pacific Science Association）のもとで開催される分野横断型の国際会議。PSAは、多様性に富んだ太平洋地域の持続可能な発展を目指して各研究分野の連携協力を通して学術交流を図る学術団体。一九二〇年にホノルルで最初の会議が開催され、現在では四年ごとの大会とその中間会議が、アジア太平洋域の様々な都市で開催されている。PSAにはこれまでに「生態学と自然保護と環境保全」「固体地球科学」「地理学」「博物学とその類似機関」「海洋科学」「珊瑚礁」「植物学」「林学」「陸水学」「昆虫学」「社会科学と人文科学」「経済学」「公衆衛生と医科学」「栄養学」「科学のコミュニケーションと教育」などの研究委員会が設置されてきた。機関誌は *Pacific Science*（the University of Hawaii Press 発行）である。

⑤　日野原医師　日野原重明。京都帝国大学医学部を卒業後、海軍軍医を経て聖路加国際病院の内科医となる。同病院院長、聖路加国際メディカルセンター理事長、一般財団法人ライフ・プランニング・センター理事長、公益財団法人聖ルカ・ライフサイエンス研究所理事長などを歴任。文化勲章受章。二〇一七年七月、一〇五歳で亡くなった。

⑥　武藤六治　清里聖アンデレ教会牧師として、長くポール・ラッシュと共に働いた。後、京都教区主教、立教学院チャプレン長などを務めた。同師の妻は、宅間聖智氏の長女・満里子さんである。

第一五章　丘を目指して

清里聖アンデレ教会

◉慕われる「ポールさん」

長年にわたってポールにはきちんとした家がなかった。彼は一九四一年一二月のある朝、立教の校宅五号館を離れて強制収容所に入り、その後、兵舎や民家を転々とした。キープ建設の日々、日本にいる間は、どこでも空いているベッドがあればそこで寝起きし、アメリカでの旅行中は、来る日も来る日もホテル住まいであった。どこでもしばらく過ごす場所では、そこで花が咲くのを見られるかどうかは分らなかったが庭に種を播いた。彼は一晩だけ泊まる部屋でも、家具の模様替えをすることがよくあった。ポールが泊まった後で客室の様子が変わっているのに気づいて驚いた宿の提供者は、一人二人ではなかった。

キープにやっと自分の家[訳者注①]を建てることができるようになったときに、ポールは設計にあたって、来客を楽しませるようにと考えた。石造りの暖炉がある円形の居間、窓の下に円形にめぐらされた本棚、これまでの活動中に受け取った贈物やトロフィーを飾る棚などが作られた。居間のまわりには家の三倍の広さのポーチがあり、傾斜地には庭があり、夏にはここで客をもてなすことができる。建物の中にはオフィスがあり、絶えず来客があった[訳者注①]。名取夫妻の家は隣にあり、彼らの三人の子どもたちはいつもやって来た。その子らはオフィスの備品を自由に使い、暖炉を守っている北海道の木彫りの熊と遊び、クッションや家具類を気に入るように置き換えた。クリスチャン・サイエンス・モニターの編集者であるミス・ジェッシー・アーンツ(Jessie Arndt)がキープを訪れポールにインタヴューしたが、その記事の見出しは「ホテルマンがキープを創り出す」という奇抜なものだった。本当のところ、ポールが教鞭をとり、軍務につき、日本聖公会の再建を支援しているときでさえ、彼のホテルマン精神は失われることがなかった。彼は生まれながらの親切心の持ち主であり、さらに一人でいることをひどく嫌がった。彼にはキープが誇りでありそれを人に見せることを好み、ここを訪れる友人たちを歓迎することはキープの成功に少なからず貢献した。

村の古老たちはポールのことが大変好きであったから、彼が清里駅で乗り降りするたびに挨拶を交わし、非公式の付き人役をすることを光栄に感じていた。あるとき彼らはポールの銅像を建てることを提案したが、福島慎太郎が如才なく思いとどまらせた。山梨県内の学童たちは、「私たちの郷土を発展させた人」というテーマで彼について学んだ。彼の歩みを記した文を読んで、山梨大学付属小学校の四年生は感想を書いた。

カミザサ・ヨシミは以下のように綴っている。「私の心に残ったことは、ラッシュさんはアメリカ人ですが山梨県にやってきて、お百姓さんたちのためにお金をたくさん使って色々なことを教え、様々な建物を建てたことです。人から「毛唐」と呼ばれながら、頑張ってその人たちのために大変努力しました。とても偉い人だと思います。もし私だったら、日本人のために何もしないで、自分の国の人のために働くでしょう。」

イオリハラ・フミエはこう書いている。「私は一人のアメリカ人が清里で牧畜を始めたということにとても驚きました。ラッシュさんがよその国々の人を助けたことに大変感動しました。アメリカには立派な人が大勢いるのだと思います。私は自分の学級ではないほかの人たちのことを思いやることがないので、その人たちのために何かをしてあげることもありません。」

誕生日に彼はキープの子どもたちから手紙を受け取った。阪田隆一[82]が書いている。「お誕生日を心からお祝いいたします。昨年と同じように、ここでお誕生日のお祝いをすることができてとても嬉しいです。どうぞこれからも人々のためのご活躍を続けて下さい。私たちはポールさんを見習って立派な人間になれるように一生懸命勉強し努力します。あなたの教えと精神に従いたいと望んでいます。敬愛の念をもって、あなたの夢とヴィジョンを追い求め続けます。この世と私たちの心に平和がもたらされるまで、自分たちの腕と心で、人と人との繋がりが人間に意味するものを示してゆきます。私たちのキープの「お父さん」であるポール先生、私たち一同、父も、母も、子どもも、そしてすべての生き物も、あなたが長生きして下さることを願い祈っています。」

植松誠[訳者注②]は、「僕は一生懸命勉強しています。あなた

82　後、日本聖公会管区事務所で執務した。

と沢山お話ししたいからです。ぼくの父と母が教会や病院であなたと一緒に仕事をしていることを有難く思います。毎日曜日にアコライトができることは幸せです。僕は大きくなったら牧師になります。僕がお説教をするのを聞いていただけるようにお元気でいて下さい」と書いた。

ポールの日本への到着以来、彼を知っているある聖職が述べている。「彼は天真爛漫でフランクな性格の、ある時は子どものような人物です。彼はいつも動いていて席の温まる暇がありません。典型的なアメリカ人で、直裁で裏表がないのです。時としてある人にとっては強すぎるために、敵をつくることもあります。しかし彼は日本思いで、日夜、日本の教会のことを考えています。」日本人の友達の一人は、「ポールは、一方で宣教師であり、また一方で占領軍の士官であり、また一面では日本政府からの受勲をとても喜んで、パジャマを着たときにも勲章を身につけるほどでした」と言っている。それに対してアメリカ人の友人の一人は、彼は基本的に信仰に生きる人だと見做している。その信仰は日本の教会で発揮され、戦後の日本を立派で信頼される国となるように努める能力を引き出し、神に対して迷いのない信頼をおくものであった。「ポールは、神が彼をお見通しであるという信仰をもち、神の応答を期待しました。そして神は常に求めに応じて下さったのです。」

◉ポール・ラッシュの素顔

ポール・フレデリック・ラッシュ（Paul Frederick Rusch）は、一八九七年一一月二五日にインディアナ州のフェアモント(Fairmount)で、アンドリュー・ラッシュ（Andrew Rusch）夫妻の息子として生まれた。彼の父はフェアモントで天然ガス資源を調査するビジネスマンであった。家族はルイヴィルに住み、彼はここで学校に通い、第一次世界大戦が始まると従軍した。彼はルイヴィルのクライストチャーチ大聖堂のメンバーであった。

教会は他に替えがたい影響を彼に与えたが、それが発揮されるのは来日後のことであった。彼は徹頭徹尾教会人であり、いつも熱心に手紙を書き、募金活動を援け、教会に必要であれば会議を主宰することを望んだ。宣教師として日本に留まることをポールに諭したノーマン・ビンステッド主教は彼に決定的な影響を与えたが、ルドルフ・トイスラー博士は彼の生涯にとってそれ以上に重要な人物であった。トイスラーは非聖職信徒であり、ポールは、信徒である宣教師の実践的な貢献の大切さをいち早く理解した。「もし君が日本で何かをしようとするなら、それは第一級のものにするべきだ（If you are going to do something in Japan, make it first class）」[83]と彼に告げたのはトイスラー博士であった。

ポールは日本に関する自分の考えが間違っていないことを確かめようとして過ごした。彼は自分自身がそうであったように日本人も典礼を重んじる宗教を受け入れると考えた。シャベル一杯分の土が盛られ、壁が築かれ、完工式が行われるときはいつでも、華麗さと、荘厳な儀式がなされるべきである、そしてその式には最高位の主教と輝く十字架と長いプロセッション（聖職団の入退場行列）が伴うべきだと、彼は主張した。彼はまた、日本人は、実例、実演に素早い関心を寄せ、目で見たこと、耳で聞いたこと、肌で感じたことを採り入れる、と感じていた。キープの周囲の農場の一万頭の牛は、彼のそのような見方があたっていることを示している。

この世の中で成果を挙げたものは大抵論争を引き起こすものであるから、ポールも議論の対象となっている。海外宣教協会の会長であるセオドール・イーストマン（Theodore Eastman）司祭は、一九六一年にポールの仕事についての分析を行っている。

素晴らしい成功には、いろいろな角度からの批判がつきものであり、少なくとも留保の意見が伴うものである。一部には、キープは、日本聖公会の一組織でもなくアメリカ聖公会のミッションの肢《えだ》でもないことを気遣う意見がある。キープの実験では宗教的側面が失われ、牛やトラクターばかりが強調されていると感じている人もある。他の人はプロジェクトを促進するために絶え間なく巧みな広告を使うことに不快を感じる人もいる（責任者の頭文字は、無

83　第二章　訳者注㉛を参照。

料の「PR」ではないのか！）。全く異なった文化の中で、余りにも厳密にアメリカ的方法や基準を模倣することへの不安もある。ある人たちはキープが一人の人間の努力と能力に頼り過ぎていると考えている。ポールは金子忠雄と名取良三という二人の有能な副ディレクターに援けてもらっているにも拘らず……。

　これらの批判に対する回答は複数ある。そのような答えは各人が清里で実際に経験することを通して最良のものが見つかるだろう。しかし何世紀も前の、別の問いに対する答えが、さしあたってそれに一番近いであろう。「目の不自由な人は見えるようになり、足の不自由な人が歩み始めた。重い皮膚病は癒され、耳が聴こえなかった人は聞こえるようになり、死人は起き上がった。貧しい人たちは自分たちに向けられた福音を受け取った。そして私に従った人は祝福された。」[訳者注③]〈イーストマン「公報（Communique）No.31」一九六一年九月〉

ポール・ラッシュは、主教会とか立教大学のような、日本聖公会の組織の中でよく知られた人である。現在、聖職、教育者、ビジネスマンとして活躍している人たちを教えた教師である。聖徒アンデレ同胞会の創設者として、信徒が教会や神のために進んで活動するようにと励ました。二つの大戦では兵士として母国に貢献したが、敵国の人々に思いやりをもって対応した。都会人であった彼は、ある地域全体の農業技術を変えた。気の進まない宣教師であった彼は千人に及ぶ男性・女性信徒の教父となった。一人のアメリカ人として、アメリカ人であるからこそできる仕方で彼は日本を愛した。

［訳者注］

①　ポールの私邸　清泉寮の北側（八ケ岳側）に建てられた。現在は「ポール・ラッシュ記念館」として、キープ関係、ア

メリカンフットボール関連などの資料を展示し、公開されている。
② 植松誠　現 日本聖公会北海道教区主教、日本聖公会首座主教、日本宗教連盟理事長。植松従爾・喜久江夫妻の子息として、清里には馴染みが深い。
③「私に従った人は祝福された」新約聖書「ルカによる福音書」第七章二二節の言葉。

訳者あとがき

本書の第一章にあるように、ポール・フレデリック・ラッシュ（Paul Frederick Rusch）の来日や立教大学のスタッフとしての赴任は、明確な目標や強固な信念に基づくものではなかった。日本のＹＭＣＡの施設再建業務への参画は、短期の腰かけ仕事のつもりであったし、大学への就任は人に乞われての渋々ながらのものであった。多くの宣教師が、使命感を胸に秘め覚悟を決めて来日したのとは大分趣を異にしている。しかしそれにも拘らず、彼はその後の生涯の大半を日本で送ることになり、そのエネルギーのすべてを日本のために注いだ。彼が携わり切り拓いた分野は、立教大学での教授・宣教師としての仕事、聖路加病院の拡充整備の支援、聖徒アンデレ同胞会（ＢＳＡ）の設立と育成、日本聖公会の復興援助、キープ協会の創設と運営、大学生の英語活動、アメリカンフットボールの導入と普及など多岐にわたっている。その活動の範囲は日本とアメリカ、カナダ、東アジア諸国など国際的な広がりを見せるものであった。

このような彼の歩みは、キリスト教的に見れば、神の計画の中に織り込まれていたものということになろうが、人の側からみれば、その予測や意図を遥かに超えた数奇なものであったというほかない。そのような歩みを、より多くの読者の方と共にたどり直してみたいというのが、訳者の本書翻訳の動機であり願いである。本書の原著は、出版されてすでにほぼ半世紀を経ようとしているが、ラッシュ氏の思いや願いを改めて掘り起し確認したいとの思いが翻訳の作業を進めさせた。草の根的なキリスト教活動、大学と地域を結び付けたボランティア活動、疲弊しあるいは未開拓であった高冷地農山村の活性化への働きなど、同氏が取り組んだ課題は、時代を超えてなお今日の私たちが直面しているテーマでもある。

著者、エリザベス・アン・ヘンフィル氏は、ポールの歩みを様々なエピソードを交えながら多彩にまた多面にわたって描き出している。この評伝は、日本の歴史、文化、伝統などを広く背景として書かれており、また一人の外国人として見た昭和史を下敷きにしている点に特色がある。昭和という時代は日本人にとってはもちろん、外国人にとっても起伏と動揺の激しい時代であった。その時代をラッシュ氏は、雄大なヴィジョンと旺盛なエネルギーもって歩み続けた。そのことから訳者は、本書の副題を敢えて「昭和史を拓いたポール・ラッシュ」とさせていただいた。原著の副題は「ポール・ラッシュの物語」（The Story of Paul Rusch）である。本書には一部、状況から見て事実とは考えにくいエピソードも含まれているが、これらはポールやその関係者の姿を彷彿とさせる著者の想像、期待、憧れを交えた逸話として理解したいと思う。

ここで、本書の翻訳版刊行の経緯について述べておきたい。この本の翻訳をほぼ終えた段階で、丸善雄松堂の担当者（以下、「担当者」と略記させていただく）の方に、本書の出版元であるWALKER/WEATHERHILL社に出版許諾を求める手続きをとっていただいた。しかし、W/W社はすでに他社に売却され、本書の版権の所在もはっきりしないということが判明した。担当者はその後も著者の消息などについて鋭意調査を進めて下さったが進展はなく、本書の刊行自体も暗礁に乗り上げてしまった。ところが、このような場合には日本の文化庁に許諾申請を行い、認められれば前に進めることができることを知った。早速、担当者にその申請をしていただいたところ、幸いにも許諾を得ることができた。煩雑な手続きをして下さった関係者の皆様に厚くお礼を申し上げたい。

本書の翻訳にあたっては、北條鎮雄氏に協力をお願いしたところご快諾をいただいた。私が下訳をしたものに手を加えていただくことになったのである。文脈の分かりにくい箇所に関しては、そのつど意見の交換を行った。本書を北條氏との「共訳」とさせていただいた所以である。とはいえ、訳文の生硬さや不適さ、ありうる誤訳の責は偏に私にある。同氏とは、S・ヘーズレット『日本の監獄から』およびA・S・トークス『二つの日本』を共訳したが、今回も同氏の国内外に広がるネットワークから種々のアドバイスをいただいた。また、本書の内容に関連する事項の確認や資料調査について、武藤六治主教、黒田哲朗、森秀樹、鈴木武次、宮本正明、豊田雅幸、渡部尚子、松平謙次の諸氏、キープ協会の秦英水子さんにお世話になった。また資料の整理や事務処理に関しては淵博子さんのご助力をいただいた。これらの方々に感謝の意を表したい。

蛇足ながらキープ協会と私自身の個人的な関係について書き留めておきたい。

私は残念ながらポール・ラッシュとの直接の面識はなく、キープ協会との繋がりも特に深いものとは言えない。ただ折に触れ清里でのキャンプを経験し、清泉寮で宿泊し、周辺の山野を歩いた。それらが私の折々の回想を彩っている。

最初の経験は、立教中学生の時の学校のキャンプで清里を訪ねたことである。細かい記憶は失せてしまったが、今でも鮮明に覚えているのは「清里農村センター」と書かれた石造りの柱が立つキャンプ入り口から清泉寮までのでこぼこ道のことである。石がごろごろと転がり、車の轍が深く泥を削っていて歩くのに難渋した。本書にも何回か描かれているキープのぬかるんだ道路は、キープ建設の大変さを示す象徴であった。

大学生になると、立教大学ＢＳＡの夏のキャンプが毎年行われ、百人を超すキャンパーが数日の共同生活を送った。弘道所でワークキャンプが行われ、そこでの夏季学校に参加したこともあった。次いで私が立教大学文学部のスタッフになった折には、春まだき厳寒の中で新入生オリエンテーションキャンプが数年にわたって行われた。凍てつく空気の下で満天の星を眺めた印象は未だに鮮烈である。学部の集中合同講義やゼミの合宿を、数日間にわたって旧農業学校の校舎で行ったことも一再ではなかった。同じく大学教員時代には、キリスト教教育研究所の所員として、同研究所主催のヒューマン・リレイションズ・セミナーに参加したことも数回あった。

さらに私が二〇〇〇年に、新しく発足した立教大学のボランティア・センター長に就任した折には、このセンターの活動の基軸とモデルをポール・ラッシュの精神と活動に求めた。同時に私は立教学院院長の職に就いていたこともあり、小学校から大学までの学院全体の行事として「八ヶ岳環境ボランティア・キャンプ」をキープ協会との提携のもとに企画し実施した。清里周辺の美化活動と自然環境に関する体験学習を内容としたものであるが、このキャンプは学院の「一貫連携教育」の中心的行事の一つとして毎年実施され現在に至っている。

立教学院院長の職務上の役割としてのキープ協会の後援会長と、同協会の理事も数年にわたって務めさせていただいた。理事会の席でしばしば議論にもなり、私自身もキープの課題として強く感じていたことは、1)この活動の原点であるキリスト教精神を、現代日本の諸状況のもとでどのように継承し具体化させるか、2)事業体としてのキープの経営を、本来の設立趣意に則りながら如何に軌道に乗せるか、3)変貌を遂げる地域との関係をどうとらえ、どのように発展させ強化するか、4)複雑化する条件のもとで国際貢献をどう展開するか、という諸点である。これらの課題への応答は常に模索されなければならないが、その際の指針は創始者ポール・ラッシュの精神と構想を再確認することであろう。本書の翻訳がその際のお役に立つことができれば、著者ヘンフィル氏の労に改めて応えることになろうし、訳者としても嬉しいことである。

最後に本書出版の機会を提供して下さった立教大学出版会、翻訳出版の許諾申請や他の諸事務処理の任にあたられた丸善雄松堂株式会社の藤巻智彦、大和田雅子、黒田健一各氏、また、編集をお引き受け入れいただいた丸善プラネット株式会社の小西孝幸氏ほかのスタッフの方々に厚くお礼を申し上げる次第である。

ポール・ラッシュ生誕一二〇周年、
日本アンデレ同胞会創立九〇周年にあたる
二〇一七年の秋に

松平信久

索　引

ア　行

アイゼンハワー（Eisenhower, Dwight D.）　陸軍参謀長　144
アイソ（Aiso, John F.）　言語学者　121
アーガル（Argall, Phy11is）　記者　92
秋山基一　司祭　141
浅川勝平　村長　244
浅野宗一郎　実業家　198
浅野良三　フットボールリーグ会長　90
朝日新聞　152
浅間丸　107, 110, 112
芦田均　首相　170
アチソン（Atcheson, George）　外交官　142
阿部義宗　YMCA ディレクター　41
アマチュア飲酒会　15
アメリカン・ジャージー牛クラブ（American Jersey Cattle Club）　269
アメリカ聖公会　4, 6, 131, 196, 234, 256, 287
アメリカ聖公会宣教局（American Church Mission（Episcopal Church）　70
アメリカ聖公会ミッション（宣教師団）　4, 90, 91
アメリカ聖公会内外宣教協会（Domestic and Foreign Missionary Society of the Protestant Episcopal Church in the U.S.A.）　18
アメリカ聖公会総会　194
アメリカ政府戦時移住局（War Relocation Authority＝WRA）　131, 132
アメリカンフットボール（フットボールを参照）
アライドチャーチクラブ（連合国軍教会クラブ Allied Church Club＝ACC）　167, 172, 174, 176
荒木いよ　看護婦　27
荒木貞夫　大将　68
アリソン（Allison, John）　アメリカ大使　24
アリマ・セイゴ　牧牛審査者　243
アルムステッド（Almstedt, William C）　社会福祉家　46
『アンクル・トムの小屋』　72
アンデレ号（Designed for St.Andrew）　224, 226, 228
『アンデレクロス』（日本版）　73
アーンツ（Arndt, Jessie）　通信員　284
飯島信之　大佐　150
家康　戦国武将　253
生け花（華道）　255-256
石橋湛山　首相　154
イーストマン（Eastman, Theodore）　宣教協会主事　287
磯貝廉介　大将　61
井上建（Inoue, Daniel）　上院議員　134, 192
医療法　205
岩井克彦　主教　248, 269
ウー・ヘイム・アン（Woo Heum Alm）　農民　274
ヴォウフン（Vaughn）　68
ウィリアムズ（Williams, Channing Moore）　主教　18, 27, 173
ウィリス（Wills, W. K.）　通信員　92, 94
ウィルソン（Wilson, Leonard）　主教　110
ウィロビー（Willoughby, Charles A.）　大将　188
ウィントン（Winton, Margaret）　秘書　172
上杉謙信　大名　207
ウエッカーリング（Weckerling, John）　大佐　120, 122, 123
植松従爾　司祭（主教）　179, 190, 205, 269, 278, 280
植松誠　主教　285
ウォルサー（Walser, Theodore D.）　宣教師　101
牛山清人（Ushiyama, Harry）　実業家　25
牛山（メイ）　美容師　25
内村鑑三　無教会派クリスチャン　270
ウッド（Wood, Frank E.）　宣教師　88
ウッドヘッド（Woodhead, H. G. W.）　通信員　64
「ABCD」標識　84

ACK（キープアメリカ後援会を参照）
エヴァンス（Evans, Charles H.）宣教師　38
エディー（Eddy, Sherwood）教会一致運動家　72
NHK　22
MP（エムピー）　141
エリザベス・サンダース・ホーム　176
エンゲル（Engel, Ernest）学者　227
オーヴァートン（Overton, Douglas）学者・外交官　51
大岡越前守　265
お神楽　248-250
岡倉覚三（天心）学者　253
緒方貞子　学者　68
オカモト（Okamoto, William）軍人　134
小川寛一　実業家　182
小川徳治　教授　39, 110, 170, 278
尾崎秀実　スパイ　147, 148
小沢孝雄　日本人移民　127
オシダアキラ　言語学者　121
オット（Otto, Eugen）　147
オハイオ実験農場（Ohio Experimental Farm）　224, 227, 233
お盆　250-251
オリンピック　267

■カ　行

外国人教師連盟（Foreign Teachers'Association）　24
カウンティーフェア（「キープ」を参照）
学生キリスト教運動（SCM）　41
学生ボランティア運動　72
筧光顕　YMCA 主事　41
片山哲　首相　154
カーティス（Curtis, John）銀行家　90
ガーディナー（Gardiner, James McDonald）宣教師　18
加藤外松　外交官　61
加藤友三郎　外交官　198
カネコ（Kaneko, Arthur）言語学者　121
金子忠雄　キープ常務理事　22, 40, 42, 60, 140, 180, 197, 217, 238, 267, 276, 288
兼松満造　教授　274
樺山愛輔　実業家　199
カマヤツ・チャック　バンドリーダー　22
茅野（かやの）達一郎・ペテロ　農場長　180, 230
カラサワススム　牧牛審査委員　241
菅円吉　教授　41, 50, 174
韓国クリスチャン農山村生活学校（Christian Rural Life Institute of Korea）　274
カンタベリー大主教　169
関東軍　67-68
帰化法　127
岸信介　首相　271
北川台輔　司祭　42, 129, 133, 256
キップリング（Rudyard Kipling）　135
キハラシゲヤ　言語学者　121
キープ（KEEP＝Kiyosato Educational Experiment Project）
　設立；　7, 177-179
　募金活動；　189-193, 196-197
　地域診療所；　195, 204-205, 210, 211, 220, 254, 275-276
　発展初期；　195-196
　カウンティーフェア；　238-250, 256-258
　弘道所；　276-280
　国際交流　271-274
キープアメリカ後援会（American Committee for KEEP）　9, 172, 228, 233, 256, 278
キープ診療所　182, 204, 211, 234
キベ・K.　教授　274
木村毅　通信員　138
木村重治　教授　153
ギャロット（Garrott, W. Maxfield）宣教師　101
教会年鑑（リビング・チャーチ・アニュアル〈Living Church Annual〉）　37
強制収容所（日本）　100-103, 284
強制収容所（米国）　129, 131, 132
清里　7, 8, 42, 47, 51, 92, 108, 172, 179-181, 189, 196-197, 204, 205, 208, 209, 211, 214, 217, 222-224, 228, 229, 233, 234, 239, 243, 256, 275, 281
清里聖アンデレ教会　181, 196, 233, 239, 245, 269, 278, 280
清里教育実験計画（「キープ」を参照）
清里農業学校　269-271
義和団事件　62, 70
クラウゼン（Klausen, Anna）　148
クラウゼン（Klausen, Max）スパイ　147, 148
クラーク（Clark, W. S.）宣教師　270
クリチトン（Chrichton, C. M.）通信員　101

グリプスホルム（Gripsholm）号　107, 112, 130
グルー（Grew, Joseph, C.）アメリカ大使　22, 47, 83, 84, 88, 110, 112, 113, 200
グルンドヴィー（Grundtvig, Nathan F. S.）哲学者・牧師　231
クレイギー（ミセス）　60
クロムリー（Cromely, Ray）通信員　108
軍国主義　88
軍事裁判　146
慶応大学　21, 150, 180
経済審議会　267
警視庁　145
小泉誠太郎　軍人　59
「黄禍」　123
公衆衛生　65, 210, 232-233, 248, 257, 275, 277
校宅五号館　14, 16, 17, 21, 24, 100, 141, 284
合同教会　165, 166, 170
古事記　89
コックス（Cox, James）通信員　93
後藤新平　財政家　65
近衛文麿　首相　146
コブチ（Kobuchi, Tom）実業家　222
小松隆　実業家　198-200, 233, 234, 244, 256
ゴミ・カズト　走者　242
コンテ・ヴェルディ（Conte Verdi）号　111-113

■サ　行

西園寺公望　政府高官　145
西郷隆盛　政治家　18
在日外国人教師連盟　24
斎藤昇　知事　197
サカイ（Sakai, Robert）学者　132
阪田隆一　信徒（主事）　285
坂西志保　評論家　138
櫻井亨　司祭　110
佐々木順三　教授　174, 182
佐々木鎮二　主教　164, 166, 173
サザン・カリフォルニア・オールスター（Southern California All-Star）　23
サトウショウゾウ　都庁吏員　143
ザビエル（Xavier, S. F.）　89, 253
ザブリスキー（Zabriskie, Charles C.）教会人　46
サワザキ・H.　教授　274
澤田美喜　25, 49, 60, 111, 140, 152, 176
澤田廉三　外交官　25, 60, 2647
三国同盟　82
三ちゃん農業　268
三辺金蔵　教授　150
サン・マルティン（San Martín, José Maria）教授　103
CIS（Civil Intelligence Section＝民間諜報局）　6, 145, 155, 156
CIC（Counter Intelligence Corps＝対敵防諜隊）　139
自衛隊　246, 247, 262
GFS（Girls'Friendly Society）　37
宿谷（しくたに）栄　司祭　179
G-2　6, 151, 188
GHQ/SCAP　占領軍総司令部　151, 154, 156, 170, 172, 188
幣原（しではら）喜重郎　首相　143
支那事変（日中戦争を参照）
シノ・ヒロコ　医師　210
シーボルト（Sebald, William）外交官　146
社会的福音（ソーシャル・ゴスペル）　41, 73
ジャージー種　9, 222, 223, 227, 239, 241, 242
ジャッド（Judd, Walter）宣教師　72
ジャーマニー（Germany, Charles）宣教師　42
宗教団体法　166
シュトク（朱德＝Chu The）大将　149
シェーファー（Schaeffer, Mabel Ruth）宣教師　60
ショウ（Shaw, Kate）宣教師　198
ショウカイセキ（蒋介石＝Chiang Kai-shek）　61, 64, 71, 72
聖徳太子　255
諸聖徒礼拝堂（立教）　20, 26, 36
ジョージ（George, Alexander）軍人　21
ジョンソン（Johnson, Irwin C.）主教　38, 230, 278
ジョン・ディア社（John Deere and Company）　228, 269
白倉元徳　町長　270
清王朝　62, 64
神学院　169, 171
信教の自由　150
進駐軍　89, 107, 108
真珠湾（パールハーバーを参照）
神道　89, 147, 264
杉山謙治　教授　41
スターリン　政治家　87

スチュアート（Stuart, John Leighton）　宣教師　71
スティムソン（Stimson, Henry L.）　国防長官　128
スティルマン（Stillmnan, Harry）　実業家　101
スピア（Speer, Robert E.）　教会一致運動家　72, 73
菫女学院　101
スメドレー（Smedley, Agnes）　通信員　147, 149
静寂主義（quietism）　42
聖アンデレ教会（清里聖アンデレ教会を参照）
聖アンデレ青年キャンプ　233
聖公会　47 ,68, 85, 86, 216
聖三一教会（東京聖三一教会を参照）
清泉寮　47, 60, 89, 92, 108, 141, 152, 155, 157, 172, 177, 178, 179, 181, 196, 206, 233, 235, 243, 244, 245, 264, 270
清泉寮の火災　217-218
聖徒アンデレ同胞会（BSA）　17, 37, 41, 42, 48, 59, 68, 115, 141, 152, 156, 170, 173, 177, 180, 182, 189, 193, 194, 197, 233, 278, 288
聖徒アンデレ同胞会（アメリカのBSA）　38, 40
聖マリヤ教会（長坂聖マリヤ教会を参照）
聖ヤコブ教会（シカゴ）　194
聖ヨハネ保育園　233, 266-267, 275
聖路加看護学校　28
聖路加地域診療所　196, 204, 233, 275
聖路加国際メディカルセンター　28, 171, 234
聖路加（国際）病院　2, 25, 26, 38, 92, 104-106, 110, 182, 196, 205, 229, 239, 240, 276
世界教会協議会（WCC）　256
セキガワ・K.　教授　274
関口正吾　100, 140, 180
ゼネスト　149
ゼネラル神学校　129
戦争犯罪裁判（極東国際軍事法廷）　146
セント・ジョンズ大学（St.John's University）聖ヨハネ大学　61
セント・ポールズ・ユニヴァシティー（「立教大学」を参照）
専務　華道師匠　255
千利休　茶道師匠　253
占領軍総司令部（GHQ/SCAP＝General Headquarters of the Supreme Commander for the　Allied Powers）　146, 151, 154,
全国中等学校野球選手権大会　151
宋美齢（Soong, Mei-ling＝蒋介石夫人）　71
ソーシャル・ゴスペル（社会的福音）　41, 73
ゾルゲ（Richard Sorge）　147-150
ゾルゲ事件　147-150
ソーン（Thorne, Samuel）　教会人　46

■タ　行

第一九日本聖公会総会　38, 69
大学フットボールリーグ　21, 23, 108
『大地』　72
対敵防諜隊（Counter Intelligence Corps＝CIC）　139
第四九米軍総合病院（「米軍極東中央病院」）　172
ダイナン（Dynan, Joseph E.）　通信員　101, 103
太平洋星条旗新聞　142, 143
対日理事会（連合国軍理事会）　142
太平洋学術会議　271
タカハラ（Takahara, David Y.）　実業家　238
高松孝治　チャプレン　59, 90
高松宮　182, 244
タカミザワタケゾウ　農民　243,
高見沢八三　農民　189, 235
宅間聖智　BSA書記　40, 59, 100, 102, 104-106, 108, 140
武田信玄　大名　207-208
竹田真二　司祭　106, 171
タッシナーリ（Tassinari, Renato C.）　司祭　143
舘野守男　アナウンサー　100
田中茂樹　走者　242
田中穂積　教授　25, 90
ダフ（Duff, R. G.）　大佐　155, 156
WAC（WOMENS' ARMY COPRS＝アメリカ陸軍婦人部隊）　134
玉澤スポーツ用品店　23
ダラス（Dallas, John T.）　主教　51
ダンカン（Duncan, Malcolm C.）　銀行家　102
談露館　43
秩父宮　22
茶の湯（茶道）　251-255
チェイス（Chase, William）　チャプレン　141
チェン（Chen, Ronnie）陳？　実業家　140, 154

チェン（Chen, Ruth Kido）　チェンの妻・ルース 140
チェンバレン（Chamberlain, Basil Hall）　著述家 89
チェンバレン（Chamberlain, Leo W.）　銀行家 101
中国聖公会 69
中国ミッション 70-73
チョウガクメイ（張学銘＝Chang Hsueh-Iiang）　地方将軍 64
チョウサクリン（張作霖＝Chang Tso-lin）　地方将軍 64
チョン・ワン・キム（Chong Whan Kim）　農民 274
デユッフェンドルファー（Diffendorfer, Ralph E.）　宣教局主事 84
敵性外国人 107
寺崎英成　政府高官 154
トイスラー（Teusler, Rudolp Bolling）　医師 2, 27, 233, 275, 287
土肥原賢二　帝国主義者 65, 67
東京アマチュア演劇クラブ 60
東京アメリカンクラブ（American Club of Tokyo） 24
東京聖三一教会 4, 19, 90, 141, 164, 168, 170
東京ロータリ-クラブ 199
ド・ヴーケリッチ（de Vukelić, Branko）　スパイ 147, 148
東畑（とうはた）四郎　教授 268
遠山郁三　教授 90, 100, 107
東ヶ崎潔（Togasaki, George K.）　実業家 175
ドゥーマン（Dooman, Eugene M.）　外交官 90
特別高等警察（特高） 145
トリシャス（Tolischus, Otto）　通信員 84, 87
ドレイパー（Draper, William）　司祭 193
ドレハー（Dreher, Charles）　通信員 101

■ナ　行

名出保太郎　主教 166, 174
内藤半二郎　請負業者 270
中川一郎・Edward　教授 182
長坂聖マリヤ教会 269, 278, 280, 281
中沢（中沢富次郎，その父・中沢三鶴平） 44
中原賢次　YMCA主事 41
名取都留（旧姓・中谷） 209, 230
名取良三　キープ専務理事 152, 197, 216, 218, 230, 232, 238, 266, 284, 288
ニコルス（Nichols, S. H.）　主教 42
二世 10, 21, 120, 122, 132, 141, 188, 190
日米協会 82, 199, 243
日露戦争 62, 65, 126
日中戦争（支那事変） 47, 58-59, 87
新渡戸稲造　教育者 270
ニープ（NEEP） 234
日本キープ協会 199, 233, 243, 256
日本共産党 150
日本書紀 89
日本聖公会 5, 26, 47, 49, 58, 90, 91, 141, 150, 196, 234, 284, 287
日本聖公会全国青年連盟 42
日本人前進運動 69
日本の医療 2, 27, 143, 169, 204-210, 232, 239
日本の女性 209, 211, 213
日本の占領 141-150, 188
日本の農業 212-214, 267-269
日本の牧畜業 225-230, 241-243, 267
日本馬術連盟 247
ニューヨーク教会定期刊行物クラブ（Church Periodical Club of New York） 269
ニワ・ノボル　東大青年同盟幹事 41
根岸由太郎　BSA会長 39
農地改革 214
農村伝道センター 165
農地法 268
乃木希典　大将 64
野瀬秀敏　主教 244
信長　戦国武将 253
野村吉三郎　駐米日本大使 82, 83, 145
ノムラ・S.　教授 274

■ハ　行

ハウウエル（Howell, Joseph, T.）　実業家 46
ハーカー（Harker, Ronald）　宣教師 101
パシフィック・スターズ・アンド・ストライプズ 142, 143
橋本寛敏　医師 182
「橋渡しの教会」 86
パーシング（Pershing, John J.）　大将 2
バック（Buck, Pearl）　作家 72
パターソン（Patterson, Robert）　陸軍長官 144

■マ　行

■ヤ　行

■ラ　行

■ワ　行

付　　録

付記（原著による）

1 ポール・ラッシュの受賞、受章

陸軍顕彰（Army Commendation Ribbon）カリフォルニア州モントレイ・プレシディオ（Presidio of Monterey, Monterey, California） 1946年7月17日

勲功章（Legionio of Merit）アメリカ合衆国陸軍太平洋総司令部（General Headquarters, United States Army Forces, Pacific） 1949年6月15

顕彰状（Letter of Commendation）極東総司令部（General Headquarters, Far East Command） 1949年7月8日

名誉文学博士号（Doctor of Humane Letters）ホバート・アンド・ウイリアム・スミス・カレッジ（Hobart and William Smith Colleges　ニューヨーク州・ジュネーブ（Geneva, New York） 1950年6月3日

法学博士（Doctor of Laws）リンカーン大学（Lincoln University）、カリフォルニア州・サンフランシスコ（San Francisco, California） 1955年5月28日

ケンタッキー・カーネル称号（Kentucky Colonel）ケンタッキー州知事　1955年10月7日

勲三等瑞宝章　1956年11月10日

高根町名誉町民　山梨県高根町　1959年9月30日

表彰　日米修好通商100周年記念協会（the Association for Japan - United States Amity and Trade Centennial） 1960年11月10日

山梨県文化賞　1962年11月1日

名誉博士号（Doctor of Humanities）　立教大学　1965年4月24日

2 キープアメリカ後援会（The American Committee for KEEP, Inc.）

343 South Dearborn Street, Chicago, Illinois 60604

Telephone: Webster 9-4324

〈理事会メンバー〉

Mr. George Baldwin, Oak Park, Illinois
Mr. Ernest Burwell, Tryon, North Carolina
Mr. Lee Chilcote, Chagrin Falls, Ohio
Mr. Allen W. Clowers, Indianapolis, Indiana
Mr. Loring Dam, Philadelphia, Pennsylvania
Dr. Peter F. Drucker, Montclair, New Jersey
Mrs. Miriam A. Hewlett, Detroit, Michigan
The Reverend Irwin C. Johnson, D.D., Grosse Pointe Farms, Michigan
Mr. Brian Kane, Chestertown, Maryland
Mr. Hugh C. Laughlin, Toledo, Ohio
Mr. John R. Mitcheltree, Cleveland Heights, Ohio
Mr. Stuart E. Ullmann, Lake Bluff, Illinois

〈役員〉

連絡代表（Liaison Representative）Mr. Paul Rusch
会長 Mr. Hugh C. Laughlin
副会長
Mr. Henry C. Beck, Wallingford, Pennsylvania
Dr. Alan Willard Brown, Mayaguez, Puerto Rico
Mr. Allen W. Clowers, Indianapolis, Indiana
Mr. Loring Dam, Philadelphia, Pennsylvania
Mr. Charles M. French, Cleveland Heights, Ohio
Mrs. Miriam A. Hewlett, Detroit, Michigan
Mr. Michael Y. Iwanaga, Chicago, Illinois
The Reverend Irwin C. Johnson, D.D., Grosse Pointe Farms, Michigan
Mr. Brian Kane, Chestertown, Maryland
The Reverend Daisuke Kitagawa, D.D., New York City, New York
Mrs. Russell O. Lamson, Waterloo, Iowa

The Reverend Robert M. Man, Coldwater, Michigan
Mr. John R. Mitcheltree, Cleveland Heights, Ohio
The Right Reverend Frederick W. Putnam, Oklahoma City, Oklahoma
Mr. Douglas Turnbull, Baltimore, Maryland

副会長兼出納長：Mr. Stuart E. Ullmann
事務局長兼副出納長：Mr. George Baldwin
副事務局長兼副出納長：Mrs. Donald M. Greenberg, Chicago, Illinois

〈キープアメリカ後援会歴代会長〉

1950-51	Mr. James L. Houghteling, Washington, D.C.
1952-53	Mr. Russell O. Lamson, Waterloo, Iowa
1954-55	中将 John C. H. Lee, York, Pennsylvania
1955-57	Mr. Charles M. French, Cleveland Heights, Ohio
1957-58	Mr. Douglas C. Turnbull, Jr., Baltimore, Maryland
1959-	Mr. Hugh C. Laughlin, Toledo, Ohio

3 キープ協会役員

清里事務所　山梨県北巨摩郡高根町清里　電話　清里 20
東京事務所　東京都中央区明石町 8-31　電話 541-9080

〈事務局〉

創 設 者　Paul Rusch
理 事 長　福島慎太郎
専務理事　名取良三
常務理事　金子忠雄
出 納 長　吉村清四郎
顧　　問　名取忠彦

〈理事〉

安芸皎一　落合勝一郎
橋本寛敏　齋藤　昇
平沢和重　佐々木順三
広瀬久忠　澤田廉三
五十嵐虎雄　東ヶ崎潔
松下正寿

〈評議員〉

ハシモト・ジュロウ　三宅三郎
ホソダ・カズオ　岩井克彦
石川一郎　小川　優
石坂泰三　大亦四郎
海沼栄祐　佐藤尚武
木村重治　湯浅恭三
小林　中

BIBLIOGRAPHY (参考文献)(原著による)

朝日新聞 (東京版), 1946年8月16日.

Colorado Episcopalian, 1952.8.

Daniels, Roger. *The Politics of Prejudice*. Berkeley and Los Angeles: University of California Press, 1962.

Eastman, Theodore. "Communique No.31" to the Overseas Mission Society (Mount Saint Alban, Washington, D.C.), 1961.9.

Germany, Charles Hugh. *Protestant Theologies in Modern Japan*.Tokyo: International Institute for the Study of Religion, 1965.

Guide to South Manchuria. Dairen: South Manchuria railway Co., 1932.

"Japan Welcomes Paul Rusch" *St. Andrew's Cross*, vol.61, no.3, 1947.3-4.

Johnson, Irwin C. "Youth and the Church" *St. Andrew's Cross*, vol.45, no.3, 1930.12.

Kan, Enkichi. "Japan Since the Bomb." *Overseas News* (London), no 208, 1959.4.

Kaneko, Tadao. "KEEP: A New Venture for Christian. Rural Japan." *Japan Missions* (Tokyo), 1953夏.

Lattimore, Owen. *Manchuria; Cradle of Conflict*. New York: Macmillan and Co., 1935.

Matsuoka, Yosuke. *Building Up Manchuria*. Tokyo: The Herald of Asia, 1937.

Minnesota Missionary, 1949.11.

Ogata, Sadako N. *Defiance in Manchuria*. Berkeley and Los Angeles: University of California Press, 1964.

Okakura, Kakuzo. *The Book of Tea*. Tokyo and Rutland, Vermont: Charles E. Tuttle Co., 1956.

Pacific Stars and Stripes (Tokyo), 1946年2月22日および5月1日.

Sadler, A. L. Cha-no-yu: *The Japanese Tea Ceremony*. Tokyo and Rutland, Vermont: Charles E. Tuttle Co., 1962.

St. Andrew's Cross, vol.45, no.14, 1931.12.

Sebald, William. *With MacArthur in Japan*. New York: W. W. Norton and Co., 1965.

Storry, Richard. *The double Patriots*. London: Chatto and Windus, 1957.

Stuart, John L. *Fifty years in China*. New York: Random House, 1954.

Supreme Court Reporter, vol.43, November, 1922.11. ~ 1933.7.

Tolischus, Otto. *Tokyo Record*. New York: Reynal and Hitchcock, 1943.

Varg, Paul A. *Missionaries, Chinese, and Diplomats*. Princeton: Princeton University Press, 1958.

Vaughn, Miles. *Covering the Far East*. New York: Covici, Friede, 1936.

Woodhead, H. G. W. *A Visit to Manchukuo*. Shanghai: The Mercury Press, 1932.

訳者による補説

1．ポール・ラッシュに関係する主な文献と、それらの文献と本書（文献①〈EH〉）との関連について

(1) 文献②〈PR〉『清里に使いして　ポール・ラッシュが書き遺した「奇跡の軌跡」』

財団法人キープ協会・翻訳・刊行、2003年

本書は、第一部（ポール・ラッシュ自身が1953年に書き残した直筆手記）と第二部（書簡・スピーチ　5点）から成り立っている。

第一部は、ラッシュ氏による自叙伝的手記である。略伝であるので、詳細な回顧録ではないが、本人による直筆であり、同氏の歩みを知る上でかけがえのない記録である。文献①〈EH〉に記されている事績やエピソードの出典を明らかにする上でも重要な手がかりを提供している。

第二部の書簡やスピーチ原稿からは、ラッシュ氏の抱いた、キリスト教観、日本（人）観、彼が日本に根づかせたいと願ったキリスト教的民主主義の構想などを窺い知ることができる。その中でも特に、「日米開戦にあたってのスピーチ」（1942年）は印象深い。これは1942年11月8日に強制送還された後、初めて母国アメリカで行った講演の原稿であるが、日本で受けた過酷な処遇には一切触れることなく、日本人への信頼と期待を表明し、キリスト教徒としてのアメリカ人が堅持すべき態度を訴えているからである。巻末の「関連資料」⑥に、その一部を抜粋して転載した。

(2) 文献③〈ア史〉『日本聖徒アンデレ同胞会史』

編集発行　社団法人日本聖徒アンデレ同胞会　代表伊達宗浩、1997年

本書は、日本聖徒アンデレ同胞会の70年史である。詳しい年表が掲載されており、ポール・ラッシュの歩みも丁寧に辿ることができる。BSAの米国における創設、その運動の日本への紹介・導入の経緯については、文献①にもその概略が述べられているが、本文献③によれば、日本での正式な組織としての出発は、1902（明治35）年4月に「日本聖安得烈同胞会」として、京都で第一回全国総会が開かれた時である。その後、同会は衰退したが、1927（昭和2）年にポール・ラッシュにより、立教大学に米国聖徒アンデレ同胞会日本支部が結成され、活動が再開された。1931年には「日本聖徒アンデレ同胞会」として独立した。

本文献には、ポール・ラッシュのもとで、再生 BSA の活動に加わった小川徳治、小川寛一、落合勝一郎、源馬喜久、伊達宗浩氏らによる対談、座談会も掲載されている。これらの人々の経験をもとにしたその座談内容は興味深く、また、文献①の記述を裏づけたり補完する上で貴重である。その観点から、文献①にも取り上げられているエピソードに関する記述を2点、巻末の「関連資料」①②に抜粋・掲載している。

(3) 文献④〈山日〉『清里の父 ポール・ラッシュ伝』

山梨日日新聞社編 ユニバーサル出版社、昭和 61 (1986) 年

山梨日日新聞社記者・井尻俊之氏の執筆により、同新聞に 1984 (昭和 59) 年7月から1年半にわたって掲載された記事を一冊にまとめたもの。幅広い取材による関連記事、現地調査、関係者からの聞き取りなどを含み、新聞に連載された伝記として傑出している。ポールが抱いたキリスト教民主主義への理想にも共感的な理解を示している。アメリカ国務省が公開した占領政策に関する文書「Operation of the CIS」にも依りながら、ポール・ラッシュの GHQ・CIS での業務の内容が紹介されていることも見逃せない。ここで取り上げられているテーマやトピックスは、文献①と共通しているものが多くあり、一部、同書からの引用もされている。本文献④と比較しての文献①の特色は、ラッシュ教授の立教大学での学生との繋がり、スミレホームでの生活、在米日系人二世の実態と逸話、清里での医療活動など、取り上げられたテーマの記述が詳細で具体的なことである。また、日本文化や習慣に関する記述が多いが、これは、日本人以外の読者への紹介を意識してのことであろう。そしてそのことにより、日本の伝統や風習に疎くなりつつある現今の日本人にとっても格好の手引きとなっている。

(4) 文献⑤〈学史〉海老沢有道編『立教学院百年史』立教学院、1974 年

文献⑥〈大史〉立教学院史資料センター編『立教大学の歴史』立教大学、2007 年

文献⑦〈遠山〉奈須恵子ほか編『遠山日誌 1940 ～ 1943 年 戦時下ミッションスクールの肖像』山川出版社、2013 年

文献⑧〈縣康〉縣康『神に生き教育に生き 立教とともに 60 年』立教英国学院後援会、1993 年

これらの文献からは、文献①〈EH〉で紹介されている立教大学の歩みや動向について、その詳細や裏づけとなる状況を知ることができる。特に文献⑦〈遠山〉にはポール・ラッシュ教授のことが頻出しており、大学内での同教授の立場や BSA の状況を知る上で興味深い。また文献⑧〈縣康〉には、戦後間もなくの GHQ による立教大学への視察当日やそれに伴う措置のことが詳述されている。文献⑦⑧の関連記述を、巻末に「関連資料」⑤⑨として抜粋・採録した。

(5) 文献⑨〈ト伝〉野村徳吉『聖路加国際病院創設者　ルドルフ・ボリング・トイスラー小伝』聖路加国際病院発行、昭和43（1968）年

本書の著者野村徳吉氏は、聖路加病院の外科医としてトイスラー博士のもとで1914年以来長く働いた。その経験に基づく伝記である。ポールはその歩みの上で最も影響を受けた人物の一人としてトイスラーをあげているが、この文献からもそのことを頷かせる同氏の人物像をうかがい知ることができる。トイスラーは医療宣教師として自ら志願して1900（明治33）年に来日したが、赴任した東京築地の医療施設は全く名ばかりの哀れな家屋に過ぎなかった。彼は、度重なる災禍にもめげず、溢れる情熱と果敢な取り組みによって、そのような貧弱な施設を名立たる病院に育て上げたのである。

同博士は、この病院を、新しい構想を盛り込んだ聖路加国際病院メディカルセンターとして建設するために、1928（昭和3）年にアメリカでの資金集めの遊説旅行に出発したが、その旅行にポール・ラッシュが協力者として同行した。ラッシュは、博士が日本に戻った後も一人アメリカに留まり、4年間にわたり募金活動に携わった（ただしこの小伝には彼の名前は出てこない）。ポールはこの旅行で募金活動に関するノウハウを学んだが、同時に、このメディカルセンターが病院内での診察・治療に留まらず、地域と連携した公衆衛生の普及・発展をめざしたことからも強い影響を受けたことが推測される。また、トイスラー博士が、同病院に対する常設の支援組織として、アメリカに聖路加メディカルセンター評議会を作ることを計画し、同会が1931年にニューヨーク州から法人として承認されたことは、後にポールがキープアメリカ後援会を組織することを企てその法人化を果たしたことと重なっている。

(6) 文献⑩〈グ日〉ジョセフ・C・グルー著、石川欣一訳『滞日十年』ちくま学芸文庫　筑摩書房、2011年

1932年から1941年にわたって駐日米国大使を務めたジョセフ・クラーク・グルーによる日本での回想記である。訳者注にも書いたが、グルー氏はアメリカ聖公会の信徒で、その関係からであろう、聖路加病院院長のトイスラー、立教学院総理のライフスナイダーとも親しく、その交友の様子がこの文献⑩でも描かれている。また同氏は、1934年から立教学院顧問も務めている。本文献には、ポール・ラッシュが資金作りに献身した聖路加病院の落成式典の際のスピーチの準備に一日を使ったことや、その原稿が収録されている。文献①〈EH〉に書かれている野村駐米大使送別会での松岡洋右外相への反論については本文にも記されているので、その部分を巻末の「関連資料」③に収録した。

(7) 文献⑪〈マ大〉ダグラス・マッカーサー著、島津一夫訳、『マッカーサー大戦

回顧録』中公文庫、新版（全一巻）中央公論社、2014年

マッカーサーは、日本の占領政策を進めるにあたり、その基本理念をキリスト教民主主義の樹立においていた。そのことを示す文章をこの文献から抜粋し、「関連資料」⑩に掲載した。彼はアメリカ聖公会の信徒でもあり、この基本理念はポール・ラッシュのキープの活動を、少なくとも背後で支えていたと言える。より具体的な支援の一例は、第一〇章「フロントガラスを通して」で引用されている手紙（189頁）である。その全文を「関連資料」⑧として掲載した。

(8) 文献⑫〈Gウ〉チャールズ・ウィロビー『GHQ知られざる諜報戦　ウィロビー回顧録』山川出版社、2011年

文献⑬〈G組〉福島鑄郎編『GHQの組織と人事』巌南堂書店、1984年

文献⑭〈GH〉竹前栄治著『GHQ』岩波新書、1983年

これらの文献は、ポール・ラッシュのGHQ内の所属とその業務内容を裏づけるものである。文献⑫の著者であるウィロビーは、諜報将校としてGHQでも屈指の実力者であり、G-2の長としてポールの上司であった。この文献では、日本の占領政策を進める上で、マッカーサーやその配下のGHQスタッフがどのような戦略を用い、そのためにどのような諜報活動を行ったかが記述されていて大変興味深い。ポールも関与したと考えられるゾルゲ事件に関わる情報収集の様子も詳しく描かれ、また戦後処理方法をめぐるGHQ内の思想的・実際的対立の状況などが活写されている。当初、ポール・ラッシュがその直属の部下であったソープ准将も、ウィロビーとの確執から1946年の春には罷免され帰国している。

GHQの組織と人事は発足以来目まぐるしく変わり、また日本統治のための総司令部と連合国軍の司令部を兼ねるという二重構造であったために複雑さを加えているが、文献⑬や⑭はその構造を知るための手掛かりとなっている。文献⑬には1946年9月時点でのGHQの電話番号簿が掲載されているが、そこにはポール・ラッシュの名前も見える（ただしRuschが一部でBuschと誤記されている）。

(9) 以下は、本書に出てくる日本聖公会関係の歴史、人物などに関する事項を裏づけ、また補充する上で有効な文献である。

文献⑮〈聖史〉日本聖公会歴史編纂委員会編　松平惟太郎著『日本聖公会百年史』日本聖公会教務院文書局、昭和34（1959）年

文献⑯〈証し〉日本聖公会歴史編纂委員会編『あかしびとたち　日本聖公会人物史』日本聖公会出版事業部、昭和49（1974）年

文献⑰〈浦地〉浦地洪一『日本聖公会宣教150年の軌跡』日本聖公会管区事務所、2012年

文献⑱〈教役〉日本聖公会歴史編纂委員会編「日本聖公会教役者名簿」、1980年

（10）以下は、本書に出てくるキリスト教関係の歴史、人物などに関する事項を裏づけ、また補充する上で有効な文献である。

文献⑲〈キ人〉『キリスト教人名辞典』日本基督教団出版局、1986年

文献⑳〈キ歴〉『日本キリスト教歴史大事典』教文館、1988年

2．E・A・ヘンフィル（Elizabeth Anne Hemphill）氏について

本書の著者ヘンフィル氏は、1920年にアメリカ合衆国コロラド州のフォート・コリンズ（Fort Collins）で生まれた。キャッシュ・ラ・プードル川（Cache la Poudre River）に沿った美しい町のようである。ネブラスカ大学（1941年）および首都ワシントンにあるジョージ・ワシントン大学（1962年）を卒業。その他に、メリーランド州のサンズ外国語学校（Sanz School of Foreign Languages）で日本語を学んだ。1942年にロバート・F・ヘンフィル（Robert Frederick Hemphill）氏と結婚。空軍大佐である夫君とともに、アジア、ヨーロッパの数カ国で過ごしたが、その内、日本での滞在が最長である。

在日中は、1968～73年にかけて、テストロ・ブラザーズ（Testro Brothers）で編集者として働き、また1970～73年には、国際基督教大学の評議員を務めた。

彼女はプロテスタントのクリスチャンであり、思想、信条的にはリベラルな立場に立つと評されている。本書のような、日本に赴任したアメリカ人宣教師の伝記および、エリザベス・サンダース・ホームの設立・運営者である澤田美喜の足跡をたどった“The Least of These”（『いと小さき者たち』Weatherhill, 1980）などの著作がある。

彼女は自身の経歴と、本書のような伝記の執筆に関して次のように記している。

「私は、手紙をよく書く家族の中で生まれ育ちました。母、姉妹、私は、毎日のように手紙のやりとりをしました。毎日、何かを、どんなことでも書くことほど、表現の技術を上達させるものはありません。最初の本格的な仕事――それはある伝記でしたが――を計画していたときに、幸運な偶然の一致によってジョージ・ワシントン大学のクリフトン・E・オルムステッド（Clifton E. Olmstead）博士に会って、彼から歴史的研究法と調査法について学びました。

私は、人々の生涯、特に彼らの時代に対するいくらかの重要な貢献をした人々の人生の物語を語るのが好きです。私がそれを好むのは、他の人々がその生き方を共有し、その影響を受けることができるからです。」（CONTEMPORARY AUTHORS Volume 115〈出版社；Gale, Cengage Learning, 1985〉202p. の記事による）

ヘンフィル氏のポール・ラッシュとの出会いの契機は不明である。しかし、上に

紹介した文章からも、ラッシュ氏のような社会的な活動を進める人物への関心が高く、その足跡を追うことに意欲的であったことが窺える。清里の教会で長く司牧した武藤六治師の回想によれば、ヘンフィル氏は明るい気さくな女性で、夫君と共にしばしばキープに滞在して構内をよく散策したという。文献④〈山日〉によれば、本書は、著者によるポールからの聞き書きとのことである。

ヘンフィル氏は、本書と並んで、もう一人のアメリカ人宣教師の伝記を書いている。アメリカ北部バプテスト教会に属する女性宣教師であるトマシン・アレン(Thomasine Allen 1890～1976)に関する“A Treasure to Share (a biography of Thomasine Allen, American missionary in Japan)”(Judson Press 1964, 邦訳：沢野正幸訳『たからを分かちて　トマシン・アレンの生涯』アレン短期大学　1995)である。アレンは宣教師として1915年に来日し、仙台の尚絅《しょうけい》女学校など数校の学校や幼稚園で教育活動に従事した後、岩手県で伝道活動に携わり、久慈市での社会館久慈幼稚園など数園の開設や保育活動に尽力した。1941年の日米開戦時には、強制収容により盛岡刑務所・東京拘置所に留置の後、米国に強制送還。戦時中は全米で遊説し、日系人収容所で通訳を務めた。1948年再来日し、僻地での農民福音学校の開設・運営、「社会館久慈診療所」の設立による医療活動などを展開した。一方、1950年代には、地域の教育事業を一層充実させるために頌美小学校・同中学校、1970年にはアレン短期大学を開設した。(いずれも現在は廃止)。併せて、1950年代末には、大野村に酪農センター「岩手酪農学校」を設立し、酪農技術者を養成した。これは現在、岩手県九戸郡洋野町大村産業デザインセンターとなっている。85歳で亡くなった彼女の墓地は久慈市にある。

このような履歴を見ると、ポール・ラッシュとタマシン・アレンの間には、驚くほどの共通点があることに気づかされる。すなわち、農村への着目、そこでの宣教、教育、医療活動、農村センターの設立と酪農技術者の育成、戦時中の強制収用や送還、在米日系人への支援などである。両者は在日期間も重なっており、自然環境の厳しい中での、活動への情熱や気概には相通じるものがあったに違いない。

ヘンフィル氏は、帰米後、ハワイのホノルル近郊のカイルアで著作活動などを続けていたが、1985年8月5日、当地で逝去した。

3．GHQにおけるポール・ラッシュの任務と敗戦後の立教学院への対応

ポール・ラッシュは、文献②〈PR〉において、GHQでの立場と業務について、次のように述べている。

「1945年9月から1949年7月31日まで、私は連合国軍総司令部・参謀第二部(GHQ－G-2)の一員であった。最初はソープ准将の下で、第441対敵防諜部隊(441

CIC ＝ 引用者注：Counter Intelligence Corps）本部で働き、それから、G-2の民間諜報局CIS（引用者注：Civil Intelligence Section）に移り、そこで日本の指導的地位にある重要人物とハイレベルな面談を行う『特別活動室』（Special Activities House）の指揮をとることとなった」（27頁）。「今は米陸軍の中佐で、参謀第二部民間諜報局の特別活動室（後に『編集分室』（Compilations Branch）というあいまいな名称に変更された）の責任者である」（44頁）。

GHQの組織は、短期間の内に再編を繰り返し（文献⑬〈G組〉や⑭〈GH〉による）、各部署の構成やそこでの業務を特定することは容易ではない。しかしラッシュの所属部署を知る一つの手がかりとして、文献⑬〈G組〉には1946年9月時点でのGHQの部署別電話番号簿が掲載されている。そこには、Rusch, P.F. Lt.Col G-2 CIS Spec Intel Sp Actの記載がある。これは、General Staff-2 Section, Civil Intelligence Section, Special Intelligence Division, Special Activities Houseの省略であり、この時点でのラッシュ中佐の所属が、参謀第二部・民間諜報局・特別諜報部・特別活動室であることが分かる。また、文献②〈PR〉には、「第一生命ビルの受付の1945～46年の最初の数か月の来訪者記録を見れば、私の最初の上司だったCICのチーフ、エリオット・ソープ准将が私を特別活動室に移した方がよいと考えた理由が分かるだろう。1945年10月、我々は沢田邸を接収しそこにに移った」（44頁）とあることから、ラッシュ氏の441 CICから特別活動室への異動の時期が分かる。ここでいう澤田邸は、東京麹町にあった澤田廉三・美喜夫妻の邸宅であった。文献④〈山日〉によれば、ここでのスタッフは、主に米国陸軍語学学校を出た二世語学兵71名と、現地採用の日本人であった。その任務はかなり「特別」なものであったことが窺えるが、本文にもある通り、ゾルゲ事件関係、原田日記、特高記録、戦犯者調査など、GHQによる戦後処理の重要部分の調査を含むものであり、15万件に及ぶ膨大な資料を収集・分析した。

エリオット・ソープ（E. Thorpe）准将は、上記CICの隊長であるとともに、G-2の民間諜報局の局長でもあり、戦犯追放や戦時中に拘束・投獄された政治犯の釈放などを担当する部署の責任者であった。ラッシュの業務は当然その範疇に入るものであったであろう。

G-2全体を統括していたのは、チャールズ・A・ウィロビー（Charles A. Willoughby）准将であった。同氏は諜報将校としてGHQ内でも屈指の実力者であり、マッカーサーの右腕の一人であった。彼は強固な反共主義者であり、GHQ内のニュー・デイーラー（国際協調を重視するリベラリスト）と鋭く対立し、米本国でのマッカーシズム旋風の先駆け者の一人でもあった。ソープ准将とも、その方針の上で相容れず、結局ソープ准将は1946年の春には本国に帰国した。ウィロビー

准将は、ラッシュのGHQ在任期間中を通しての所属部署の上司のトップであり、本書にあるとおりラッシュのGHQ退任にあたり感謝状を書き、また送別会にも参加している。

ところで、敗戦間もない1945年10月20日に、ソープ准将とポール・ラッシュが立教の査察に訪れた。まさに戦争協力者追放の先頭に立つ人物が立教の査察を行ったわけである。(文献④〈山日〉では、10月11日に、CISのJ・アーウィン中佐を含む3名が来校したとされている。また文献⑤〈学史〉では、来校日は9月11日となっている)。査察者は、終戦後2か月が経つのにチャペルが荒れたままに放置されていること、それとは対照的に、ご真影が整備された部屋に飾られ続けていることなどを注視し、これに遺憾の意を表した。ラッシュはこれとは別に、戦争中に託されていた清泉寮を、立教が藤倉学園に売却していたことも承知し、不快感を抱いていたであろう。

その結果、10月24日にGHQから日本政府に出された指令覚書「信教の自由侵害の件」で、立教の戦時中の行為が「不当なる蛮的行為の一特例」として名指しで鋭く批判され、11名の幹部に公職追放の命が下された。この覚書の署名者は「高級副官（Aides-de-Camp）補」の、H・W・アレン（H. W. Allen）となっているが、「高級副官」はまさに司令官・マッカーサーの副官で、GHQのナンバー2の地位にある。立教への指令はこのようにトップクラスの高官によるものであった。なお、立教関係者の追放の指示は11名が対象であったが、内一人（縣康氏）は釈明を承認され、その結果、早期に追放が解除された。この経緯については、「関連資料」⑨の縣氏の文章に詳しい。

4. 清里農村センター設立の諸要因

清里農村センターの設立に関しては、本書でも諸要因が指摘されているが、これらをまとめ、また訳者による若干の補足を加えてまとめてみたい。

(1) ポール・ラッシュ自身の、「キリスト教的民主主義を日本に根づかせたい」とする願いを現実するために選択された具体的なプロジェクトである。

(2) 戦後間もなく再会したBAS会員からの要請に応えて、新生日本の方向づけとなるような実効性のある活動として構想された。

(3) 当センターの活動は、日本聖公会総会議長・佐々木鎮次主教の、「戦後日本における聖公会の伝道の主目標を農村に置く」という構想に共鳴し、その先導的役割を果たそうとした運動でもある。本文にもあるように、当初、ポール・ラッシュはこのようなセンターを日本各地に設置することを構想していた。巻末「関連資料」⑦参照。

(4) 戦後間もなくの日本の生活改善を目指した4Hクラブと提携するとともに、そこからのヒントも得たと考えられる。4Hクラブの「Head」「Hand」「Heart」「Health」の4目標は、キープでは食糧、健康、信仰、青年の希望の4目標となった。

(5) 清里という土地での戦前からのBSA活動と、そこを新しい高冷地農業実験モデル地域として着目したことが、このセンター設置の基盤条件となっている。もし、当初物色した富士五湖周辺にキャンプ場が設置されていれば、農村センターは設立されたとしても、その姿はキープとは様相を異にしていたであろう。

(6) 土地の貸与など、山梨県からの理解と支援がなければ、このセンター構想は日の目をみることはなかったと思われる。

(7) トイスラー博士から学んだ募金キャンペーンの方法と現地後援会を設置する方策が、ポール・ラッシュの資金獲得活動のストラテジーとなっている。

(8) アメリカの教会、信徒、財団、企業などの幅広い支援がなければ、この活動は枯渇したであろう。日本でもそれに準じた支援があった。

(9) マッカーサーは日本の占領統治を進めるにあたり、日本のキリスト教化を構想したといわれる（文献⑭〈GH〉など）。その構想は、政教分離を原則とするGHQ全体としての方針から直接的には実現しなかったが、マッカーサーがキリスト教的価値観を根底にもち、また宣教師などの働きを側面から支援したことは文献⑪〈マ大〉からも覗える（巻末「関連資料」⑩参照）。ポール・ラッシュのアメリカでの募金活動にあたって、マッカーサーによる日本BSAへの高い評価がその活動の支えの一つになったことは本文にも記されている。このことも含め、マッカーサー司令部の姿勢がポール・ラッシュの活動の基礎的条件となっていたといえよう。

5．清里農村センター、キープ協会、BSAの関係

ポール・ラッシュと清里の繋がりは、1938（昭和13）年に、日本BSAの指導者訓練キャンプ場として「清泉寮」が完成したことから始まる。以来このキャンプ場では、青年たちのキリスト教的訓練活動が活発に行われたが、戦争への突入でその活動は休止の止むなきに至った。戦後間もなく、ポールの再来日とともに活動が再開されたが、その活動は清里を中心とした山地農村の生活そのものを、キリスト教民主主義実現の理想のもとに改革しようとするものであった。その動きは、1948年の「清里農村社会施設（コミュニティセンター）」建設構想により具体化し、農業事業の開始、診療所の開設、図書館の開館などが次々と進められた。1952年にはセンターの名称を「清里農村センター」に改め、高冷地での食料増産（食糧）、農村の保健改善（健康）、信仰の確立（信仰）、青少年の希望（希望）を活動目標の4本柱とした。

これらの事業は、当初は日本BSAの活動として行われてきたが、事業の拡大に伴い、本来、伝道活動を主眼としてきたBSAがこれを担うことへの適否が議論されるようになった。またBSAは社団法人であることから、事業を行うのにより相応しい法人設立が期せられることになり、「財団法人キープ協会」が設立されたのである（1956年）。したがって清里農村センターの諸活動は、キープ協会の所管事業として引き継がれ、BSAは本来の伝道活動に携わることとなった。もちろん、両法人は密接な関係を保ち続け今日に至っている。また、その後の時代の変遷とともに明らかになった課題に照らして、活動の目標に「国際交流・協力」「環境教育」の二つを加え、従来からの四つと合わせた6課題を、現在のキープの活動目標として掲げている。近年の法人制度の見直しによって、両法人とも抜本的な改革・見直しを迫られたが、キープ協会は公益財団法人、BSAは一般社団法人となった。

関連資料

本書の内容に関連する、文書や文言の主なものを以下に関連資料として転載する。

資料①　「清泉寮」命名のいきさつ

（文献③〈ア史〉より、小川寛一氏に対する聞き取りから）

〈小川〉建物の設計が最終的に決まったのは昭和十二年の十月頃でした。僕は夕方いつものようにお金を届けに五番館に行ったら、高松チャプレンが昨日清里の土地を見に行ってもう帰ってくるころだからお前も一緒に報告を聞けとポールさんが言う。そのときに五番館で高松先生を待っていたのはポール、ブランスタッド、金子忠雄、宅間聖智それに僕が加わって五人でした。待っていると間もなく先生が帰ってきて、あそこなら世俗に煩わされなくBSAのキャンプ場には最適だという報告にポールさんは大喜びでした。それじゃ建物の名前をどうしょうということになり、高松先生に聖書から何か適当な名を選んでくださいと言うと先生は、あまり難しく考えない方がいいんじゃないですか。あそこは清里だが、借りる番地は大泉村だから両方の地名を取って清泉寮と言うのはどうでしょう、と言われた。ポールさんがそれはどういう意味だと訊ねるのでPure Springだと答えると、それは良い名だと早速その晩にバーバーさんへの手紙に「SEISENRIYO」という名を使いました。これが清泉寮の名前の由来です。

（引用者注：この引用に出てくる小川寛一氏は、BSA第四代会長を務めた。高松チャプレンは高松孝治師。）

資料②　1930年代の、立教大学BSAに対する他の聖公会青年による評価

（文献③〈ア史〉に掲載された座談会での小川徳治氏の発言から）

〈小川徳治〉いずれにしても、その頃のBSAは立教大学の学生を中心としたムーブメントで、それを指導しているのがポール・ラッシュとか外人宣教師だということで、当時の時代的背景もあって一般の教会からはあまり理解されていなかったし、大阪や神戸教区などでは拒否反応さえあった。確か昭和12年であったと思うが、その頃は日本聖公会青年連盟というのがあって、その全国大会が京都の平安女学院

で開かれた。これは裏話しになるけど、当時の青年連盟の全国会長が立教大学の教授をしていた松下正寿さんで幹事長だか書記長だかを森脇要さんがやっていた。青年連盟は全国大会をやるのに金がないというので、ポールが金を集めてBSAからその費用を全額援助してやった。それでBSAにも招待が来て、メンバーが20名ほどこの大会に参加したんだ。ところがBSAが金を出したことを知っていたのは青年連盟の幹部だけで一般の参加者には知らせていなかったものだから、「BSAはミッショナリーの手先だ」とか「アメリカから金をもって来て運動をやるのはけしからん」などと言った。そのうちにだんだんエスカレートしてBSAは敵国の手先、なんて言い出したものだからBSAの連中が怒りだした。お客様で招かれたつもりで、好い気分で参加したのに雲行きが全然違うんだ。そのときに行った連中の中にはボクシングのロニーだとか体育会の腕力も血の気も多い学生が多かったものだから、治まらない。とうとう乱闘騒ぎになって議場が混乱してしまった。連盟の幹部が一生懸命になって双方をなだめて、大したことにならずに済んだけど、あのときは森脇さんなんかが矢面に立って1発か2発ぐらい殴られたんじゃないかな。同胞会員は腕力を使っていけないという定めがなかったから……（笑）

〈司会〉第2次世界大戦前期ですね。

〈一同〉あの頃は激しかったけど活気があったな。

（引用者注：森脇要氏は後年、立教大学文学部、社会学部の教授を務めた。）

資料③　ジョセフ・グルー「松岡との衝突」

（文献⑩〈グ日〉1941年1月18日付けの記述から）

今日松岡主催の野村提督送別午餐会で、私はこの二人と話をしていて、野村提督が彼の影響力を（どこにその影響力を向けるべきかはいわなかったが）日米関係の改善に用いうることを希望するといった。松岡は「これ以上悪い関係はあり得ない」といって、向こうへ行ってしまった。

食事の時、松岡は実質的に合衆国を戦争で脅迫した。私はすぐさま次のように答えた――「大臣は米国人が根本的に平和を愛し、また正義と公平を理想とすることを御存知なほど、長く米国に滞在された。さらにまた大臣は、米国人がある種の問題については固い決意を持っているが、その一は彼らの義務の、他は彼らの権利の、問題であることもご承知である。米国人が心底から念願しているのは、平和と繁栄と安全と幸福が、すべての国々に保証されるのを見ることである。世界事情の現状にあって、われわれは今日の国際関係上問題になるのは、事実と行動の具体的例証であり、これらの事実や行動を装う説得上手な扮装でないことを、必然的に理解せしめねばならぬ。国家についても個人と同じことがいえる――“その実によりて彼

らを知るべし”」

資料④　『立教大学新聞』1941年10月1日の記事

私は日本青年の力になりたい

日本を死所と一人残る　ラッシュ教授

今回の英米人引上により本學に於ても多數外人の歸國を見、愈々殘るはポールラッシュ氏一人のみとなった

一日八ツ岳清泉寮の行事を終へ東京へ歸つた同氏を五號館に訪ね“歸國せざるの辯”を聞く……

今般私が日本に殘る事を發表致しまして以来、立教大學の教授、學生、卒業生の皆様が熱烈な眞の友情を示された事を深く感謝致します

私の人生の大半は殆ど立教學園で過し今年の九月一日で十五年目に當りました。此の十五年間にも様々な事がありましたが私の人生に於て愉快な時でありました

今日の私の信ずる私の信念は明日の人たるべき日本の青年の精神、肉體知識社交の建設の力となる事だと信じて居ります

青年が眞の人間として指導者として社會生活の全責任を負って行く爲には彼も亦四方面即ち智的肉體的・精神的・社會的な訓練がなされなければなりません

私は精神的な訓練を致して行かうと思ひます

今夏アメリカのミッションの人達が全部歸米する事にきまった時私は祈り考へましてライフスナイダー監督の所へ行き私は歸へらない事を述べミッションに辞表を出し私の決心を遠山總長にお話ししたのです

総長は私を立教に呼んで下さって私は今學期から普通の一教授として學部及び豫科に於て教へる事になりました

私は日本に止り私の仕事を續けて行きます幾多の国際的な困難が前途にある事でせう然しキリストの一下僕として私は此の立教に於てどうしても盡して行かなくてはならないのです

資料⑤　日米開戦を控えた時期における、立教でのポール・ラッシュの状況（文献⑦〈遠山〉より抜粋）（引用者注：年月日時間などの漢数字はローマ数字に変えた。また［　］は、本・文献編者による補正）

1940年

8月17日（土）

×今日、御真影奉仕。

×午後4時、ミッション事務所に於て、ラッシュ、高松氏より会談希望の旨申出あり。大平氏臨席の上。用向は、来学期より毎日曜午後のアンデレ同胞会の集会は

外人を参加せしめず、外人は教会にて共に礼拝するも直に帰宅し、学生は邦人教師を指導者として集会すること、場所は外人宅を避け東側バラックを改造して使用すること、平時も学生と外人との直接交陟〔渉〕を遠慮すること、学期始めに此改革の為誤解を起さぬ様学長より外人及学生に訓示を与ふること、を決定せり。

8月19日（月）

×午前、逓信病院ヘラッシュ及大平氏来訪。バラックは一棟借用したし。単に之を清掃し家具を入れて使用したしと希望さる。部長会の承認を得てご希望に添う様、成るべく取計ふべしと答ふ。

8月22日

×午前9時、於学長室

○バラック使用をアンデレ同胞会に許可の件。異議なし。

9月30日

×阿部教授来訪。

神学院内立大寄宿寮此度新設せしが、右は素行修まらさる□□（学部三年）主となり12名程の寮生あり。□□はアンデレ同胞会立大チャプターの会長なりしも、品行上の点にて其位置を去りしもの、アンデレに対抗の意志を以て組織せしよし。従て内訌あり措置を要すとの事。余は高松教授よりの依頼にて其顧問を托されしのみなれば、高松氏と協議されたしと希望す。余も高松氏を招き、阿部氏と会議善処方希望せり。

（引用者注：阿部教授は阿部三郎太郎氏。学生課長を兼任していた。高松教授は高松孝治氏。チャプレンでもあった。□□は原資料で伏字。「内訌」は「うちわもめ」の意。）

10月2日（水）

×高松氏より寄宿舎に就き、□□氏引退の旨報告あり。阿部氏も右承知。時々監督を必要とする旨を話せり。

10月11日（金）

×九時半ライフスナイダー氏より来訪を求めらる。ビンステッド氏同席。

○立大で外人教師何人希望するや。

（引用者注：ここでの協議の概要は、以下の通り⇒　現在11人の外人教師により、学部21時間、予科66時間、計87時間の授業が担当されているが、次年度は計80時間として、5人をその担当とする。そこで一人宛16時間となる）

（中略）ラッシュは学部2時間位（引用者注：現行6時間）とし、構外に居住せしむるを可とすべしと、ラ氏ビ氏共に言へり。

○外人との交際を断つことは、子弟教学上よりの必要あれば、将来考慮されたしと

希望あり。
○理事会は必信徒より構成されたしとの希望あり。
12月1日（日）
×午後3時、アンデレ同胞会再宣誓式あり。
（引用者注：11月30日が「使徒聖アンデレ日」であることから、「再宣誓式」〈会員がその使命を改めて確認する行事〉をこの時期に行うことが多い）

1941年

2月12日
×夜、総長邸に招かれ外人教師につき相談す。
米国大使昨日及今日の話によれは、此際在留米人は帰国すべし。但し本人の自由意志により留る時は、或は帰米し得さるに至るやも知れす。依て外人教師の意向を徴するに、
シモンス、マンゼンマイヤー、ラッシュ　　以上3名、本邦に在留希望
オーバトン　7月帰米の筈なれと、学年の途中となり、又エール、ハーバート大学で米国史なと勉強するには早きを可とす。殊に秋の学期始まる迄にアメリカ研究所の為に尽力する方都合よしとの事。故に3月6日出帆、龍田丸て帰米の件に同意す。
ブランスタット　4月帰朝の筈なれと、暫く様子を見よとの事で旅券下付されず。3、4ケ月遅れる見込なり外人教師不足なれは、会話は選択科目としては如何との事。蓋し（引用者注：けだし＝ほんとうに）已むを得さるならん。
ヘーズレット（英人）　監督　構内住宅の一を借用したし。賃160。会話の一部担任するも可との事。考慮の上返事すと答ふ。
3月14日
×報国団基督教修養部に就て、曽禰氏よりアンデレ同胞会及YMCAが合同して、其下にチャペル班、クワイヤ班を作り、学生委員はYMCAより出すことになつて、一致団結して発足するに至つたとの報告あり。Rusch教授は之に不満なりし趣なれと、諒解せしと、後に飯田氏（?）　より聞けり。
（引用者注：1940年秋に文部省から「学校報国団ノ組織ニ関スル要綱」が出され、ほとんどの学校で、校友会、自治会、部活動等の学生団体は学校報国団に改組された。立教大学でも1941年3月に、全ての文科系、体育系、キリスト教系学生団体が学校報国団の傘下に統合された。その団長は遠山総長、実質的な責任者である総務部長は予科長の曾禰武教授であった。1941年8月に、訓令と次官通牒により、学校報国団の隊組織は学校報国隊とされた。1942年から学校報国隊が学徒勤労動員され始め、年々強化されていった）

3月15日
昼卒業式。晴天にて盛会。
3月29日
×考査会後、田辺氏より。ラッシュ教授の売立会は価格統制令に反すとの注意あり。其売上は一割を同胞会に寄附するに過きすといふ人あり。今日根岸氏に聞くに、売上高5,700円、其全部を同胞会に寄附す。大部分は澤田夫人購入し、品物の大半はライフスナイター氏の寄附によるよし。右金額は同胞会の費用2年分に当るとの事。
(引用者注：田辺氏は、経済学部長田辺忠男教授)
5月3日（土）
×阿部氏より、
立教女学院荒蕪地（引用者注:こうぶち＝荒れはてて雑草が生い茂っている土地）は質硬く開墾の爲学生の応援を希望し来れりと聞く。――併し一般学生生徒を応援せしめ難し。有志即アンデレ又はYMCAの有志者が之を自ら進んでなすを妨げず。
9月30日
×午前10時、アメリカ研究所の為に、山下、高松、ラッシュ教授を招き、ラッシュ教授を名誉書記とし、米国委員と連絡、図書購入に就き尽力せしめる事。教文館図書の事。10月下旬関係者、維持会有力者を招きて現況を報告する事。図書館前に表札をかける事。成るべく早く図書リスト作製の事等種々協議す。
12月2日（火）
×基督教修養部学生2名来訪。
来12月13日クリスマス礼拝後、食堂に於てクリスマス祝会開催。本一学生主体となり行ふ。高松氏、阿部氏と諒解を得べしと注意す。
12月4日（木）
×ラッシュ教授来訪。今月末乃木坂へ転居するBSAに力を尽す便宜と経済上の理由による。転居先は乃木坂エリオット氏の元の住居のよし。火曜、水曜、金曜の3日間、当大学に来り授業を担任する外アメリカ研究所にて助力するよし。月、木1-3 pmは、早稲田で教へるよし。(木1-5 pmを変更せり)
12月8日（月）
×今朝6時、西太平洋にて我陸海軍と米英との間に戦争状態起れりと放送された。
×今日正午頃、米英に対して宣戦の大詔喚［渙］発せられたるに付、明9日前11時に、学生々徒一同に詔書捧読式を挙行することに定めたり。
× Paul Ruschを招き、高松氏通訳の下に謹慎を命じ、授業は休みとせり。

12月9日（火）

× Paul Rusch は、世田ケ谷区田園調布スミレ女学院へ収容される事となり、池袋警察署より巡査4名参り、手廻品を持ち、家具は五号館に保管すること丶なった。午前6時頃より10時頃迄。

×宣戦の詔書捧読式挙行。11AM。

12月16日（火）

×午後2時、理事会

○ Paul Rusch 身分に就て、日米開戦当時の処置、其翌朝スミレ女学院収容の顛末を報告し、五号館に於ける同人所持品の保管、留守番等の為に、詫摩（正しくは宅間）〔聖智〕氏を引続き居住せしめ、其任に当らせる旨報告、承認さる。

12月17日（水）

×午前9時半―12時、部長会

○来19日午後1時半、馬場先門に集合の上、全学宮城遙拝、靖国神社参拝の事。

1942年

5月18日

×詫摩〔宅間〕〔聖智〕氏来訪。来月15、16日頃、米人は浅田丸、英人は龍田丸に乗船し、ロレンツマルケス渡航に付、持込み得る金三百弗（邦貨一千円）の調達に就て考慮方希望さる。

5月22日

×ラッシュ教授帰国に際し、大学より旅費の補給差支えなし。文部省へ伺又は報告の必要なしと、矢澤氏文部省より調査報告し来る。（引用者注：矢澤氏は会計事務担当、矢澤賢一氏）

5月23日（土）

×ラッシュ教授一日の許諾の下に来学。15/Ⅵ頃、ローレンソマルケスに向ひ出発のよし。

6月5日（金）

×昨日午後2時―3時半、Paul Rusch 送別茶話会を総長記念館に開き、感謝状を贈る。案内せし者は学内の人々に限れり。餞別として金五百円を寄贈せり。

6月18日

×昨日、ラッシュ退京。

資料⑥　ポール・ラッシュによる講演「日米開戦にあたってのスピーチ」原稿（強制送還された後、1942年11月8日に初めて行ったアメリカでの講演のための原稿からの抜粋。文献②〈PR〉より）

それで、（略）9日後、強制収容所に抑留されました。（略）刑務所や強制収容所にいて国外退去になった人なら誰でも、これら日本の友人たちがどんなに大変な思いをして厳しい看守の目をくぐり、貴重な食料を差し入れてくれたかを語らずにはいられないでしょう。

私の場合、最初2日ほどは突然の身の上の変化に戸惑い、「抑留された」という思いに打ちひしがれましたが、考えてみたら抑留キャンプもキャンプなら、キャンプとして組織してみようと思いました。青少年キャンプも大人のキャンプも大きな違いはありません。そこには23歳から76歳までが収容されていました。すぐに日本のクリスチャンの知人たちが連絡をしてきました。日本BSAの事務局長は6か月の長期にわたる抑留の間、毎日必ず連絡をくれました。看守の信頼も勝ち取りました。上手に贈り物をしたのが効を奏したのです。やがて食料が届き始めました。卵や肉やバターといった貴重品で、差し入れてくれた人たちの口にも入らないようなものです。百点を超える家具や調理道具を、BSAのメンバーが私の住まいや大学から、自転車の後ろにつけたリヤカーで運んでくれました。狭い所に押し込められた状態は変わらず、自由もありませんでしたが、キャンプは活気づいていました。後には、抑留されなかった奥さんたちが勇敢にも協力態勢を作り、奇跡とも思える物資を闇市から購入して供給してくれました。

立教大学も私を見捨てませんでした。毎月の手当がキャンプ経由で私の手元に届けられたのです。これは、日本の国立大学で教えていた8人のアメリカ人教師もほぼ同様でした。今年3月、敵国人教師はすべて解雇するようにという命令が文部省から出されたのですが、立教大学はこの問題をすぐに解決し、16年間奉職した実績から定年退職と同じ扱いにし、日本人教師と同じ少額の年金が4月から定期的に支払われたのです。彼らは決して私を見捨てませんでした。

（略）

皆さんの宣教師たちの働きによって、来るべき新しい世界において無視できない“力”が育っているのです。キリスト教の伝道活動が人々に引き継がれていることは、戦争の勃発によって東アジアから追い払われた宣教師たちが誰よりもよく知っています。戦争によって活動が頓挫することはありません。この82年間の聖公会の活動は、国際協力のための力と民族の違いを超えた同胞主義の力の創造に寄与してきました。すべての伝道活動が国や民族の異なる人々をつなぎ、相互理解による統一をもたらし、互いに奉仕しあいながら共通の大義に向かって人々を引き寄せます。これら小さなキリスト教の種子は、搾取と抑圧といった二極論ではなく、同情、友愛、人々のニーズに対する無欲の奉仕をもたらすものです。教会の種子が非キリスト教世界のどこに播かれようと、そこには小さな希望の光が輝きます。

（略）

キリスト教国アメリカに対する彼らの信頼と愛の小さな炎は、荒れ狂う戦線でもまだ燃えています。もしキリスト教に導かれたアメリカ人の心が彼らを裏切るなら、もし民主主義が普遍的価値に戦いの基盤を置かないなら、もし我々の闘いの目的が、よりよい秩序と、今日の敵も含め人類すべてに対する正義に基づく恒久的平和を自動的に保証しないなら、我々にチャンスは二度と来ないでしょう。西洋がかつて我々を呪ったように、東洋は我々を呪い、民主主義は我々のために死滅するでしょう。
（1942年11月8日　記）

資料⑦　日本聖公会1945年臨時総会における総会議長・佐々木鎮次主教の告辞
（日本聖公会1945年（昭和20年）臨時総会決議録（1945年12月13日）（文献⑰〈浦地〉388、389頁より再引用）

「昭和二十年臨時總会告辭」　　議長　主教　佐々木鎮次

（略）

第三　傳道方針

敗戦に依て我國は大なる幻を與へられた。

（略）

而して下萬民のための傳道は、我國民生活の基本となる農民傳道に指向さるべきでありませう。戦前農村傳道と云ふ叫びが一時教會を風靡したことがあります。その動機は教會の強化を計るため、移動性の少い農村を教化しなければ、教會の基礎が何時迄經っても脆弱であると云ふ見方でありました。然し今日はそう云ふ立場からではありません。農村に依らなければ國が成立たないと云ふ立場に直面して全國の農民に傳道をする必要が感ぜられるのであります。此の重要な使命を達成するため聖公會の傳道政策が再検討され、農民を教化する爲凡ゆる方策を結集することが、今教會に要請されてゐるのであります。

今や我等の日時計はヒゼキヤ王のときアハブの日時計が十度後退した如く、凡ゆるものが後退しました。日影が後退した程度ではありません。暦日［が］五六十年後退したのであります。明治初年からの傳道は其當時の歐化主義に誘引されて、中産の智識階級を傳道の對象として傳道が進められました。それ故當時の「城下」と云はれる町々には何處にも傳道所が設けられ、キリスト教は駸々乎（引用者注：しんしんこ＝急速に）として中流階級に浸透し「城下町」が「中・大都市」に発展すると共に都會の宗教となり了りました。

今我らの時世は五十年後退し「城下」目當の施策から解放されたのであります。

私共は今や我國の進運を荷ふ土の民、瑞穂の皇民《オホミタカラ》を目指して進む入口に立ったのであります。

先づ私共は農民教育の機関として農牧學校を起しませう。今迄都會中心の幼稚園・保姆養成學校の如きも其一環として特質を農民向に切り替へませう。

又各教區には農民傳道のセンターを起し、教役者も土に親み、教區内の篤農家を招じて農民の實際的指導に役立つ智識を普及し、或は海外の農業専門智識を有する宣教師の働を招致して廣く智識を世界に求める施策をとるべきでありませう。

かくして教役者の農村屯田、都會の自給難を緩和する道を拓くことでせう。

私は日本聖公會が此新しい幻の實現に凡ゆる智識と實力とが傾注されることを望んで止みません。(後略)

資料⑧ マッカーサー元帥から、米国聖徒アンデレ同胞会副会長リー氏に送られた日本 BSA に関する報告書簡(文献②〈PR〉より再録)

日本聖徒アンデレ同胞会が、戦争ですっかり打ちのめされた後、これまで以上に堅固な存在にまで復活しつつあることをご報告でき、嬉しく思う。没収された財産もほとんど返還され、あらたに日本政府から法人の認可を受けた。

日本 BSA の現在のプログラムの最重要項目は、戦前に建設された清泉寮のキャンプ施設を核にした、キリスト教に基づくモデル農村センターの建設である。

計画では、農村センターは、礼拝堂、牧師館、職業学校、グランド、集会所(ビレッジホール)、ベッド 20 床を有する病院から成り、病院には東京の聖路加国際病院の医師と看護婦が交代で勤務し、年間を通じて医療活動を行うことになっている。

このセンターは、まだかなりの部分が計画段階だが、計画は着々と実行に移されている。整地が行われ、道路が建設され、聖路加国際病院の出張診療所も開設され、3 日間の公衆衛生説明会が毎月行われている。

臨時の礼拝堂も造られ、日本人司祭が毎日礼拝を行っている。これらの活動に加え、地域の青年たち 200 名が、生涯学習のために週 3 回集まり、その多くがキリスト教を学んでいる。製材用大型のこぎりが同胞会に寄贈され、すでに現地に運ばれた。将来、職業学校で使う予定である。出版社数社からは、センターの農村図書館のために相当数の図書が寄付された。授業や宗教活動、毎月の公衆衛生説明会は、当面、清泉寮のキャンプ施設を使って行っている。

これらの計画から、聖徒アンデレ同胞会はキリスト教勢力として、日本の再教育に重要な役割を果たせる大きな力を秘めていることが分かると思う。私がしばしば述べてきたように、民主主義の概念を日本社会の草の根レベルにまで届かせるには、彼らのようなグループと、そのようなグループが推進するキリスト教に基づく運動

をこそ、一番のよりどころにすべきだ。何と言っても、我々の理解する民主主義は、キリスト教の教義の具現化なのだから。

資料⑨　縣康「終戦直後の追放指令と信仰の問題」（文献⑧〈縣康〉より）

昭和20年、空襲が激しくなったある朝、特設防護団長を兼ねていた辻荘一氏は、三辺学長に呼ばれて学長室に行ってみると、唐突に防空壕の整備を厳命された。辻氏の話によれば、「防空壕と言われても、その蓋にするための資材も何もない」と述べたところ、チャペルの腰掛けなどを壊して使ったらどうか、と言われたという。そこで、残っている学生を集めてチャペルに入り、防空壕の掩蓋に使えそうな木材を全部取り外して持ち出したのである。そして、全員で、正面を入った左右、すなわち旧図書館とチャペルの間の芝生の所と、本館と第一学生食堂の間の左右の芝生に、何列かの壕を掘って、チャペルから持ち出した板や、用材でその蓋を作ったのであった。使い物にならない木材は、毎晩、防空当番の人達の暖炉用に供された。私も、宮本馨太郎教授や教務部の佐藤由蔵氏らと、よく夜通しの防空当番にあたった。場所は今の経済学部研究室の玄関を入って左側二番目か三番目の部屋であった。食糧の差し入れがあるではなし、配給の大豆の煎ったものなどを持参してよく勤務したものである。以前は白亜だった壁も、夜通し燃したチャペルの古木材の煙で、終戦後には真っ黒になっていた。破壊されたチャペルは、豊島区の要請によって、非常食糧の倉庫として使われることになった。なお、その頃のことは宮本馨太郎氏が『立教百年史』に書いておられる。

さて、そのように荒れ果てた所へ、昭和20年10月20日、GHQ民間情報局のソープ准将が、ポール・ラッシュ少佐を帯道してやってきた。准将というのは、日本の軍隊にはない階級であるが、大佐の上で、少将になる手前の階級と考えてよいだろう。ラッシュ氏は、昭和の早い頃に立教に来た人で、私が立教に来る前から英語を教えていた。私としても毎日のように顔を合わせていた人である。多分彼は平信徒であったと思うが、伝道の志の強い非常に熱心なクリスチャンであった。その二人の将校は、出迎えた帆足学監と根岸由太郎教授に命じて、まずチャペルに案内させた。

チャペルの扉を開けると、山と積まれた乾パンがあり、漬物の匂いがする。ソープ准将もラッシュ少佐も、「これは何だ。何故こんなことになったのか」と帆足学監達を詰問した。それに対する帆足氏らの答は、何分戦争中のことでどうにも致し方がなかった、というばかりであった。「よし、それならばこっちに来い」と逆に連れて行かれたのは、図書館の一室で、そこには両陛下の御真影がしまってあって、部屋はきれいに清掃され、まわりには紫の幕が張りめぐらされていた。「ここは何だ、

お前達の心掛け次第でこんなにきれいになっているではないか」と叱責される有様であった。通訳を務めた根岸教授によれば、そのとき彼等は「御真影などドブに叩き込め」と言っていた、とのことである。ソープ准将は『東の風、雨』という著書の中で、その日のことを「ライス・クリスチャンという言葉を知っている筈だ。これは軽蔑すべき言葉である。お前達はライス・クリスチャンである。焼かれてしまえ。」と書いている〔明星大学戦後教育史研究センター・山本礼子氏研究論文〕そうである。「ライス・クリスチャン」とは「シラミのような唾棄すべき信者」ということである。

それから数日後の10月24日、総司令官から追放指令が出されたのであった。戦後戦犯容疑者の逮捕指令や、きわめて多数の人に対する公職追放指令などが出されたが、立教大学の11名追放指令は、おそらく他のいずれのケースよりも早く、私の知る限りでは、追放第一号指令であっただろうと思う。

この追放事件を顧みて思うことは、自分の信仰あるいは信念を枉げないことが如何に大切であるかということである。昭和の初めから戦争の時期を通して右翼の攻撃が盛んであったの対して、信者はどれだけ自分の立場を主張したであろうか。追放された11名の中で、何人がキリスト教徒らしい態度をとっていたであろうか。私とほぼ同じ頃に指令取消を申請したある人について、ラッシュ氏は「彼は立教を卒業し、聖公会の援助のもとにアメリカに留学した。しかるに、この信仰の危機に臨んで、何ら立教のために積極的擁護をしていない。だから彼の解除の申請は受け付けられない」と私に漏らしたことがあった。かつて立教のチャペルで洗礼を受けた人達が、チャペルの閉鎖の時あるいはチャペル破壊の時、一言の抗議を申し出たことも聞かなかった。ラッシ氏などはそれが許せなかったのである。

資料⑩　マッカーサーによる「日本人の精神革命」について

（文献⑪〈マ大〉第七章「占領政策」470～474頁「精神革命」より）

私はクリスチャンとして育ち、キリスト教の教えを心から信じているが、東洋の宗教の根底にある基本原則には多くの点で深い共感を感じている。

キリスト教と東洋の宗教とは、一般に考えるほど違ったものではない。両者の間に衝突するものはほとんどなく、お互いに理解を深め合うことで得るところが少なくないと思う。私はその考えで、宣教師を次々に日本へ招いた。

私は占領当初から全日本国民に信仰の自由を保障したが、日本に本当の宗教的な自由をうち立てるためには、まず古くて、うしろ向きで、国の管理と補助を受けている神道を徹底的に改革する必要があることがわかっていた。

（中略）

私は日本を訪れるキリスト教宣教師たちに機会あるごとに、いかに宣教師の活動が日本に必要であるかを強調した。日本に来る宣教師ができるだけふえ、日本にいる占領軍はできるだけ減ることが望ましい、と私はよくいったものである。ポケット版聖書連盟は私の要請で1000万冊の日本語の聖書を配布した。占領期間中に、日本には徐々にではあったが、はっきり精神的な衣がえが始まってきた。この点について、私はその後ブルックン・タブレット紙に次のような手紙を送った。

「私たちはむろん、キリスト教思想の歴史的発展を研究することをできるだけ奨励するつもりである。キリスト教のゆるぎない教義に占領政策のあらゆる面を適合させ、また占領軍の全員が常にそれを実践するという生きた範例を示していることにより、必然的にキリスト教についての初歩的な理解が生れてくると思う。

米国の家庭に発する高遠な影響が、こうして日本人の心の中へしみ込んでいっている。この影響は急速に実を結んでおり、多くの人々が正式にキリスト教に帰依しているほか、国民の大きい部分がキリスト教の根底をなす原則と理想を理解し、実践し、敬愛しようとしている」(後略)

年　表

（文献②掲載の年表に多少の加除を行った上で、転載）

西暦	和暦	事　　　項	国内外の背景
	明治		
1897	30	11月25日、インディアナ州フェアマウントにて誕生。一家はその後、ケンタッキー州ルイビルに移る。	
	大正		
1912～15	1～4	図書館司書としての訓練を受ける。	
1917	6	第一次世界大戦に従軍、フランスへ派遣される。	1914～18　第一次世界大戦
1917～22	6～	アメリカ図書館協会から米軍図書館に派遣される。	
1921	10	スペンセリアン・カレッジ（ルイビル）のビジネス課程（2年）に入学。1927年全課程を修了。	1923　関東大震災
1925	14	関東大震災で倒壊した東京・横浜のYMCA再建のため、YMCAスタッフとして初来日（27歳）。	
1926	15	立教大学の経済学教授に就任。早稲田大学でも教える。	
	昭和		
1927	2	米国聖徒アンデレ同胞会日本支部結成。	
1928～31	3～6	聖路加国際病院建設資金の募金のためにトイスラー博士に伴って渡米。	1929　世界大恐慌始まる
1931	6	日本聖徒アンデレ同胞会（日本BSA）、米国BSAから独立。	
1932	7	立教大学野球部のアメリカ遠征を引率。	
1933	8	日本BSA第一回キャンプを御殿場「東山荘」で実施。	1933　日本、国際連盟脱退
1934	9	アメリカンフットボールを日本に紹介。	
1936	11	日本BSAアメリカ後援会（後のキープアメリカ後援会ACK）発足。	
1937	12	キャンプ場建設用地を探しに初めて清里へ。山梨県から一町歩（3,000坪）の使用許可を得る。	
1938	13	清泉寮完成。清里で最初のBSAキャンプを実施（40歳）。	
1940	15	山梨県より33,000坪の使用許可を得る。 清里駅前で無料健康診断開始。	1939　第二次世界大戦勃発

1941	16	清泉寮閉館。敵性外国人として強制収容所に抑留される。	1941　太平洋戦争開始
1942	17	アメリカに強制送還される。米国陸軍将校として、キャンプ・サベージの陸軍情報部語学学校に赴任。	
1945	20	GHQ 将校として再来日（47 歳）。	1945　太平洋戦争終結
1946	21	戦争中に売却された清泉寮、ポール・ラッシュ（BSA）に返還される。清里での BSA 活動再開。 日本の農山村の民主的復興のために「清里農村センター」構想を策定。 地域村民への診療活動開始。 復活開催された全国中等学校野球大会を支援・激励。	1946　日本国憲法公布
1947	22	県有林 90 万坪の使用許可を得て、農村センター建設開始。八ヶ岳山麓に初めて乳牛を輸入し、酪農を紹介。	
1948	23	清里聖アンデレ教会落成、聖路加診療所起工。	
1949	24	米国陸軍を退役し、清里での活動に専念する（51 歳）。 農村センター建設募金のため渡米・全国行脚。	
1950	25	ニューヨーク州、ホバート＆ウィリアム・スミス大学より名誉人文学博士号を授与される。 清里聖路加診療所完成、活動を開始する。	1950　朝鮮戦争開始
1951	26	農場奉献（翌年オハイオ高冷地実験農場と命名される）。 ジョン・ディア社製大型トラクター寄贈される。 農場を 4H 実習農場として公開。 清里聖ヨハネ農村図書館開館。 カナダに日本 BSA 後援会結成される（のち、消滅）。	
1952	27	さらに乳牛、肉牛（ジャージー、ホルスタイン、初のヘレフォード種）輸入。 清里農村センターを「清里教育実験計画（KEEP）」と改称し、本格的活動態勢に。	1952　対日平和条約発効・日本占領解除される。
1953	28	北海道新冠に同様の構想で NEEP 建設開始（1957 年閉鎖）。	1953　テレビ本放送開始
1954	29	第一回八ヶ岳カウンティーフェア（八ヶ岳高冷地家畜共進会）開催。	
1955	30	カリフォルニア州リンカーン大学より法学名誉博士号を授与される。ケンタッキー州よりケンタッキー・カーネルの称号を受ける。 地域の小学校にジャージー牛乳を無償提供。 清泉寮焼失。	

1956	31	勲三等瑞宝章を受勲。 農村センター事業を日本BSAから切り離し、財団法人キープ協会設立。	1956　日本、国際連合加盟
1957	32	新清泉寮落成（奉献式）。 清里聖ヨハネ保育園開園。	
1958	33	アウトリーチステーション第一号「箕輪弘道所」落成。1965年までに10カ所に弘道所開設（1976年、地元に寄付される）。	
1959	34	高根町名誉町民となる。 日米協会青少年活動対策委員およびエリザベス・サンダーズホーム相談役となる。	1959　日本聖公会宣教100年
1960	35	日本アメリカンフットボール協会より「フットボールの父」の称号を受ける。	
1962	37	山梨県文化功労者に選ばれる。 松本瀧蔵記念ユースキャンプ場完成。 レノックス野外礼拝所完成。	
1963	38	清里農業学校開校。日本農業の後継者を育てるために、全国から生徒を募集。最新の設備、農業知識で教育し、約60名を海外実習に派遣した。1974年の閉校までの卒業生総数112名	
1964	39	ジョン・F・ケネディ・グラウンド完成。 サラ・ダーナル夫人より、現在ポール・ラッシュ邸として保存されている山荘を寄贈される。	1964　東京オリンピック
1965	40	立教大学より人文学名誉博士号を授与される。 清里聖路加診療所、清里聖路加病院に昇格。一部焼失するが再建され、翌年には入院棟完成。	1965　ベトナム戦争開始 中国文化大革命
1968	43	パトリシア・ヒューイット夫人寄贈の屋内馬場完成。 ペースメーカー手術（70歳）。	
1970	45	キープ乗馬会設立（1983年まで活動を継続する）。	
1971	46	清泉寮新館完成。	
1974	49	大泉村名誉村民。 第20回（ポール・ラッシュ存命中最後の）八ヶ岳カウンティーフェア開催。	1973　第一次石油危機
1977	52	ポール・ラッシュの在日50周年を祝う。	
1979	54	英国聖公会カンタベリー大主教来訪。 三階建ての清里聖ルカ病院が完成し、診療を開始する。運営上の問題で1981年閉鎖。以後、1995年まで、清里聖路加診療所として小規模に診療を継続する。 ポール・ラッシュ、12月12日永眠（82歳）。	1979　第二次石油危機

1983	58	日本野鳥の会との自然保護共同プロジェクト開始。後に環境教育事業部に発展。	
1984	59	旧キープ乗馬会クラブハウスに「ネイチャーセンター」開館。1987年に手作りのネイチャーセンター（現「やまねミュージアム」）に移動。 聖公会 GFS（Girls' Friendly Society）世界大会開催。	
1986	61	元青年が中心となり、博士の理想を受け継ごうと、ポール・ラッシュの会設立される。	
1987	62	全国の環境教育関係者を集め、清里環境教育フォーラム開催。 世界ジャージー協会評議員大会開催。	
1988	63	フィリピンの農山村と交流し自助努力を助ける「ツルガオ・プロジェクト」に着手。奨学金、水力発電、植林などを実施。 第一回ポール・ラッシュ祭＝八ヶ岳カウンティーフェア開催。 山梨アメリカンフットボール協会・ポール・ラッシュ祭　実行委員会共催　RUSCHBOWL 開始。	1989　ベルリンの壁崩壊
	平成		
1990	2	フォレスターズキャンプ場の中心施設、「ハリスホール」完成。 米国聖公会全米コンベンション〈フェニックス大会〉にキープ協会参加（以後、定期的に参加）。	
1991	3	地域の特産物を紹介・販売する「ビジターセンター」完成。のち「ファームショップ」と改称。 博士の故郷ケンタッキー州のマディソン郡と八ヶ岳南麓四カ町村との間で、国際親善姉妹地域交流が始まる。	1991　湾岸戦争 ソ連崩壊
1993	5	旧ポール・ラッシュ邸を「ポール・ラッシュ記念館」として公開開始。	
1994	6	山梨県、「八ヶ岳自然ふれあいセンター」をキープ敷地内に開館。キープ協会がその管理運営を受託。	1995　阪神・淡路大震災発生
1996	8	旧ポール・ラッシュ邸、アメリカンフットボールの殿堂を含む博物館「ポール・ラッシュ記念センター」開館。 キープ日本後援会（JCK）設立。	
1997	9	記念誌、記念番組など、ポール・ラッシュ博士生誕100周年記念事業の実施。	
1998	10	1994年から休館中のネイチャーセンターを「やまねミュージアム」として開館。	

		ポール・ラッシュ博士の清里への初探訪70周年、キープ協会50周年記念事業の実施。	
2000	12	旧病院建物を改装して「キープ自然学校」開設。	
2001	13	キープ協会の総合的将来構想 KEEP for the Future 策定開始。	2001　アメリカで、同時多発テロ発生
2002	14	国際協力事業団と提携して諸外国からの技術研修員受入事業を開始。	
2003	15	立教大 OB らが中心になって博士の生涯を描いたアニメ映画「夢かける高原」製作。	
2009	21	清泉寮新館完成。	2009　日本聖公会宣教150周年 2011　東日本大震災発生
2012	24	公益法人制度の改正により、従来の「財団法人キープ協会」から「公益財団法人キープ協会」となる。	
2017	29	ポール・ラッシュ生誕120周年、日本聖徒アンデレ同胞会創立90周年	

〈訳者略歴〉

松平信久（まつだいら　のぶひさ）

立教大学文学部心理教育学科卒業、同大学院文学研究科心理学専攻修士課程修了
ロンドン大学教育研究所特別研究生
東京都八丈島八丈町立鳥打小学校教諭、立教女学院短期大学幼児教育科専任講師、立教大学文学部教育学科教授、立教高等学校校長、立教新座中学校・高等学校校長、学校法人立教学院院長（2003年5月～2010年7月）などを歴任　立教大学名誉教授
編著：『表現の追及』全三巻（松平他編、教育出版　1998年）
　　　『教師のライフコース　昭和史を教師として生きて』（東京大学出版会　1988年）
　　　『学級文化の創造』（『日本の教師』第4巻ほか　ぎょうせい　1995年）
著書：『時に生き　時を超えて　物語に表れた時間・父・母』（聖公会出版　2008年）
論文：「イギリスの教師文化」『日本の教師文化』所収（東京大学出版会　1994年）

北條鎮雄（ほうじょう　しずお）

立教大学英米文学科卒業（1957年）、同大学大学院英米文学専攻修士課程修了（1959年）。文教大学付属中学校、駒場東邦中高校、立教高校教諭を歴任。
1992年1月～7月、アメリカ、ヴァージニア州アレキサンドリアのEpiscopal High Schoolにて、visiting teacherとして、Japanese Historyを現地校教師とteam teachingで担当。

〈松平、北條による訳書〉
S・ヘーズレット著「日本の監獄から」（『立教学院史研究』第八号　立教学院史資料センター　2011年）
A・S・トークス著『二つの日本』（聖公会出版　2013年）

キープへの道
昭和史を拓いたポール・ラッシュ

2018年3月31日　初版第1刷発行
2018年9月25日　　　第2刷発行

著　者　エリザベス・アン・ヘンフィル
訳　者　松平信久・北條鎮雄
発行所　立教大学出版会
171-8501　東京都豊島区西池袋3丁目34-1
電話（03）3985-4955
e-mail rikkyo-press@rikkyo.ac.jp

RIKKYO UNIVERSITY PRESS

発売所　丸善雄松堂株式会社
105-0022　東京都港区海岸1丁目9-18

編集・制作　丸善プラネット株式会社
組版　株式会社ホンマ電文社　　印刷・製本　大日本印刷株式会社

ISBN 978-4-901988-34-6 C3016